D1942778

Vera Podlinski

PROZESS UND MAßNAHMEN IM FEELGOOD MANAGEMENT

Vera Podlinski

PROZESS UND MAẞNAHMEN IM FEELGOOD MANAGEMENT

Ein arbeitspsychologischer Blick auf Unternehmenskulturen zum Wohlfühlen

Papier aus verantwortungsvollen Quellen
Paper from responsible sources
FSC® C105338

Impressum

Bibliografische Information der Deutschen Nationalbibliothek:

Die Deutsche Nationalbibliothek verzeichnet diese Publikation in der Deutschen Nationalbibliografie; detaillierte bibliografische Daten sind im Internet über http://dnb.dnb.de abrufbar.

© 2023 Vera Podlinski

Herstellung und Verlag: BoD – Books on Demand, Norderstedt

ISBN: 9783752857160

„ICH BIN GESUND
UND KANN ARBEITEN,
WAS VERLANG' ICH MEHR?"

(JOHANN WOLFGANG VON GOETHE)

VORWORT ZUR 2. ÜBERARBEITETEN AUFLAGE

Ihr Lieben! Vielen Dank für das rege Interesse an diesem Buch. Ich freue mich sehr über zahlreiche Feedbacks und eure Stories, wie euch mein Buch auf eurer Feelgood-Reise begleitet und unterstützt. Das ist mein Antrieb und meine größte Motivation. Ich bin stolz und berührt, dass so viele dieses Werk für ihre Arbeit als Feelgood Manager:in nutzen!

In dieser 2. Auflage habe ich euer Feedback insbesondere für bessere Lesbarkeit umgesetzt. Ich möchte, dass dies ein Buch ist, das ihr wirklich gerne lest und das euch viel Freude und Impulse bringt!

Feelgood News - Ich arbeite immer weiter an den Feelgood Themen und habe einige News zu verkünden:

- Das Workbook zum Buch ist draußen! In „Feelgood Management: Das Workbook" geht es um Tools und Methoden, die ihr für euch im Feelgood Management anwenden könnt. Es orientiert sich an den Phasen, die hier im Buch beschrieben werden und gibt euch Platz für eigene Notizen!
- Ihr findet eine neue Videoreihe zum Thema Feelgood Management auf meinem YouTube-Kanal „FITyourMIND". Ich freue mich sehr auf euren Besuch und hoffe, dass euch die Videos inspirieren können. Kommentiert gerne, welche Themen euch interessieren!
- Ich starte 2023/2024 einen eigenen Feelgood Management Onlinekurs! Dieser Kurs wird einige der Themen hier im Buch aufgreifen, aufbereitet in Videoform und mit hilfreichem Arbeitsmaterial, sowie weitere relevante Bereiche wie Kommunikation, Beziehungsgestaltung und Konfliktmanagement behandeln. Das Besondere an diesem Kurs liegt darin, dass es einen Impulspfad geben wird mit all dem Wissen rund um Feelgood Management, aber ebenso einen Coachingpfad, der euch in eurer Rolle als Feelgood Manager:in stärkt und euch auf eurer persönlichen Entwicklung unterstützt!

Alle Infos dazu folgen auf meinen Social-Media-Kanälen (siehe S. 11) und ich würde mich so sehr freuen, dich mit auf diese Reise zu nehmen.

Nun viel Spaß mit dem Buch!

VORWORT

Es war wohl die verlockendste Stellenausschreibung, die mir je untergekommen ist: „Wir suchen dich! Mache ein Praktikum als Feelgood Manager:in in unserem Coworking-Space in Berlin und betreue unsere Member einen Monat lang während eines Gründungscoaching-Programms!“

Der Sommer lag vor der Tür, ich wollte unbedingt raus aus dem kleinen, aber feinen Jena und neben dem Studium noch mehr praktische Erfahrungen sammeln. Der Entschluss war gefasst, die Taschen gepackt und los ging es: Einen Monat lang war ich Feelgood Manager:in – ein Job, von dem ich vorher noch nie gehört hatte.

Meine Aufgaben umfassten drei Schwerpunktbereiche:

1. Kommunikation: Mit und zwischen den Membern, den Coaches und dem Space-Betreiber – ich war die Anlaufstelle für alle Sorgen und Nöte, aber auch der Sammelpunkt für Erfolgsstorys und Unterstützung.
2. Organisation: Alles am Laufen halten, Tagesstruktur festlegen und Abendveranstaltungen moderieren. Vom Aufräumen über tägliche Stand-Up-Meetings bis hin zu Austausch-Sessions am Abend – was im Space lief, organisierte ich.
3. Social Media: Das Aushängeschild nach außen. Storys, Feed- und Communitypflege gehörten ebenfalls zu diesem innovativen Job.

Das war 2018 und mein erster Berührungspunkt mit Feelgood Management: „Hier hast du ein Co-Working-Space, 40 Member, leg mal los und sorg dafür, dass sich alle wohl fühlen.“ Auf jeden Fall ein sehr kreativer und intensiver Monat, den ich nicht missen möchte. Und meine Neugier war geweckt!

Zu diesem Zeitpunkt stand ich kurz vor dem Ende meines Psychologiestudiums mit dem Schwerpunkt Arbeit, Bildung und Gesellschaft und suchte nach einem guten Thema für meine Masterarbeit. Feelgood Management schien mir wie dafür gemacht: Ein junger Berufszweig, zu dem kaum Forschung existierte, aber natürlich eine Menge Grundlagenmodelle aus der Arbeits- und Organisationspsychologie.

Ein Berufszweig, für den es kaum Anhaltspunkte oder Leitfäden aus der Praxis gab, sondern bei dem alles nach dem Prinzip „Grüne Wiese“ funktionierte. Ein

Berufszweig, der als Antwort auf aktuelle Trends in der Arbeitswelt innovativ in die Zukunft blickt und der für Wertschätzung, Menschlichkeit und Produktivität steht.

Eine wunderbare Möglichkeit, diese beiden Fäden aus Forschung und Praxis miteinander zu verweben und den Berufszweig Feelgood Management von beiden Seiten aus zu beleuchten.

Warum meine erste, persönliche Erfahrung mit Feelgood Management dennoch gerade mal an der Oberfläche dessen kratzt, was in Deutschland unter diesem Berufsbild verstanden wird, erfährst du im Verlaufe dieses Buches. Hier beschreibe ich die Ergebnisse meiner Masterarbeit, die aus Interviews mit sieben Feelgood Manager:innen aus der Praxis bestand, die mir von ihrer Arbeitsrealität und ihren Erfahrungen im Kulturwandel als Feelgood Manager:in berichteten. Diese Antworten stellte ich im Zuge meiner Masterarbeit auf ein arbeits- und organisationspsychologisches Fundament.

Mein Ziel war es dabei von Anfang an, keine „Wissenschaftsleiche" zu verfassen, die dann in den Fächern irgendeines Prüfungsamtes oder bestenfalls der Universitätsbibliothek verstaubt. Mein Anspruch war vielmehr, die Ergebnisse in einen Praxisleitfaden zu gießen, der den Menschen da draußen – Feelgood Manager:in oder nicht – in ihrer Arbeit weiterhelfen kann.

So entstand 2020 dieses Werk: „Prozess und Maßnahmen im Feelgood Management. Ein arbeitspsychologischer Blick auf Unternehmenskulturen zum Wohlfühlen".

Viel Spaß beim Lesen,

deine Vera!

Wer dieses Buch lesen sollte:

- Alle Feelgood Manager:innen und Kulturbeweger:innen, die Inspiration und Orientierung suchen, um Unternehmenskulturen produktiv und wertschätzend zu gestalten
- Alle Führungskräfte und Geschäftsführer:innen, die ihren Mitarbeitenden den Raum geben möchten, gute Arbeit leisten zu können
- Alle Menschen, die dazu beitragen möchten, dass Arbeit etwas ist, was Menschen wirklich gerne tun

Warum du dieses Buch lesen solltest:

- Um den Prozess und die einzelnen Maßnahmen zur Etablierung von Feelgood Management im Unternehmen Schritt für Schritt kennenzulernen.
- Um Einblicke in die praktische Arbeitswelt von sieben Feelgood Manager:innen und weiterer New Work Expert:innen zu bekommen
- Um Ansätze aus der Arbeits- und Organisationspsychologie in Bezug auf Unternehmenskultur, Kulturwandel, Arbeitszufriedenheit und Feelgood Management kennenzulernen
- Um dich mit den aktuellen Trends auseinanderzusetzen, die die Arbeitswelt zunehmend bewegen, wie z.B. Kulturwandel hin zu einem wertschätzenden Miteinander

Was dich in diesem Buch erwartet:

- Arbeits- und organisationspsychologische Modelle zusammengefasst und gut verständlich erklärt
- Geschichten und Kurzbiografien über viele Wegbereiter:innen des wertschätzenden Kulturwandels in Unternehmen aus Theorie und Praxis
- Ein Schritt-für-Schritt-Prozessmodell und ein umfassender Maßnahmenkatalog über Feelgood Management
- Storys, Cases und Insights über die praktische Arbeit in der Kulturgestaltung von Unternehmen
- Viel Inspiration und Information zur Verbesserung deiner eigenen Arbeitswelt

Was du über die Autorin wissen solltest:

- Vera Podlinski, geboren 1990 in Berlin
- Studierte Arbeits- und Organisationspsychologin
- Background im Bereich Innovationsforschung und Kreativmanagement am Fraunhofer-Institut IOF in Jena sowie als Design Thinking Coach, Innovationsmanagerin & Business Developerin in der Digitalberatung gravity & storm GmbH in Berlin
- Buchautorin: „Erfolgreiche Innovationsworkshops: Zusammenarbeit individuell und kreativ gestalten“
- Systemische Organisationsberaterin & Coach am Institut für Organisationsentwicklung und Systemische Beratung IOS Prof. Schley & Partner in Hamburg
- Kontakt: www.verapodlinski.de, LinkedIn: Vera Podlinski
Instagram: vera_feelgoodcoach, YouTube: FITyourMIND

Dieses Buch ist mir ein Herzensanliegen und ich hoffe,
du kannst eine Menge daraus für deine eigene Arbeit mitnehmen!

IMPULSBEITRÄGE

EINLEITUNG: HINTERGRUND & ENTSTEHUNG DES BUCHES

Jetzt kann es fast schon los gehen! Bevor wir aber richtig in die Thematik einsteigen, möchte ich dir noch mehr zum Hintergrund und zum Entstehungsprozess einer Masterarbeit erzählen, damit du einen besseren Rahmen hast, die Infos in diesem Buch einzuordnen (falls dich das nicht interessiert, spring einfach weiter zum nächsten Kapitel).

Eine wissenschaftliche Arbeit beginnt typischerweise mit einem Theorieteil, wo alle relevanten Befunde aus der bisherigen Forschung zusammengetragen werden. Aus der Theorie wird anschließend eine Fragestellung abgeleitet, die in der Abschlussarbeit beantwortet werden soll. Die Beantwortung der Forschungsfrage geschieht durch ein wissenschaftliches Verfahren, die Methode. Auf die Erläuterung der Methode folgt die Darstellung der Ergebnisse und anschließend die Diskussion, in der die Befunde nochmal ins Licht der theoretischen Kenntnisse gerückt und kritisch hinterfragt werden.

In meinem Fall habe ich die bestehende Literatur zu den Themen „Unternehmenskultur", „Kulturwandel", „Arbeitszufriedenheit" und „Feelgood Management" (so viel es dazu eben gab) durchforstet. Meine Fragestellung zielte darauf ab, wie der Prozess der Unternehmenskulturgestaltung durch Feelgood Management durchgeführt wird und welche Maßnahmen im Rahmen von Feelgood Management eingesetzt werden. Mein Ziel war die Erarbeitung eines Prozessmodells, welches die einzelnen Phasen des Vorgehens im Feelgood Management darstellt, sowie eines Maßnahmenkatalogs als Hilfsmittel für die praktische Arbeit. Dazu habe ich sieben Feelgood Manager:innen für Interviews gewinnen können.

Auf Basis der Theorie habe ich zunächst einen Leitfaden mit Fragen entwickelt, die ich dann allen sieben Studienteilnehmer:innen gestellt habe (den Leitfaden mit den Fragen kannst du im Kapitel „Prozess und Maßnahmen des Feelgood Managements" auf S. 132 „Interviewleitfaden" nachlesen). Ihre Antworten habe ich durch eine qualitative Inhaltsanalyse ausgewertet: Dabei habe ich überprüft, welche Antworten inhaltlich übereinstimmen und welche am häufigsten kamen. Die Ergebnisse habe ich dann an Modellen, die in der Arbeitspsychologie Verwendung finden – und im Kapitel „Arbeitspsychologische Modelle" (S. 26) vorgestellt werden – abgeglichen und mein Prozessmodell für Feelgood Management abgeleitet. Die Maßnahmen, welche in den Interviews genannt wurden, habe ich zu Clustern zusammengefasst und anschließend den einzelnen Prozessschritten zugeordnet. Um genau diese Ergebnisse, die ich aus den Interviews modelliert habe, geht es im Kapitel „Prozess und Maßnahmen des Feelgood Managements“ (S. 131).

Ich erzähle dir das, damit du nachvollziehen kannst, wie ich zu meinen Ergebnissen gekommen bin, und als kleine Navigationshilfe durch das Buch: Es ist eine arbeits- und organisationspsychologische Einbettung des relativ neuen Berufszweigs des Feelgood Managements, aufbereitet für die Anwendung in der Praxis.

In diesem Buch halte ich mich nicht mehr an die streng wissenschaftlichen Vorgaben, um dir so einen besseren Lesefluss zu ermöglichen. Wenn ich dir z.B. ein theoretisches Modell vorstelle, ziehe ich auch gleich die Ergebnisse aus den Interviews und Teile der Diskussion mit an diese Stelle, damit du alles auf einen Blick siehst und nicht vor und zurück blättern musst. Außerdem lasse ich den doch eher öden Teil der Methodik außen vor.

(Anmerkung: Wenn dich die gesamte wissenschaftliche Masterarbeit interessiert, sie wurde 2021 durch den GRIN Verlag publiziert und ist unter meinem Namen und dem Titel „Feelgoodmanagement als Erfolgsfaktor. Wie Unternehmen die Mitarbeiterzufriedenheit durch Unternehmenskultur fördern“ zu finden.)

Ich stelle dir in diesem Buch also einen kleinen Teil wissenschaftlicher Modelle vor und die Antworten von sieben Feelgood Manager:innen auf meine Forschungsfragen. Das kann natürlich nicht allgemeingültig oder allumfassend sein, aber eben doch erkenntnisreich. Und genau so ist dieses Buch zu verstehen: Es hat keinen Anspruch auf Wissenschaftlichkeit. Es geht mir um die praktische Anwendung und darum, einen ersten Einblick zu geben, welche arbeits- und organisationspsychologischen Modelle zu Rate gezogen werden könnten, um die Arbeit von Feelgood Manager:innen ein Stück weit zu fundieren, und darum, eine Palette an Feelgood-Möglichkeiten zur Gestaltung einer menschenzentrierten und wertschätzenden Unternehmenskultur aufzuzeigen.

01

Die Arbeitswelt im Wandel

Wie sieht die Entwicklung der Arbeit in der jüngsten Geschichte aus?

Was sind Megatrends und welche Bedeutung haben sie für die Arbeitswelt?

Welche Konsequenz haben demografischer & Wertewandel für Unternehmen?

01 DIE ARBEITSWELT IM WANDEL

„ES IST NICHT DIE STÄRKSTE SPEZIE DIE ÜBERLEBT, AUCH NICHT DIE INTELLIGENTESTE, ES IST DIEJENIGE, DIE SICH AM EHESTEN DEM WANDEL ANPASSEN KANN.“
(CHARLES DARWIN)

Jetzt legen wir endlich los und schauen uns an, worum es überhaupt geht und was dazu geführt hat, dass wir uns heute in der Arbeitswelt mit Themen wie Feelgood Management beschäftigen. Wenn du mit dem Berufsbild des Feelgood Managements noch gar keine Berührungspunkte hattest, empfehle ich dir, das Pferd ruhig von hinten aufzuzäumen und dir erstmal im Kapitel „Feelgood Management als Ansatz der Kulturgestaltung“ (S. 89) ein Bild davon zu machen. Wenn du bereits eine grobe Vorstellung hast, kannst du gerne hier weiterlesen – dann wirst du die Anmerkungen zum Feelgood Management gut einordnen können und wir tasten uns chronologisch an die Sache heran.

Wir beginnen sehr weit vorne: Schon die alten Griechen wussten von einer Tatsache, welche heute wie damals Bestand hat und die insbesondere für die Bedingungen in der Arbeitswelt gilt: „Nichts ist beständiger als der Wandel“ (Heraklit). Wie sich die Rahmenbedingungen und die Gestaltung von Arbeit verändern, ist abhängig davon, in welche Richtung sich die Wirtschaft, die Gesellschaft und der technologische Fortschritt entwickeln. Diese Einflussgrößen, die sich auf die Formen und Anforderungen von Arbeit auswirken, nennt man Megatrends. Mit jeder industriellen Revolution verändern sich sowohl die Bedingungen der Arbeit als auch das Denken über ihren Stellenwert: Wie dachten die Menschen früher über Arbeit, wie denken sie heute darüber? Unter welchen Bedingungen verrichteten Menschen vor 50 oder vor 100 Jahren ihre Arbeit, und welche Voraussetzungen werden heute dafür geschaffen beziehungsweise benötigt?

Heute sprechen wir von der Industrie 4.0 und damit beschreiben wir die Veränderungen im Spiegel der Digitalisierung. Die 4 lässt vermuten, dass wir auch eine „erste“ Revolution der Industrie, eine Industrie 2.0 und 3.0 kennen – was genau darunter verstanden wird, erklärt das Schaubild.

1. Industrielle Revolution (Ende 18. Jh.)	2. Industrielle Revolution (Beginn 20. Jh.)	3. Industrielle Revolution (Beginn 1970er)	4. Industrielle Revolution (Heute)
Evolution: Nutzung von Wasser- & Dampfkraft Revolution: Produktionsanlagen & Infrastruktur	Evolution: Nutzung von elektrischer Energie Revolution: Arbeitsteilige Massenproduktion (Fließband)	Evolution: Nutzung von Elektronik & IT Revolution: Automatisierung	Evolution: Nutzung von Digitalisierung & Vernetzung Revolution: Cyber-Physisches-System

Während eines solchen, langwierigen Entwicklungsprozesses verändert sich gleichermaßen die Gesellschaft mit – genauso wie die Herausforderungen, vor denen Menschen in Bezug auf ihre Arbeit stehen. Während die Arbeitswelt sich in den ersten beiden industriellen Revolutionen vor allem den Herausforderungen körperlicher Risiken der Arbeit stellen musste, trat mit zunehmender Automatisierung und Digitalisierung insbesondere der Aspekt der psychischen Arbeitsbelastung in den Fokus. Der technologische Fortschritt führt einerseits zu einer immer schnelleren Beschleunigung und andererseits zu einer rasant steigenden Komplexität der Arbeit.

INDUSTRIALISIERUNG BESCHREIBT DEN PROZESS, INNERHALB DESSEN SICH EIN AGRARSTAAT ZU EINEM INDUSTRIESTAAT ENTWICKELT.

Um wettbewerbsfähig zu bleiben, müssen Unternehmen auf solche Herausforderungen reagieren und sich an die neuen Anforderungen anpassen. Dazu ist es notwendig, die arbeitsrelevanten Veränderungen – oder Megatrends – sowie ihre Bedeutung für Unternehmen zu kennen. Auf der Seite zukunftsinstitut.de findet sich eine Map aller aktuellen Megatrends. Dort steht:

„Megatrends sind langfristige Entwicklungen mit hoher Relevanz für alle Bereiche von Wirtschaft und Gesellschaft, die sich mit hoher Verlässlichkeit in die Zukunft ‚verlängern' lassen. Es handelt sich um zentrale Treiber des Wandels, vor deren Hintergrund die Dynamik in Teilbereichen von

EIN TREND BESCHREIBT VERÄNDERUNGEN UND STRÖMUNGEN IN ALLEN BEREICHEN EINER GESELLSCHAFT. DIE UNTERSUCHUNG VON TRENDS DIENT DER ABLEITUNG VON AUSSAGEN ÜBER ZUKÜNFTIGE ENTWICKLUNGEN.

Wirtschaft und Gesellschaft verständlich wird. Sie eignen sich darüber hinaus gut, um einzuschätzen, welche aktuell beobachtbaren Einzeltrends – etwa in den Lebensstilen, in der Arbeitswelt, im Handel etc. auch in Zukunft Bestand haben werden. Aus diesen Gründen bilden Megatrends den Ausgangspunkt unserer Analysen und der Zukunftsarbeit."

In Bezug auf das Thema Feelgood Management bzw. die strukturelle Veränderung der Arbeitswelt kristallisierten sich in der bestehenden Literatur vor allem die Megatrends „Demografischer Wandel" und „Wertewandel" als relevant heraus, auf die im Folgenden näher eingegangen wird.

DER DEMOGRAFISCHE WANDEL BESCHREIBT DIE VERÄNDERUNG VON BEVÖLKERUNGSUMFANG UND -STRUKTUR.

„Deutschland wird immer älter" - diesen Satz haben wir alle schon oft gehört und seine Auswirkungen spüren wir bereits direkt in unserer Lebensrealität. Diese Entwicklung zeichnet ein Bild der Bevölkerung in Deutschland, welche insgesamt signifikant weiter altern und schrumpfen wird.

Die Gründe dafür liegen zum einen in der höheren Lebenserwartung: Wir Menschen werden aufgrund medizinischer Errungenschaften und insgesamt verbesserter Lebensbedingungen immer älter.

Gleichzeitig ist die Geburtenziffer historisch betrachtet gesunken: Immer weniger Frauen bekommen mehr als zwei Kinder und die Zahl der kinderlosen Frauen nimmt immer weiter zu.

Der dritte demografisch relevante Punkt ist die Bilanz der Aus- und Zuwanderung, auf die hier aber nicht näher eingegangen wird.

DIE LEBENSERWARTUNG FÜR NEUGEBORENE MÄDCHEN BETRUG 2020 LAUT STATISTISCHEM BUNDESAMT 83,3 JAHRE UND FÜR NEUGEBORENE JUNGEN 78,5 JAHRE. VOR 100 JAHREN LAG SIE FÜR FRAUEN BEI 65 JAHREN UND FÜR MÄNNER BEI 58 JAHREN.

DIE GEBURTENZIFFER BETRUG LAUT STATISTISCHEM BUNDESAMT 2018 1,57, WÄHREND DIE IN DEN 1930ER JAHREN GEBORENEN FRAUEN – ALSO DIE MÜTTER DER BABYBOOMER – IM SCHNITT MEHR ALS ZWEI KINDER ZUR WELT BRACHTEN. IHRE FAMILIENGRÜNDUNG FAND IN DER ZEIT DES WIRTSCHAFTLICHEN AUFSCHWUNGS DER 1950ER UND 60ER JAHRE STATT.

Das Ergebnis des demografischen Wandels ist eine Verschiebung der Altersstruktur hin zu einer Gesellschaft mit größerem Altenquotient und damit einhergehend ein zunehmender Mangel an Arbeitskräften. Diese Entwicklung hat tiefgreifende Konsequenzen für Unternehmen, wie zum Beispiel einen erhöhten Bedarf an effektiven Strategien im verstärkten Wettbewerb um qualifizierte Nachwuchskräfte. Um Fachkräfte anzustellen und im Unternehmen zu halten, bekommt die Arbeitgeberattraktivität einen großen Zuwachs an Bedeutsamkeit. Das heißt, dass die moderne Arbeitswelt immer stärker durch sich verändernde Ansprüche und Werte der Arbeitnehmenden geprägt wird.

Durch gesellschaftliche Entwicklungen weg von Disziplin und Gehorsam hin zu Individualität und Selbstverwirklichung verändern sich auch die Erwartungen und Einstellungen der Menschen in Bezug auf ihre Arbeit.

DER BEGRIFF WERTEWANDEL KENNZEICHNET DIE VERÄNDERUNG GESELLSCHAFTLICHER UND INDIVIDUELLER NORMEN UND WERTVORSTELLUNGEN.

Arbeit hat ihre Bedeutung als ausschließlichen Bestandteil der Lebenssicherung verloren. Die Zeit am Arbeitsplatz wird immer mehr als kostbare Lebenszeit gesehen, welche selbstbestimmt und sinnhaft gestaltet sein soll. Daher zählen die Entfaltung der eigenen Persönlichkeit, Leidenschaft, Entscheidungsfreiheit und Autonomie heute zu wichtigen Motivationsfaktoren.

Generation Silent	Baby Boomer	Generation X	Generation Y (Millenials)	Generation Z
Jahrgänge 1928-45	Jahrgänge 1946-64	Jahrgänge 1965-80	Jahrgänge 1981-96	Jahrgänge seit 1997

Anstelle von ausschließlich materieller Entlohnung steht nun der Wunsch nach Anerkennung, Mitbestimmung und Wertschätzung. Mitarbeitende möchten eigenverantwortlich und flexibel arbeiten, sich am Arbeitsplatz wohlfühlen und für ihre Leistung persönliches Feedback und Ansehen erhalten. Solche Wünsche – basierend auf modernen Bedürfnissen nach Selbstverwirklichung, Freiheit, Glück und Individualität auch in Bezug auf das Arbeitsleben – fordern eine Reaktion seitens der Unternehmen. Insbesondere die jüngste Generation von Arbeitnehmenden wechselt bei Unzufriedenheit im Beruf schnell den Betrieb. Dementsprechend ist es für Arbeitgebende zunehmend wichtig, Faktoren wie Zufriedenheit und Wohlbefinden ihrer Mitarbeitenden in ihrer Unternehmenskultur zu verankern. Während engagierte Mitarbeitende als Garanten wirtschaftlicher Erfolge gelten, haben Unternehmen, die für ihre schlechte Arbeitskultur bekannt werden, im Wettbewerb um qualifizierte Fachkräfte das Nachsehen. Kulturelle Aspekte und Werte eines Unternehmens sind entscheidende Faktoren für die Beschaffung und den Erhalt von Arbeitskräften, sodass die Bedeutung kultureller Elemente im Unternehmen weiter zunimmt.

Megatrends wie demografischer und wertebasierter Wandel verändern die Bedingungen der Arbeitswelt, sodass Unternehmen vor der Aufgabe stehen, sich stetig anzupassen, um wettbewerbsfähig zu bleiben. Dabei stellt die Arbeitszufriedenheit einen wichtigen Faktor für den Unternehmenserfolg dar und die Etablierung einer wertschätzenden Unternehmenskultur spielt eine entscheidende Rolle. Moderne Unternehmen stehen also aufgrund aktueller Entwicklungen in der Lebens- und Arbeitswelt der Industrie 4.0 vor der Herausforderung eines wettbewerbsfähigen Kulturmanagements.

AUF EINEN BLICK

- Megatrends wie demografischer und Wertewandel verändern die Bedingungen der Arbeit.
- Unternehmen müssen sich stetig anpassen, um wettbewerbsfähig zu bleiben.
- Arbeitgeberattraktivität ist wichtig zur Beschaffung und zum Erhalt von Arbeitskräften.
- Durch veränderte Wertevorstellungen hin zu Individualität und Selbstverwirklichung in Bezug auf die Arbeit wird Arbeitszufriedenheit zum wichtigen Faktor für den Unternehmenserfolg.
- Eine entsprechende Werteverankerung in der Unternehmenskultur durch ein Kulturmanagement zur Verbesserung von Zufriedenheit und Wohlbefinden der Mitarbeitenden ist notwendig.

Für dich zum Nachdenken

- Welche neuen Erkenntnisse hattest du in Bezug darauf, wie sich unsere Arbeitswelt entwickelt hat?
- Wie ordnest du die Relevanz der genannten Megatrends in Bezug auf das Thema Unternehmenskultur und Feelgood Management ein?
- Welche Ideen hast du dazu, wie ein wertebasiertes Kulturmanagement aussehen könnte?

LITERATUR

Brademann, I., & Piorr, R. (2019). Generation Z: Analyse der Bedürfnisse einer Generation auf dem Sprung ins Erwerbsleben. In B. Hermeier, T. Heupel & S. Fichtner-Rosada (Hrsg.), Arbeitswelten der Zukunft: Wie die Digitalisierung unsere Arbeitsplätze und Arbeitsweisen verändert.

Franken, S. (2016). Führen in der Arbeitswelt der Zukunft: Instrumente, Techniken und Best-Practice-Beispiele.

Fries, C. (2016). Wie die Assistentin als Feel Good Managerin zum Geheimtipp für gelungenes Diversity Management wird. In P. Buchenau (Hrsg.), Chefsache Diversity Management.

Gesing, S., & Weber, U. (2017). Konzept und Berufsbild des Feelgood-Managements.

Hesse, G., Mayer, K., Rose, N., & Fellinger, C. (2015). Herausforderungen für das Employer Branding und deren Kompetenzen. In G. Hesse & R. Mattmüller (Hrsg.), Perspektivwechsel im Employer Branding: Neue Ansätze für die Generationen Y und Z.

Matusiewicz, D. (2019). Gesunde Arbeitswelt der Zukunft: Der Produktionsfaktor Mensch und seine digitale Gesundheit am Arbeitsplatz. In B. Hermeier, T. Heupel & S. Fichtner-Rosada (Hrsg.), Arbeitswelten der Zukunft: Wie die Digitalisierung unsere Arbeitsplätze und Arbeitsweisen verändert.

Papmeyer, K. (2018). Work-Life-Balance im Kontext von mitarbeiterunterstützenden Dienstleistungen. Eine Untersuchung in einem globalen Technologiekonzern.

Schaff, A. (2019). Arbeit 4.0: Risiken für die psychische Gesundheit. In: B. Hermeier, T. Heupel & S. Fichtner-Rosada (Hrsg.), Arbeitswelten der Zukunft: Wie die Digitalisierung unsere Arbeitsplätze und Arbeitsweisen verändert.

Statistisches Bundesamt: https://www.destatis.de/

Wilke, C. (2019). Auswirkungen des demografischen Wandels auf den Arbeitsmarkt. In B. Hermeier, T. Heupel & S. Fichtner-Rosada (Hrsg.), Arbeitswelten der Zukunft: Wie die Digitalisierung unsere Arbeitsplätze und Arbeitsweisen verändert.

Zukunftsinstitut: https://www.zukunftsinstitut.de/dossier/megatrends/

02 ARBEITSPSYCHOLOGISCHE MODELLE

Was man unter dem Begriff der Unternehmenskultur versteht, wie bzw. inwiefern man sie überhaupt gezielt gestalten kann, um einen Kulturwandel anzukurbeln, und wie Arbeitszufriedenheit mit in das Themenfeld hineinspielt, behandeln wir in den nächsten Kapiteln. Dazu werden Theorien und Modelle aus der Arbeits- und Organisationspsychologie zu Rate gezogen, vorgestellt und so eine fundierte Basis für das Thema Feelgood Management geschaffen.

Eine kleine Warnung vorab: Es kommen in diesem Teil des Buches eine ganze Menge theoretischer Modelle und wissenschaftlicher Überlegungen auf dich zu. Das kann etwas erschlagend sein und teilweise – bei den wirklich alten Modellen – nicht mehr so zeitgemäß wirken. Mir war es dennoch wichtig, hier einen Gesamtabriss zu skizzieren, wie sich das Denken über Unternehmenskultur, den Wandel in Unternehmen und Arbeitszufriedenheit in der Wissenschaftsgeschichte entwickelt hat und welches Gedankengut daraus entstanden ist. Dieser Buchteil ist recht umfangreich – ich empfehle dir daher, zwischendrin immer mal wieder im etwas moderneren und lebhafteren Teil über Feelgood Management zu blättern. Trotzdem hoffe ich, dass ich dein Interesse für die Forschung und die Wissenschaftsströme, aus denen heraus sich so ein Thema wie das Feelgood Management erst entwickelt konnte, zu wecken – und natürlich auch, dass du durch die Lektüre älterer Herangehensweisen auch einiges an Verständnis für das Heutige mitnehmen kannst. Dafür habe ich dir am Ende jedes Abschnitts einige Reflexionsfragen festgehalten, damit du für dich besser verorten kannst, inwiefern dir die Theorie auch in der Gestaltung der Praxis und dem individuellen Fall deiner Organisation helfen kann.

02

/ 1 Unternehmenskultur

Welche Perspektiven gibt es auf das Verständnis von Unternehmenskultur?

Wie hängen Unternehmenskultur und Unternehmenserfolg zusammen?

Was kann man unter einer „guten" Unternehmenskultur verstehen?

02/1 UNTERNEHMENSKULTUR

„WILLST DU DICH DEINES WERTES FREUEN,
SO MUSST DER WELT DU WERT VERLEIHEN."
(JOHANN WOLFGANG VON GOETHE)

Wie bereits in der Einleitung beschrieben fordern die Veränderungen in der Gesellschaft eine Reaktion der Arbeitswelt. Professorin Sonja Sackmann, Koryphäe auf dem Gebiet der Unternehmenskulturforschung, zählt in diesem Zusammenhang zwei Gründe auf, warum die Beschäftigung mit der Kultur eines Unternehmens so zentral ist:

1. Die Unternehmenskultur nimmt Einfluss auf Leistungsfaktoren und damit auf den Erfolg und die Überlebensfähigkeit eines Unternehmens.
2. Um überlebensfähig zu bleiben, muss jedes Unternehmen Veränderungen in seiner relevanten Umwelt wie auch organisationsinterne Herausforderungen frühzeitig erkennen und sich rechtzeitig dieser Veränderungsdynamik anpassen.

Laut Sackmann spielt die Unternehmenskultur also sowohl bei der rechtzeitigen Erkennung von Veränderungen und Herausforderungen im Markt als auch bei der Anpassung und weiteren Entwicklung entsprechender Maßnahmen im Unternehmen eine wesentliche Rolle. Zum besseren Zugang zum komplexen Themenfeld der Unternehmenskultur werden in den folgenden Abschnitten verschiedene Ansätze, Perspektiven und Definitionen von Unternehmenskultur vorgestellt.

PROF. DR. SONJA SACKMANN (*1955) IST ORGANISATIONSPSYCHOLOGIN UND PROFESSORIN AN DER UNIVERSITÄT DER BUNDESWEHR MÜNCHEN. SIE FORSCHT UND LEHRT ZU FÜHRUNG, UNTERNEHMENSKULTUR, ORGANISATIONSENTWICKLUNG UND INTERKULTURELLEM MANAGEMENT.

VERSCHIEDENE ANSÄTZE ZU UNTERNEHMENSKULTUR

Unternehmenskultur ist ein vielschichtiges Phänomen, das sowohl mit der Struktur eines Unternehmens in Zusammenhang steht als auch mit seinen Leitbildern und Regeln, seinem wirtschaftlichen, gesellschaftlichen und politischen Umfeld sowie nicht zuletzt mit seinen Mitarbeitenden und deren Werten.

Sie wurde dementsprechend im wissenschaftlichen Diskurs, welcher sich seit den 1970er Jahren entwickelt hat, aus unterschiedlichen Sichtweisen betrachtet. Dabei finden sich drei zentrale Perspektiven aus verschiedenen Wissenschaftsdisziplinen: Die Sicht von Unternehmenskultur als Variable, als Metapher oder als dynamisches Konstrukt.

UNTERNEHMENSKULTUR:

› **VARIABLE?**
› **METAPHER?**
› **DYNAMISCHES KONSTRUKT?**

Insbesondere der betriebswirtschaftliche Sektor versteht Unternehmenskultur als ein konkretes und fassbares Phänomen, welches im Sinne der Unternehmensziele gesteuert werden kann. Unternehmenskultur ist dabei einfach eine weitere Organisationsvariable, wie auch die Organisationsstruktur oder die Unternehmensgröße. Ihre beobachtbaren Manifestationen sind beispielsweise das Firmengebäude oder sichtbare kollektive Praktiken, welche für die Analyse der Unternehmenskultur als ausreichend gelten und nicht weiter hinterfragt werden. Die Unternehmenskultur ist also durch beobachtbare Größen wie zum Beispiel eine Offene-Tür-Kultur feststellbar. In diesem Sinne ‚hat' jedes Unternehmen eine Kultur, die als „gut" gilt, wenn viele solcher Manifestationen in einheitlicher Weise vorfindbar sind. Die Unternehmenskultur ist demnach die Besonderheit einer Organisation im Vergleich zu anderen. Geschaffen wird sie dabei durch das obere Management und kann dem Variablenansatz zufolge auch unproblematisch top-down verändert werden.

Die Sicht von Unternehmenskultur als Metapher, welche aus dem Bereich der Soziologie und Anthropologie stammt, steht im Gegensatz zum Variablenansatz und postuliert, dass das Unternehmen eine Kultur ‚ist'. Dabei stehen weniger die sichtbaren Kulturprodukte im Vordergrund, sondern insbesondere die Interaktionen, Prozesse und symbolischen Bedeutungsinhalte des kulturellen Miteinanders der Unternehmensmitglieder. Das Unternehmen wird als Lebenswelt verstanden und kollektive Mindsets – also geteilte Überzeugungen – stehen im Fokus der Analyse. Da es bei diesem Ansatz vor allem um das Gemeinsame einer Gruppe geht und alle Mitglieder Kulturtragende sind, haben Führungskräfte nur einen geringen Einfluss. Eine planbare Kulturgestaltung ist für die Vertreter:innen des Metapheransatzes, denen es hauptsächlich um ein verbessertes Unternehmensverständnis geht, zweitrangig. Beide Ansätze sind laut Sackmann Versuche, das komplexe Phänomen der Unternehmenskultur konzeptionell zu erfassen, und weisen individuelle Stärken und Schwachstellen im Verständnis von Unternehmenskultur auf.

Mit der Perspektive von Unternehmenskultur als dynamisches Konstrukt werden beide Sichtweisen integriert. Dabei finden sowohl die interaktiven Prozesse der Organisationsmitglieder als auch die daraus resultierenden Manifestationen wie Produkte, Strukturen und Regeln Berücksichtigung, welche wiederum das Verhalten der Mitglieder beeinflussen.

In diesem Sinne ‚sind' Unternehmen Kulturen und ‚haben' gleichzeitig Kultur durch über die Zeit selbst erschaffene Manifestationen. Wie in der Metaperspektive kann jedes Mitglied die Unternehmenskultur mitgestalten, wobei jedoch den Führungskräften eine zentrale Rolle zugesprochen wird: Die Führungskräfte schaffen günstige Bedingungen, um die Wahrscheinlichkeit für bestimmte – kulturell gewünschte – Verhaltensweisen seitens der Mitarbeitenden zu erhöhen.

Das sagen die befragten Feelgood Manager:innen dazu:

In den durchgeführten Interviews wurde deutlich, dass die befragten Feelgood Manager:innen Unternehmenskultur als dynamisches Konstrukt verstehen. In den Interviews wurde insbesondere die Mitgestaltung aller Organisationsmitglieder an der Unternehmenskultur deutlich sowie die zentrale Rolle der Führungskräfte dabei. Die Befragten betonten häufig, dass es die Aufgabe der Feelgoodmanagerin bzw. des Feelgood Managers ist, die Rahmenbedingungen herzustellen, innerhalb derer die Mitarbeitenden einen guten Job machen können.

Neben den drei vorgestellten, prägenden Perspektiven in der Entwicklungsgeschichte von Unternehmenskultur finden sich auch zahlreiche Definitionsversuche in der Literatur. Im nächsten Abschnitt gehen wir näher auf diese Begrifflichkeiten ein.

DEFINITION VON UNTERNEHMENSKULTUR

Generell wird unter dem Begriff „Kultur“ die in einer menschlichen Gemeinschaft entwickelten Normen und Werte des Miteinanders verstanden. Unternehmen wiederum sind soziale Systeme, in welchen Menschen langfristig zusammenarbeiten und in denen geteilte Normen und Auffassungen darüber gebildet werden, welches Verhalten erwünscht ist und gezeigt wird. Diese nonverbalen Regeln steuern reziprok – also wechselseitig in beide Richtungen – das Verhalten aller Unternehmensmitglieder ebenso wie die Einbindung neuer Mitarbeitender in diese Verhaltensmuster.

Was eine Unternehmenskultur beschreibt:

› Was ist typisch für uns?
› Wie sind unsere Kommunikation und das Miteinander?
› Welche Geschichten werden erzählt?
› Welche Verhaltensweisen, Regeln & Rituale haben wir?
› Gibt es kulturelle Symbole und wie ist unsere Umgebung?
› Was ist mit Hierarchie, Macht und Verantwortung?
› Welche Stolpersteine gibt es bei uns?
› Wie ist unsere Organisationsform und wie sind unsere Prozesse?
› Was sind unsere zugrundeliegende Werte?
› Welche Belohnungssysteme haben wir?

Im Tagesgeschäft zeigt sich die Unternehmenskultur in Gepflogenheiten und Mustern impliziter sowie offener Verhaltensregeln, aber auch manifestiert in „einem bestimmten Jargon, einem typischen Dresscode oder einer hierarchischen Parkplatzordnung“, so die Forscher Doktor Josef Herget und Professor Herbert Strobl.

Unternehmenskultur definiert den Unterschied zwischen Organisationen – also deren Einzigartigkeit – und ist grundlegend für die Bildung einer Unternehmensidentität.

PROF. DR. JOSEF HERGET (*1957) VERBINDET INFORMATIONSWISSENSCHAFT MIT INTERNATIONALER BERATUNGSTÄTIGKEIT. ER LEHRT UND FORSCHT ZU BUSINESS UND MANAGEMENT EXCELLENCE.

DR. HERBERT STROBL (*1961) IST MANAGEMENTBERATER, SYSTEMISCHER ENTWICKLUNGSBEGLEITER UND WIRTSCHAFTSMEDIATOR MIT FOKUS AUF DEN THEMEN FÜHRUNG, VERÄNDERUNG UND UNTERNEHMENSKULTUR.

Sackmann definiert Unternehmenskultur basierend auf der Perspektive des dynamischen Konstrukts als:

„[...] das von einer Gruppe gemeinsam gehaltene Set an grundlegenden Überzeugungen, das für die Gruppe insgesamt typisch ist. Dieses Set an grundlegenden Überzeugungen beeinflusst Wahrnehmung, Denken, Handeln und Fühlen der Gruppenmitglieder und kann sich auch in deren Handlungen und Artefakten manifestieren. Die grundlegenden Überzeugungen werden nicht mehr bewusst gehalten, sie sind aus der Erfahrung der Gruppe entstanden und haben sich durch die Erfahrung der Gruppe weiterentwickelt, d. h. sie sind gelernt und werden an neue Gruppenmitglieder weitergegeben."

Sie weist weiter darauf hin, dass für das Verständnis von Unternehmenskultur die sichtbaren Manifestationen weniger zentral sind als die zugrunde liegenden, kognitiven Prozesse. Sackmann vergleicht dies mit dem Beispiel eines Eisberges, bei dem sich der wesentliche Teil unterhalb der Wasseroberfläche befindet.

Manifestationen
(Sichtbare Artefakte,
beobachtbares Verhalten)

Mindset, grundlegende Überzeugungen
(Verdeckt, nicht mehr bewusst, gelernt,
gewohnt, emotional verankert)

Zu den sichtbaren Manifestationen von Kultur gehören sogenannte Artefakte – also alle von Menschen erschaffenen Gegenstände – sowie beobachtbares Verhalten auf verbaler sowie nonverbaler Ebene. Darunterliegend finden sich verdeckte, gelernte und gewohnte Überzeugungen (Mindsets) über Arbeitspraktiken wie Zusammenarbeit, Entscheidungsverhalten und Passung von Mitarbeitenden, welche emotional verankert sind und möglicherweise nicht mehr bewusst wahrgenommen werden. Diese tief liegenden Werte machen die größte Masse des Eisbergs aus, mit dem Schiffe bekanntermaßen immer zuerst unterhalb der Wasserlinie kollidieren. Daher entscheiden sie in den Worten von Herget und Strobl langfristig darüber, „wie adaptiv und integrativ passend ein Unternehmen trotz aller Unwägbarkeiten am Horizont Kurs halten kann".

Das sagen die befragten Feelgood Manager:innen dazu:

Sackmann zeigt in ihrem Eisbergmodell auf, dass die sichtbaren Manifestationen für die Unternehmenskultur weniger zentral sind als die zugrunde liegenden kognitiven Prozesse. Diese Annahme wurde durch viele Aussagen der interviewten Feelgood Manager:innen bestätigt, die sich einig waren, dass das Aufstellen von Tischkickern oder Obstkörben zwar eine Feelgood-Maßnahme sein kann, aber das Ausschlaggebende die tieferliegenden Prozesse sind. Als sichtbare Manifestationen wurden insbesondere Veranstaltungen oder räumliche Maßnahmen deklariert, die aber jeweils eingesetzt werden, um Wirkungen auf tieferen Ebenen der Kommunikationsgestaltung und des Miteinanders anzuregen und nachhaltig das Mindset der Mitarbeitenden über die Zusammenarbeit zu verändern. Die Feelgood Manager:innen wiesen außerdem häufig darauf hin, dass das Miteinander das Schmiermittel ist, welches das Unternehmen zusammenhält – ganz im Sinne der Eisberg-Metapher.

Zusammenfassend kann man sagen, dass es in der Forschung unterschiedliche Denkweisen und Ansätze darüber gibt, ob ein Unternehmen eine Kultur ‚hat' bzw. ‚ist' oder beides in dynamischer Wechselwirkung steht. Eine Unternehmenskultur zeichnet sich durch die Bildung eines Mindsets geteilter Überzeugungen aus, welches reziprok Verhalten steuert, und ist das identitätsstiftende Abgrenzungsmerkmal eines Unternehmens.

Verschiedene Modelle in der wissenschaftlichen Literatur dienen als Hilfsmittel zum Verstehen, Analysieren und Gestalten von Unternehmenskultur. Im folgenden Abschnitt stelle ich dir einen der wegweisendsten Vertreter vor:

Das 3-Ebenen-Modell von Edgar Schein.

3-EBENEN-MODELL DER UNTERNEHMENSKULTUR NACH SCHEIN

Professor Edgar Schein postuliert in seinem Modell von 1995 drei Ebenen der Unternehmenskultur: 1. Artefakte, 2. Werte und 3. Grundannahmen.

Auf der obersten Ebene seines Modells finden sich sichtbare Handlungsmuster und Symbole, die sogenannten Artefakte. Diese sind leicht zu beobachten, während ihre dahinterliegende Bedeutung nur über die Kenntnis der darunter liegenden Ebenen entschlüsselt werden kann.

Artefakte, Schöpfungen (Sichtbar, aber oft nicht entzifferbar) Technologie, Kunst, sichtbare und hörbare Verhaltensmuster
Werte (höhere Ebene des Bewusstseins)
Grundlegende Annahmen (selbstverständlich, unsichtbar, vorbewusst) Beziehung zur Umwelt, Natur der Wirklichkeiten, der Zeit, des Raumes, der menschlichen Tätigkeit und Beziehungen

Die zweite Ebene der Kultur umfasst die bekundeten kollektiven Werte und Normen des Unternehmens, welche allgemein anerkannt und oft in der Unternehmensstrategie schriftlich dokumentiert werden. Diese Ebene gibt dem sichtbaren Ausdruck der Kultur ihren Sinn und kann beispielsweise durch Befragung langjähriger Mitarbeitender erschlossen werden.

Auf der dritten Ebene finden sich unausgesprochene, unbewusste und geteilte Grundannahmen, welche als selbstverständlich gelten, den Kern der Kultur bilden und der Ausgangspunkt für Werte und Handlungen sind.

Zwischen den drei Ebenen beschreibt Schein dynamische Wechselwirkungen, durch welche Beeinflussungsprozesse in alle Richtungen verlaufen können.

Das sagen die befragten Feelgood Manager:innen dazu:

Scheins Modell kann in Bezug auf das Feelgood Management einen Anhaltspunkt geben, an welchen Ebenen Maßnahmen angesetzt werden können, um Veränderungen herbeizurufen. Maßnahmen können zum einen auf der sichtbaren Eben der Artefakte erfolgen (z.B. Informationsboards, ergonomische Möbel, Blumen im Büro). Zum zweiten kann beispielsweise durch das Durchführen von Werte-Workshops oder der Formulierung eines Leitbilds auf der zweiten Ebene der Werte gearbeitet werden. Schein weist auf Wechselwirkungen und Beeinflussungsprozesse zwischen den Ebenen hin, sodass das langfristige Ziel des Feelgood Managements, die unbewussten und geteilten Grundannahmen der Unternehmensmitglieder als Ausgangspunkt für daraus resultierende Werte und Verhalten zu verbessern, durch Maßnahmen auf den ersten beiden Ebenen angestoßen werden kann. Die Feelgood Manager:innen wiesen in diesem Zusammenhang auch darauf hin, dass Feelgood Management ein Prozess ist, der nicht von heute auf morgen geschieht. Um die Grundannahmen im Unternehmen zu beeinflussen, braucht es daher einen längeren, intensiveren und nachhaltigeren Einfluss, den das Feelgood Management leisten will.

Scheins Kulturmodell ist Ausgangspunkt für viele andere Modelle, die weitere Kategorien einfügen oder die Ebenen feiner differenzieren. Sackmann unterscheidet beispielsweise auf der zweiten Ebene zwischen in Leitfäden festgehaltenen und tatsächlich gelebten Werten. Scheins Modell soll an dieser Stelle aber für ein grundlegendes Verständnis von Unternehmenskultur genügen. Als nächstes schauen wir uns an, welche Relevanz die Kultur eines Unternehmens überhaupt in Bezug auf den Unternehmenserfolg hat.

EDGAR SCHEIN (*1928) IST AMERIKANISCHER SOZIALWISSENSCHAFTLER UND LEHRT ORGANISATIONSPSYCHOLOGIE UND MANAGEMENT AM MASSACHUSETTS INSTITUTE OF TECHNOLOGY (MIT) IN CAMBRIDGE. ER GILT ALS MITBEGRÜNDER DER ORGANISATIONSPSYCHOLOGIE UND ORGANISATIONSENTWICKLUNG UND PRÄGTE DIESE WISSENSCHAFTSZWEIGE NACHHALTIG.

ZUSAMMENHANG VON UNTERNEHMENSKULTUR UND UNTERNEHMENSERFOLG

Die Kultur eines Unternehmens stellt so Herget und Strobl den Raum dar, „in dem Ideen entstehen oder unterdrückt werden, Initiative befördert oder erstickt, Motivation gefördert oder vernichtet, Engagement belohnt oder entmutigt, Zusammenarbeit unterstützt oder behindert wird. Kurz gesagt, Unternehmenskultur schafft die Grundvoraussetzungen, unter denen erfolgreiches Arbeiten ermöglicht wird."

Der Zusammenhang zwischen der Kultur und dem Erfolg eines Unternehmens wird in zahlreichen empirischen Studien untersucht, wobei am häufigsten ein direkter Zusammenhang zwischen Unternehmenskultur und Arbeitsleistung korrelativ, also wechselseitig, erforscht wurde. Neuere, differenziertere Forschungsmethoden zeigen auch indirekte, nicht-lineare und reziproke Beziehungen zwischen den beiden Konstrukten.

Sackmann identifizierte in einer Metastudie (bei der viele Untersuchungen zusammengefasst und statistisch ausgewertet werden, was eine stabilere Aussage erlaubt als eine einzelne Studie für sich) positive Zusammenhänge von Unternehmenskultur mit folgenden Erfolgs- bzw. Leistungsfaktoren:

- Wirtschaftlicher Erfolg
- Marktanteile
- Schnelligkeit
- Anpassung an Trends
- Innovationen
- Qualität von Produkten oder Dienstleistungen
- Unternehmensattraktivität

Das Problem bei solchen Metastudien und auch in diesem Fall ist, dass die Studien sich untereinander nicht besonders ähnlich sind und deswegen eine geringe Vergleichbarkeit aufweisen. Das ist so, wenn Konstrukte wie zum Beispiel Unternehmenskultur anhand unterschiedlicher Parameter gemessen – „operationalisiert" – werden. Das bedeutet, dass die Ergebnisse nicht überschätzt werden dürfen oder einfach so als „gültig" stehen bleiben können. Nichtsdestotrotz wurden diese Ergebnisse aber unter den schwierigen Bedingungen der Messbarkeit von Unternehmenskultur ausgemacht und unterstreichen so dennoch die Bedeutsamkeit der genannten Faktoren für die allgemeine Wettbewerbsfähigkeit und Überlebenschance eines Unternehmens.

Das Bundesministerium für Arbeit und Soziales zeigte 2008 in einer Studie, dass sich 31 % der Varianz des Unternehmenserfolges auf seine Kultur zurückführen lässt. Andere Studien sprechen von 23 % Varianzaufklärung durch kulturelle Variablen.

DIE VARIANZAUFKLÄRUNG DIENT ZUM AUFZEIGEN VON WECHSELWIRKUNGEN. IN DER MARKTFORSCHUNG IST EINE 100-PROZENTIGE VARIANZAUFKLÄRUNG UNREALISTISCH, SODASS AUCH EINE 30- BIS 50-PROZENTIGE AUFKLÄRUNG SCHON ALS SEHR GUT BEZEICHNET WERDEN KANN.

Unternehmenskultur ist nur schwer zu fassen: Es ist so schwierig, Unternehmenskultur zu messen, weil es sich dabei eben nicht nur um sichtbare oder beobachtbare, leicht quantifizierbare Parameter handelt, sondern weil sie insbesondere durch implizite Interaktionsmuster und hoch individuelle zwischenmenschliche Prozesse gekennzeichnet ist. Solche Effekte können kaum oder teilweise gar nicht anhand von harten Fakten erhoben werden. Deshalb haben auch scheinbar geringe Ergebnisse eine gewisse Aussagekraft.

Hinzu kommt, dass Kultur über unterschiedliche Ebenen erfolgsfördernd wirkt. Zunächst sorgt ein guter kultureller Fit in der Rekrutierung und Förderung von Mitarbeitenden zur vollen Potenzialentfaltung ihrer Arbeitsleistung. Wird die Unternehmenskultur weiterhin auf individueller sowie auf Gruppenebene als motivierend und wertschätzend von den Mitarbeitenden wahrgenommen, steigt auch ihr Engagement und ihre Leistungsbereitschaft bei der Arbeit.

Das sagen die befragten Feelgood Manager:innen dazu:

In Bezug auf den Zusammenhang zwischen Unternehmenskultur und Unternehmenserfolg bestätigten die befragten Feelgood Manager:innen die positiven Effekte von Feelgood Management auf Erfolgsparameter wie Unternehmensattraktivität und Mitarbeiterbindung. Sie sprachen ebenso von der Wirkrichtung von Arbeitszufriedenheit über Produktivität hin zum Unternehmenserfolg. Das sind natürlich – ebenso wie alle anderen Aussagen der Feelgood Manager:innen – subjektive Einschätzungen und keine nachgeprüften Befunde. Dennoch sagen sie etwas über das Erleben im alltäglichen Berufskontext der Feelgood Manager:innen aus.

Insgesamt vertreten viele Wissenschaftler:innen die Theorie, dass Unternehmenskultur eine der wichtigsten Quellen für einen langfristigen Wettbewerbserfolg ist, da eine produktiv gelebte Unternehmenskultur ein Alleinstellungsmerkmal und damit eine Kernkompetenz eines Unternehmens darstellt. Das wirft die Frage auf, welche inhaltliche Ausprägung der Unternehmenskultur zu diesem Effekt führt: Was macht eine Unternehmenskultur zu einer „guten" Unternehmenskultur?

Um dies näher zu betrachten, entwickeln wir im nächsten Abschnitt eine Einschätzung darüber, wie eine Unternehmenskultur gestaltet sein muss, um als „gut" zu gelten, und was sich daraus für ein entsprechendes Kulturmanagement ableitet.

EINE „GUTE" UNTERNEHMENSKULTUR

„Fragt man langjährige Mitarbeiter einer Firma, warum sie dieser so lange die Treue halten, so wird dies oft mit einer ‚guten Unternehmenskultur' begründet. Umgekehrt ist eine schlechte Unternehmenskultur einer der wichtigsten Gründe für hohe Fluktuation", so Professor Christian Fichter.

PROF. DR. CHRISTIAN FICHTER (*1971) IST SOZIAL- UND WIRTSCHAFTSPSYCHOLOGE UND FORSCHUNGSLEITER DER KALAIDOS FACHHOCH-SCHULE IN ZÜRICH.

In der Forschungsliteratur werden die Bezeichnungen „gut" oder „schlecht" in Bezug auf die Unternehmenskultur als eher unzutreffend eingestuft – Professorin Swetlana Franken drückt es so aus: „Es gibt keine guten und schlechten Unternehmenskulturen. Die beste Kultur für ein Unternehmen ist diejenige, die zur Erreichung der Unternehmensziele am besten beiträgt". Dementsprechend sollte die Kultur sich eng an der Zukunftsausrichtung eines Unternehmens orientieren und fällt daher für jedes Unternehmen unterschiedlich aus.

Häufiger wird statt von einer „guten“ eher von einer „starken“ Kultur gesprochen, welche sich dadurch kennzeichnet, dass ihre Regeln und Werte von allen Mitgliedern mitgetragen werden. Die Stärke einer Unternehmenskultur hängt von mehreren Faktoren ab, wie zum Beispiel von der Kommunikationsintensität im Unternehmen oder auch dem Alter des Unternehmens. Eine starke Unternehmenskultur geht oft mit einer effizienten Kommunikation, einem geringeren Kontrollaufwand und einer hohen Motivation der Mitarbeitenden einher. Eine starke Unternehmenskultur kann auch zu Selbstselektionsprozessen führen, sodass sich nur „passende“ Personen bewerben oder ausgewählt werden. Eine starke Organisationskultur hat somit die Möglichkeit, aktiv das Verhalten der Mitarbeitenden zu beeinflussen.

PROF. DR. SWETLANA FRANKEN IST PROFESSORIN FÜR BETRIEBSWIRTSCHAFTSLEHRE MIT FOKUS PERSONAL-MANAGEMENT AN DER FACHHOCHSCHULE BIELEFELD UND LEITET FORSCHUNGS-PROJEKTE ZU DEN THEMEN DIVERSITY MANAGEMENT, INNOVATION UND INDUSTRIE 4.0.

Das sagen die befragten Feelgood Manager:innen dazu:

Der Zusammenhang zwischen einer starken Unternehmenskultur mit einer effizienten Kommunikation, geringerem Kontrollaufwand und höherer Motivation der Mitarbeitenden zeigte sich auch in den Aussagen der befragten Feelgood Manager:innen: Sie gaben dazu an, die Unternehmenskultur durch die Verbesserung der Kommunikation, durch Führungskräfteschulung weg von Kontrolle hin zu Selbstbestimmung sowie durch Partizipation der Mitarbeitenden zu gestalten. In den Interviews wurde ebenso angesprochen, dass es im Veränderungsprozess durchaus zu Kündigungen und Umstrukturierungen im Team kommen kann, wenn die Werte der Mitarbeitenden gar nicht (mehr) zu denen des Unternehmens passen. In beiden Punkten trägt Feelgood Management ganz gezielt dazu bei, eine starke Unternehmenskultur zu schaffen, in welcher die gemeinsamen Regeln und Werte von allen Mitgliedern mitgetragen werden.

Die Befragung „Deutschlands bester Arbeitgeber“ des Bundesministeriums für Arbeit und Soziales von 2008 lässt Rückschlüsse auf spezifische Charakteristika starker Unternehmenskulturen zu:

- 83 % der Mitarbeitenden gaben an, gern zur Arbeit zu kommen
- 77 % meinten, an einem Strang zu ziehen
- 76 % fühlten sich als Person anerkannt
- 75 % nahmen Interesse an der eigenen Person seitens des Unternehmens wahr
- 73 % sahen ihre Arbeitsleistung respektiert
- 71 % erfreuten sich besonderer Sozialleistungen
- 69 % fanden ihre Bezahlung angemessen
- 69 % wurden zu einer soliden Work-Life-Balance ermutigt
- 65 % registrieren eine angemessene Beteiligung an den Unternehmensgewinnen

Dies gibt eine Orientierung in der Frage, wie eine „gute“ Unternehmenskultur aussehen kann – auch wenn die konkrete Ausgestaltung nach wie vor von Unternehmen zu Unternehmen variiert.

Insgesamt ist festzuhalten, dass eine Unternehmenskultur mit entsprechend starker Ausprägung einen erheblichen Wettbewerbsfaktor darstellt. Seit die Zusammenhänge zwischen der Kultur und dem Erfolg eines Unternehmens wissenschaftlich erforscht werden, erkennen immer mehr Unternehmen die Relevanz kultureller Werte. Darüber hinaus wird die Wichtigkeit von Unternehmenskultur aufgrund der wachsenden Komplexität und Geschwindigkeit des Arbeitslebens im Spiegel der weiter vorn beschriebenen Megatrends weiter zunehmen.

Sich ändernde Wertevorstellung machen regelmäßiges, kritisches Hinterfragen und Neujustieren der Unternehmenskultur notwendig. Unternehmen stehen daher laut Sackmann vor der Herausforderung, „einen Kulturentwicklungsprozess hin zu mehr Offenheit, Austausch, Transparenz und einem Miteinander auf Augenhöhe einzuleiten“.

Wie genau Kulturentwicklung im Unternehmen und entsprechende Veränderungsprozesse vonstattengehen können, betrachten wir im nächsten Kapitel.

AUF EINEN BLICK

- Definition Unternehmenskultur: Gemeinsame, gelernte und teils unbewusste Überzeugungen, welche das Denken und Handeln beeinflussen und an andere Unternehmensmitglieder weitergegeben werden
- Unternehmenskultur als komplexes Phänomen: Sowohl interaktive Prozesse als auch Manifestationen und reziproke Wirkmechanismen
- Jedes Unternehmensmitglied gestaltet die Kultur, Führungskräfte schaffen (günstige) Bedingungen
- Eisbergmodell (Sackmann): Sichtbare Artefakte und unsichtbare Elemente
- 3-Ebenen-Modell (Schein): Artefakte, Werte und Grundannahmen
- Korrelative sowie indirekte, positive Zusammenhänge zwischen Unternehmenskultur und Unternehmenserfolg
- Kultur als Alleinstellungsmerkmal und Kernkompetenz eines Unternehmens

Für dich zum Nachdenken

- Was hast du Neues über das Verständnis von Unternehmenskultur (in der Forschung) gelernt?
- Wie würdest du eine „gute" Unternehmenskultur beschreiben?
- Welchen Beitrag kann für dich Feelgood Management zu einer starken Unternehmenskultur leisten?

LITERATUR

Barney, J. B. (1986). Organizational Culture: Can it be a Source of Sustained Competitive Advantage? Academy of Management Review, 11(3).

Barney, J. B. (2002). Gaining and Sustaining Competitive Advantage.

BMAS (2008). Bundesministerium für Arbeit und Soziales. Unternehmenskultur, Arbeitsqualität und Mitarbeiterengagement in den Unternehmen in Deutsch-land. F371 – Forschungsbericht: Abschlussbericht Forschungsprojekt Nr. 18/05.

Fichter, C. (Hrsg.). (2018). Wirtschaftspsychologie für Bachelor.

Franken, S. (2016). Führen in der Arbeitswelt der Zukunft: Instrumente, Techniken und Best-Practice-Beispiele.

Herget, J., & Strobl, H. (Hrsg.). (2018). Unternehmenskultur in der Praxis: Grundlagen – Methoden – Best Practices.

Ilic, P. (2018). Perspektiven auf Unternehmenskultur. In J. Herget & H. Strobl (Hrsg.), Unternehmenskultur in der Praxis: Grundlagen – Methoden – Best Practices.

Kauffeld, S. (Hrsg.). (2019). Arbeits-, Organisations- und Personalpsychologie für Bachelor.

Meyer, R., & Dietz, S. (2019). Unternehmenskultur: Wertebasiertes Employer Branding. In M. Busold (Hrsg.), War for Talents: Erfolgsfaktoren im Kampf um die Besten.

Nerdinger, F. W., Blickle, G., & Schaper, N. (2019). Arbeits- und Organisationspsychologie.

Phillips, M. E. (1994). Industry Mindsets: Exploring the Cultures of two Macro-Organizational Settings. Organization Science, 5(3).

von Rosenstiel, L., & Nerdinger, F. W. (2011). Grundlagen der Organisationspsychologie.

Sackmann, S. (2017). Unternehmenskultur: Erkennen – Entwickeln – Verändern; Erfolgreich durch kulturbewusstes Management.

Schein, E. H. (1995). Unternehmenskultur: Ein Handbuch für Führungskräfte.

Schneider, B., Ehrhart, M. G., & Macey, W. H. (2013). Organizational Climate and Culture. Annual Review of Psychology, 64.

02

/ 2 Kulturwandel in Unternehmen

Was ist unter Kulturwandel in Unternehmen zu verstehen?

Welche Rolle spielen Organisationsentwicklung & Change Management?

Inwiefern können Modelle dabei helfen, Unternehmenskultur zu gestalten?

02/2 KULTURWANDEL IN UNTERNEHMEN

„IF YOU CHANGE NOTHING, NOTHING WILL CHANGE“

Wie nun bereits eindrücklich beschrieben, müssen sich Unternehmen an den fortschreitenden Wandel anpassen, um wettbewerbsfähig zu bleiben. Diese Tatsache an und für sich ist aber historisch betrachtet gar nichts Neues: Die (Arbeits-)Welt war schon immer der Veränderung unterworfen und befindet sich in ständiger Entwicklung. Ansonsten wären wir wohl einfach tot. Was also zumindest aus einer psychologischen Perspektive heraus viel interessanter ist, als der Fakt, dass es einen Wandel gibt, ist die Frage nach dem konkreten Umgang damit: Wie gestalten Unternehmen ihren kulturellen Wandel in der heutigen Zeit?

In diesem Kapitel sehen wir uns Ansätze zur Beantwortung dieser Frage an und beleuchten, was genau unter Kulturwandel in Unternehmen verstanden wird. Kulturwandel bzw. der Umgang mit Veränderung ist ein Thema, das viele Unternehmen umtreibt. Der Bundesverband Deutscher Unternehmensberater verzeichnet seit 2005 einen zunehmenden Anstieg von Change Management Projekten in Deutschland und die investierten Summen lassen auf die Wichtigkeit dieser Thematik für Unternehmen schließen. Laut Fichter versuchen Unternehmen, den „Wandel zu antizipieren und aktiv zu managen“. Daraus leitet sich die Frage ab, ob es überhaupt möglich ist, Kulturwandel kontrolliert zu steuern und wenn ja, wie sich dies im Unternehmenskontext praktisch gestaltet. Um dieser Frage nachzugehen, entwickeln wir im folgenden Abschnitt zunächst ein Grundverständnis über die Veränderbarkeit von und den Gestaltungsspielraum in Bezug auf Unternehmenskultur.

VERSTÄNDNIS VON KULTURWANDEL IN UNTERNEHMEN

Zielgerichtete Veränderungen lassen sich nicht immer wie erwünscht umsetzen. Eine deutsche Change-Fitness Befragung in Zusammenarbeit der Mutaree GmbH – The Change Company – und Sackmann 2016 zeigte, dass sich zwar fast alle befragten Unternehmen mit Veränderungen konfrontiert sahen, aber eben Probleme bei der Umsetzung hatten. Kulturveränderungsprojekte brachten in den letzten Jahrzehnten oft nicht die gewünschten Ergebnisse, obwohl sich inzwischen eine weite Bandbreite an Beratungsangeboten findet, welche eine systematische Kulturveränderung anstreben. Sackmann beschreibt das Problem folgendermaßen:

„[...] Dabei suggerieren sie den Hilfesuchenden, dass sich bei der Durchführung der empfohlenen Maßnahmen unter Einhaltung der vorgeschriebenen Vorgehensweise die gewünschten Resultate einstellen werden. Doch leider funktionieren Unternehmen nicht so rational und auch nicht so mechanistisch wie auf dem Papier dargestellt und wie von Managern und Beratern gleichermaßen gewünscht und auch häufig angenommen wird."

Der Grund für das Scheitern vieler Wandelprojekte liegt darin begründet, dass die „geheimen Spielregeln" der Organisation nicht ausreichend berücksichtigt werden. Diese weichen Faktoren kennzeichnen die Interaktion von Menschen und spielen eine wesentliche Rolle bei der Umsetzung von Veränderungen.

Findet der Wandel nur an der Oberfläche statt (siehe Eisbergmodell im Abschnitt „Definition von Unternehmenskultur" auf S. 31), indem nur an den sichtbaren Stellschrauben auf der Ebene der Artefakte und Verhaltensnormen gedreht wird, wird das kaum Auswirkungen auf die Unternehmenskultur haben und damit auch nicht die erwünschten Erfolge verzeichnen. Es könnte sogar negative Effekte haben, wenn der Kulturwandel mehr Schein als Sein ist und die erkennbaren Veränderungen gar nicht zu der wirklichen, gelebten Identität der Mitarbeitenden passt. Wird nicht an den tieferliegenden Prozessen gearbeitet, werden sich Denk- und Arbeitsweisen nicht ändern. Das Problem dabei, einen tiefgreifenden Wandel der Unternehmenskultur herbeizuführen, liegt darin, dass Veränderungen in Unternehmen als Humansysteme „schwieriger, komplexer, langwieriger und weniger systematisch planbar und vor allem weniger ‚machbar'" sind, als Manager:innen das gerne hätten, so Sackmann.

Kulturwandel vollzieht sich vielmehr durch langfristige organisationale Maßnahmen unter Einbindung aller Akteur:innen zur Etablierung neuer Werte und Normen (mittlere Ebene bei Schein), die nachhaltig verinnerlicht werden und anfangen, wirklich gelebt zu werden (dritte Ebene bei Schein).

Die Veränderung einer Unternehmenskultur strahlt auf grundlegende Überzeugungen jedes einzelnen Mitglieds eines Unternehmens aus, wodurch sie eine substanzielle Bedeutung hat und nur begrenzt planbar ist. Dabei ist nicht immer die Offenheit vorhanden, neue Denk- und Arbeitsweisen zuzulassen oder zu erlernen, was zu Widerständen führen kann. Um solchen Umwälzungen adäquat begegnen zu können, ist es ratsam, ein kulturbewusstes Management zu entwickeln und zu pflegen.

Die Aufgabe eines solchen Managements ist es, den Kulturwandel sorgfältig zu planen, umsichtig umzusetzen und vorausschauend zu begleiten, wobei der Fokus auf der gelebten Unternehmenskultur liegt. Da sich Kulturwandel nicht verordnen, Werte sich nicht einfach verändern lassen und das Verhalten der Mitarbeitenden nicht vorhergesagt werden kann, muss dabei der Gedanke an unbedingte und exakte Machbarkeit verabschiedet werden. Es geht vielmehr um das Schaffen von Rahmenbedingungen, in denen ein fortlaufender Prozess der Wandlung stattfinden kann.

Versteht man die Dynamik und Wandlungsfähigkeit von Unternehmenskultur, kann sie auch gestaltet werden, indem „die Unternehmensstrategie, das Unternehmensdesign, die Management- und Führungssysteme mit ihren entsprechenden Instrumenten wie auch das Denken und Verhalten der Mitarbeiter und der Führungskräfte aufeinander abgestimmt in die gleiche Richtung entwickelt bzw. verändert werden", weiß Sackmann.

Herget und Strobl bedienen sich dabei der Analogie von Unternehmenskultur als Garten: Ein Garten entwickelt sich von selbst. Man kann Pflanzen nicht per se zum Wachsen bringen, aber man kann ein geeignetes Umfeld schaffen, in dem sich bestimmte Pflanzen optimal entwickeln können und entsprechende Früchte reifen lassen. Andere Gewächse hingegen werden bewusst zurückgedrängt.

Kulturwandel kann also als nachhaltige Veränderung von Verhalten und Einstellungen der Mitglieder einer Organisation im Rahmen von Transformations-prozessen verstanden werden. Er kann gelingen, wenn er bewusst vorangetrieben und durch Menschen und Entscheidungsträger:innen, die das strategische Denken in konkrete Handlung übersetzen, aktiv vorgelebt und unterstützt wird.

Als nächstes schauen wir uns an, was die beiden Bereiche Organisationsentwicklung und Change Management für Ansätze kennen, Veränderungen in Unternehmen zu bewirken. Dazu stelle ich dir einige grundlegende Entwicklungsmodelle vor, nach denen in den beiden Disziplinen konzipiert und gearbeitet wird.

ORGANISATIONSENTWICKLUNG

Werfen wir zunächst einen Blick auf das Feld der Organisationsentwicklung!

Möglichkeiten zum Umgang mit Wandel in Unternehmen haben sich in Form der Organisationsentwicklung als arbeits- und organisationspsychologisches Fachgebiet entwickelt. Die Organisationsentwicklung geht davon aus, dass Veränderungen bewusst und planvoll herbeigeführt werden können, indem umfassend und nachhaltig sowohl Struktur, Prozesse sowie Personal einer Organisation beeinflusst werden. Professorin Simone Kauffeld definiert Organisationsentwicklung als „ein systemisches und geplantes Veränderungsbemühen, welches Erkenntnisse aus den Verhaltenswissenschaften nutzt, um die organisationale Effektivität und Problemlösefähigkeit zu steigern, so dass sich Organisationen an wechselnde Umweltbedingungen anpassen können."

PROF. DR. SIMONE KAUFFELD (*1968) IST PROFESSORIN FÜR ARBEITS-, ORGANISATIONS- UND SOZIALPSYCHOLOGIE AN DER TU BRAUNSCHWEIG UND FORSCHT ZU KOMPETENZENTWICKLUNG, TEAMS UND FÜHRUNG SOWIE VERÄNDERUNGSPROZESSEN IN ORGANISATIONEN.

Die Organisationsentwicklung nutzt gruppendynamische Prozesse als Interventionen im Kulturwandel, um geplante Veränderungen anzustoßen. Dabei werden Erkenntnisse, Prinzipien und Methoden der Verhaltenswissenschaften eingesetzt, um bei den Organisationsmitgliedern Verhaltens- und Einstellungsänderungen anzuregen, welche sich positiv auf die Produktivität und Effektivität des Unternehmens auswirken. Dabei kann der Fokus sowohl auf Individuen liegen, auf Beziehungsgestaltung untereinander und im Team, auf mehreren Abteilungen oder auf der Organisation als Ganzes.

Organisationsentwicklung funktioniert eher prozessorientiert, setzt stark auf die Einbindung und Partizipation der Organisationsmitglieder und berücksichtigt deren Arbeits- und Handlungssysteme.

In der Organisationsentwicklung ist häufig die Führungsspitze der Initiator, welche die Veränderungsnotwendigkeit erkennt und ggf. externe Berater:innen engagiert. Typischerweise werden anschließend (so weit wie möglich) alle Organisationsmitglieder in den Prozess integriert mit dem Ziel, Strukturen, Abläufe und Regeln zunehmend eigenständig zu optimieren.

Das sagen die befragten Feelgood Manager:innen dazu:

Das komplexe Problem vieler Unternehmen mit ihrem kulturellen Wandel liegt darin, dass sich zielgerichtete Veränderungen nicht immer wie gewünscht umsetzen lassen. Unternehmenskultur funktioniert nicht rational, sondern wird durch weiche Faktoren und zwischenmenschliche Interaktion beeinflusst. In Bezug darauf betonen die Interviewten, dass Feelgood Management dazu dient, langfristige organisationale Maßnahmen unter Einbindung aller Akteur:innen umzusetzen, um neue Werte nachhaltig zu etablieren, zu verinnerlichen und zu leben. Damit könnte man sagen, dass Feelgood Management eine Form der Organisationsentwicklung ist, wobei allerdings der verhaltenswissenschaftliche Aspekt fehlt. Die meisten Feelgood Manager:innen gaben an, nach dem Trial-and-Error-Prinzip Maßnahmen auszuprobieren und aufgrund der gewonnenen Erfahrung das weiterzuführen, was gut funktioniert. In diesem Sinne sind die Ziele von Feelgood Management und Organisationsentwicklung ähnlich, die Fundierung jedoch nicht. Andererseits betonten die Feelgood Manager:innen auch, dass es bei ihrer Arbeit insbesondere darauf ankommt, sich alltäglich hinein zu fühlen und in Kontakt mit den Menschen und Gegebenheiten zu gehen. Nichtsdestotrotz sollten die Forschungserkenntnisse der Organisationsentwicklung gewinnbringend auch für das Feelgood Management eingesetzt werden.

Um dem eher trockeneren Teil der wissenschaftlichen Theorie über die Organisationsentwicklung noch etwas Leben einzuhauchen, habe ich den Sozialpsychologen Johannes Schley zu seinem Beruf – oder besser: Seiner Berufung – befragt: Der systemischen Organisationsentwicklung.

Viel Spaß beim folgenden Exkurs in die Praxis!

EXKURS: SYSTEMISCHE ORGANISATIONSENTWICKLUNG

IMPULS VON JOHANNES SCHLEY

Lieber Johannes, du bist Sozialpsychologe und systemischer Organisationsentwickler - wie bist du zu dem Spezialgebiet gekommen?

Mich hat die Individualität von Menschen interessiert und das jede:r mit so etwas wie einem Selbstkonzept – also einer Grundidee, wer man ist und sein will – unterwegs ist. Noch spannender ist eigentlich, dass man dieses selbstverständlich gelebte Selbstkonzept überhaupt nicht präsent hat. Gleichzeitig wollte ich gern eine gute Welt mitgestalten, also ging es für mich um etwas anderes, als in Therapien Einzelnen zu helfen. Da habe ich nach einem größeren Wirkungshebel gesucht und die Sozialpsychologie gefunden, die Wissenschaft vom menschlichen Erleben und Handeln in Teams, Gruppen bis hin zur Ebene gesellschaftlichen Erlebens und Handelns. Während einige Mitstudierende mit dem Abschluss unglücklich über die mangelnde Spezialisierung durch unsere Ausbildung waren, hat es mich sehr präzise für meine Lieblingstätigkeit als systemischer Organisationsentwickler ausgestattet. In dieser Rolle kann ich es Unternehmen, der Führung und den Mitarbeitenden darin leichter machen, gemeinsame Ziele zu erreichen, gut zusammenzuarbeiten und wieder auf das Produkt, die Dienstleistung oder die Kund:innen zu fokussieren, anstatt auf interne Reibungsverluste. Denn analog zu Personen machen sich auch die meisten Firmen ihr Selbstkonzept nicht immer bewusst: Wie und wozu man etwas macht. Also ist einer der Hebel, „reflektiertes Handeln“ im Unternehmen zu entwickeln oder stärken.

Was genau verstehst du unter systemischer Organisationsentwicklung? Wie hebt sie sich von anderen Beratungsformen ab?

Jede:r Inhaber:in, jede Führungskraft und jede:r initiative Mitarbeiter:in betreibt durch ihre bzw. seine Entscheidungen, Projekte und Programme Organisationsentwicklung. Manchmal muss man genauer hinsehen, um die Entwicklung zu erkennen. So ist es z.B. eine Leistung, personelles Wachstum zu erreichen und dabei die Kultur aus „kleineren Zeiten“ vergleichbar zu halten; also eine Vertrauenskultur zu leben, die sich früher auf die engen Beziehungen zwischen den wenigen Menschen gestützt hat und nun weiterlebt, obwohl man nicht mehr alle persönlich und intensiv kennt. Dann gibt es noch die offensichtlicheren Maßnahmen, wie die Entwicklung eines neuen Geschäftsfeldes oder die Neustrukturierung eines Bereiches, bei der man sagt: „Aha, da wird aktiv Organisationsentwicklung betrieben". Und nun zur Frage, was macht systemische Organisationsentwicklung? Wir sorgen dafür, dass es zwischen Einzelinitiativen und dem Unternehmen keinen Abriss gibt. Das bedeutet: Egal, ob beispielsweise von der Unternehmensspitze eine neue Vision umgesetzt werden soll oder ob ein starker Prototyp in einem Bereich Potenzial für die anderen Bereiche hat, aber aktuell nicht zusammenkommt, was zusammengehört – systemische Organisationsentwicklung vernetzt und beteiligt sinnvoll, sodass der Wandel auch eine Chance bekommt, zu bleiben. Das ist auch der Hauptunterschied zu anderen Formen der Implementierungen von Change. Unsere Überzeugung ist, dass gute Beteiligung wichtiger ist als die perfekte Ausarbeitung eines neuen Prozesses beispielsweise. Allerdings erhöht ein guter Plan auch die Bereitschaft, einzusteigen, bzw. sehen wir das als verbunden an: Eine gute Prozessdefinition entsteht auch erst durch gute Beteiligung. Um es kompakt zu sagen: Systemische Organisationsentwicklung findet clevere Beteiligungswege für strategische Unternehmensentwicklung. „Clever" bedeutet in diesem Zusammenhang auch ökonomisch und effizient.

Was fesselt und begeistert dich an dem Thema am meisten?

Ich glaube, dass eine tiefe Erfüllung auch darin liegt, effizient zu arbeiten und wirksam mit dem eigenen Einsatz zu sein. Natürlich haben wir auch innere Faulheit und Bequemlichkeit und all das, was uns eben eher schlechte Roboter sein lässt (weil fehleranfällig), aber eben auch menschlich. Mich begeistert eigentlich ein Dreieck aus einerseits dem tiefen Wunsch nach Effizienz gepaart mit sinnvollem Tun komplettiert um den Wunsch, dabei ganz zu bleiben – also sich selbst nicht aufzubrauchen. Wirksam effizient das Richtige, Sinnvolle tun und dabei gesund sein und bleiben. Das ist für mich der Haupttreiber für gute Begleitung von Organisationsbestrebungen, erfolgreicher zu sein. Denn wir leisten mit einen Beitrag dazu, dass die langfristige Erfolgsfähigkeit im Unternehmen gestärkt wird und nicht nur irgendein Karriereprojekt für die nächste Quartalsbewertung abgehakt wird. Mich fesselt, wenn die individuelle und kollektive Ambition dazu führt, gute Wege der Kollaboration zu finden. Da muss ich einmal kurz einen

Exkurs in die Evolution machen. Ich finde, wir sind es unseren Vorvorfahren schuldig, dass wir aus den bisherigen kulturellen Errungenschaften etwas machen. Vor 40.000 Jahren waren „wir“ spezialisiert darauf, Knochenmark aus Knochen zu holen, nachdem Löwen, Hyänen, Geier und Fliegen die Hauptsachen schon genommen hatten. Das taten „wir“ mit Faustkeilen – einem Werkzeug, das 1,5 Millionen Jahre keine Innovation erfahren musste, weil die dominante Strategie so lange genügt hat. Offensichtlich wertvolle Basisarbeit für unsere aktuellen Entwicklungsstand. Da sind wir doch heutzutage angehalten, auch den nächsten evolutionären Schritt in unserer Kooperationsfähigkeit zu gehen. Am Ende ist das ja auch unsere Schlüsselkompetenz als recht besonderes oder ungewöhnliches Tier.

Welchen Nutzen siehst du im systemischen Ansatz für Unternehmen?

Zurück zu Unternehmen. Wir in unserer Tätigkeit sind systemisch im doppelten Sinne. Einerseits sehen wir Menschen als lebendige Systeme und andererseits die Teams, Bereiche, Organisationen als soziale Systeme. Das bedeutet, wir klammern den Menschen ein und schauen gleichzeitig auf die Bedeutung der Kommunikation zwischen den Funktionen, Rollen, etc., um daraus die Qualität im System zu erschließen. Der Nutzen, systemisch auf Einzelne zu schauen, liegt darin, dass in der Personalentwicklung, im Talentmanagement und in der Leadershipentwicklung mehr Möglichkeiten als Sackgassen entstehen. Der Kern des systemischen Blicks wertet Erfolgsbedingungen höher als Erfolgskompetenzen. Wem es unternehmerisch gelingt, einen guten Rahmen zu setzen und zu pflegen, hat es leichter darin, Kompetenz der handelnden Personen zu erleben, als mit Druck und angedrohtem Bonusentzug Leistung zu erzwingen. Auf das soziale System geschaut hilft das Systemische, um eine Idee in die Welt zu bringen. Zum Beispiel kontert es den Unglauben, dass tatsächlich neue Werte in einem Unternehmen etabliert werden können. Soll als neuer Wert beispielsweise Eigenverantwortung gestärkt werden, gilt es zu prüfen, welche Standardprozesse (Urlaubsantrag, Arbeitszeiten, Budgetbewilligung, ...) und Entscheidungsstrukturen dem entgegenstehen und wie diese unternehmerischen Notwendigkeiten so gestaltet werden können, dass sich der Handlungskontext ändert.

Kannst du ein Anwendungsbeispiel im Unternehmenskontext geben?

Wir haben einen Kunden, dem eine Abkopplung des Kundenservices vom Rest des Unternehmens aufgefallen ist. Höhere Fluktuation in dem Bereich, kritischere Kundenfeedbacks, Augenrollen bei den produktiven Bereichen, wenn sie mit diesem Servicebereich Kontakt hatten, waren einige der Hauptmerkmale. Zusätzlich waren auch die Kennzahlen des Ticketsystems nicht in Ordnung und darüber hinaus wurde aus wiederkehrenden Fehlern und Kundenanliegen nicht gelernt. Die Leitung des Kundenservices auszutauschen hatte zweimal zwar zu Verbesserungen, aber nicht zur substanziellen Lösung des Problems geführt. Eine Variante, dem zu begegnen, wäre ein Training plus on-the-job Begleitung, um innerhalb des aktuellen Rahmens das Thema zu wenden. Vor allem durch die direkte Begleitung bei der Arbeit hätte das eine gute Chance auf relevante Verbesserung gehabt. Aber nun wird das Thema als Organisationsentwicklungsbewegung fast des gesamten Unternehmens aufgegriffen und wir entwickeln gemeinsam Wege, wie wir alle Funktionen rings um einen Kunden zusammenarbeiten lassen, quasi in einer end-to-end Verantwortung. Wir suchen also Wege, wie man die Kompetenz- und Funktionssilos in multifunktionalen Teams verbinden kann. Gleichzeitig haben wir im Blick, wie wir nun die Qualität der Spezialisierung fördern, die vorher durch das Kompetenzsilo gesichert war. Wir streben also gleich die Balance an, um nicht in zwei Jahren die Gegenbewegung begleiten zu müssen, sondern schon jetzt gemeinsam zum nächsten Evolutionsschritt denken zu können.

Inwiefern könnte der systemische Ansatz dabei helfen, ein gutes Feelgood Management in Unternehmen zu etablieren?

Es ist sinnvoll, Feelgood Management integriert als strategisches Element der Unternehmenskulturgestaltung zu nutzen. Schlimm wäre es, wenn Feelgood Management als Einzelrolle eine Alibifunktion einnehmen muss. Neben den guten Beispielen ergeht es so ja auch manchen Gleichstellungsbeauftragten, Nachhaltigkeitsbeauftragten und sogar Datenschutzbeauftragten – obwohl das alles integrierte Qualitäten sein sollten. Wenn man also mit Feelgood Management beauftragt wird, sollte man prüfen, wie man diese Funktion so einbringen kann, dass diese Qualität für die Führungskräfte und die Mitarbeitenden täglich erfahrbar wird. Das ist zwar keine einfache Aufgabe, aber wenn es einfach wäre, dann könnte es ja jede:r machen. In dem Fall, dass man aus der Unternehmensspitze heraus Feelgood Management in der Organisation verankern will, sollte man es neben einer Rolle vor allem auch durch regelmäßiges Besprechen in den einzelnen Jour-Fixe-Routinen mit den direkten Führungspersonen dazu beitragen, dass das Thema die Relevanz bekommt, die es braucht und verdient.

Hast du zum Schluss noch einen Impuls, Feelgood im Unternehmen ganz im Sinne der systemischen Organisationsentwicklung zu zelebrieren?

Warum ohne oder gegen die Leute, wenn es einfacher und besser mit den Leuten geht. Ganzheitliches Unternehmer:innentum und Organisationsentwicklung liegt darin, lebenswerte und leistungsfähige Arbeitsumgebungen zu gestalten. Dafür ist die Balance aus Wertschöpfung und Wertschätzung ein wesentlicher Baustein. Und die Grundidee von Feelgood Management kann auf dem Weg zu dieser Leistungsbalance eine entscheidende Zutat sein.

JOHANNES SCHLEY (37 Jahre, Hamburg) ist geschäftsführender Gesellschafter und systemischer Organisationsberater. Johannes hat eigenhändig aus einer inhaberinnengeführten Firma ein Familienunternehmen gemacht und leitet jetzt das Institut für Organisationsentwicklung und Systemische Beratung IOS Prof. Schley & Partner, das seine Eltern 1985 gegründet haben, in die Zukunft weiter. Er nutzt das Institut zur Gestaltung von Arbeitsglück in Unternehmen und ist Vater von zwei Kindern mit vermutlich besonderem Selbstkonzept.

Weitere Infos auf: www.ios-schley.de

ORGANISATIONSENTWICKLUNG VERSUS CHANGE MANAGEMENT

Die Organisationsentwicklung ist genauso wie das Change Management ein Konzept zur Anpassung von Unternehmen an veränderte Anforderungen.

Das Change Management fokussiert jedoch eher auf Prozessoptimierung und ökonomischen Zuwachs, während die Organisationsentwicklung zusätzlich einen humanistischen Anspruch hat, die Menschen mit in den Prozess zu involvieren. Daher geht es bei der Organisationsentwicklung auch stark um das Wohlbefinden der Mitarbeitenden, während das Change Management eher auf ökonomische Kenngrößen wie Umsatzsteigerung und Produktivitätsverbesserung abzielt und als Gesamtkonzept über externe Beratung die Betroffenen nur peripher einbezieht.

Change Management umfasst sämtliche Maßnahmen und Tätigkeiten, welche umfassende und bereichsübergreifende Veränderungen zur Umsetzung neuer Strategien, Strukturen oder Prozesse in einer Organisation bewirken sollen.

Organisationsentwicklung ist ein sehr weites Feld und kann im Rahmen dieses Buchs nicht ansatzweise ausreichend beleuchtet werden. Soweit ein erster Einblick in das grundsätzliche Verständnis davon in der Wissenschaft – ein intensiverer Abriss mit Einblicken in die Praxis wäre ein eigenes Buch Wert...

An dieser Stelle ist so weit festzuhalten, dass – obwohl die beiden Konzepte Organisationsentwicklung und Change Management einen etwas unterschiedlichen Fokus haben – aus beiden Ansätzen wichtige Erkenntnisse in Bezug auf die Gestaltung und Entwicklung von Unternehmenskultur in Hinblick auf Feelgood Management gewonnen werden können. Dazu werfen wir im Folgenden einen vertiefenden Blick auf einige grundlegende Modelle von Veränderungsprozessen in Unternehmen aus beiden Disziplinen.

Maßnahmen der Organisationsentwicklung gestalten sich meist umfassend und langfristig, weshalb sie sinnvoll konzipiert werden sollten. Idealtypische Phasenmodelle können dabei ein Hilfsmittel in der Planung sein – müssen aber immer an den individuellen Fall des Unternehmens angepasst werden. Ein Modell beschreibt ein vereinfachtes Abbild der Wahrheit; es verkürzt und abstrahiert auf das Wesentliche und Relevante für einen bestimmten Sachverhalt. Modelle haben keinen Anspruch auf Vollständigkeit oder uneingeschränkte Gültigkeit, aber sie dienen zum besseren Verständnis eines komplexen Zusammenspiels.

Als einer der Begründer der Organisationsentwicklung gilt Kurt Lewin, welcher unter anderem auch durch sein Drei-Phasen-Modell des geplanten Wandels von 1947 bekannt geworden ist. Dabei handelt es sich um ein einfaches Modell für soziale Veränderungen in einer Gesellschaft, welches auf Lewins sogenannter „Feldtheorie" beruht. Diese besagt, dass in Unternehmen zwei grundlegende Kraftfelder wirken: Das eine Feld, dessen Kräfte maßgeblich nach Sicherheit streben und den Status Quo sichern wollen; und das andere Kraftfeld, welches Veränderungen, Visionen und Innovationen erzeugt. Lewins These ist dabei, dass für die erfolgreiche Gestaltung eines Wandels zunächst das Gleichgewicht der Kräfte zugunsten der verändernden Kräfte verschoben werden muss. Mit diesem Ansatz in Kombination mit seinem 3-Phasen-Modell, auf das wir gleich einen genaueren Blick werfen, charakterisierte Lewin nicht nur basale, typische Phasen in Veränderungsprozessen, sondern weist auch darauf hin, das Transformationsvorhaben in Bezug auf die emotionalen Reaktionen der Organisationsmitglieder entsprechend vorzubereiten, um Erfolg zu haben.

KURT LEWIN (1890-1947) WAR EINER DER EINFLUSSREICHSTEN PIONIERE DER PSYCHOLOGIE UND (MIT-) BEGRÜNDER DER EXPERIMENTELLEN SOZIALPSYCHOLOGIE SOWIE DER GESTALTPSYCHOLOGIE. SEIN NAME IST WEITHIN MIT DER „FELDTHEORIE IN DEN SOZIALWISSENSCHAFTEN" ASSOZIIERT.

Lewins Modell umfasst die drei sehr grundlegenden Phasen „Auftauen", „Verändern" und „Stabilisieren".

In der ersten Phase des „Auftauens" werden im Sinne des Modells zunächst Diskrepan-

Auftauen	Verändern	Stabilisieren
Kontrakt Identifikation von Veränderungsbedarf und Problemen, Vorgespräche zur Vereinbarung des Vorgehens (für die Analysephase), Anstoß der Veränderung, Rahmenbedingungen definieren, Ressourcen bereitstellen **Analyse** Datenerhebung und -auswertung, Feedback, Betroffenheit erzeugen, Akzeptanz schaffen, Widerstände abbauen, Dringlichkeit darlegen, Koalitionen aufbauen, Sinnbezug herstellen	**Vision** Vision und Ziele definieren, Konsens der betroffenen Parteien, Hierarchieübergreifende Beteiligung **Konzeption** Von Maßnahmen und Implementierungsschritten, Verzahnung von Führungs- und Mitarbeiterebene, Zeitrahmen und Flexibilität im Prozess, Kommunikation **Implementierung** Change Agents qualifizieren, Implementierungsschritte steuern, Erproben und Ausrollen der Maßnahmen, Resultate einfordern, Kommunikation erster Ergebnisse, Aufmerksamkeit und Unterstützung des Managements sicherstellen	**Stabilisierung** Reflexion von Prozess und Ergebnissen, Dokumentation und Abschlussbericht, Evaluation hinsichtlich harter und weicher Kriterien, Erfolge bilanzieren und feiern, Verankerung der Veränderung

zen zwischen bestehendem und angestrebtem Verhalten aufgedeckt, alte Gewohnheiten infrage gestellt und Veränderungsbedarfe identifiziert. Dazu werden Ziele, Vorgehensweisen und Rahmenbedingungen des Veränderungsprozesses abgesteckt, Analysen durchgeführt und Feedback von den Organisationsmitgliedern eingeholt. Diese Phase zielt darauf ab, einen klaren Blick auf die Gegebenheiten im System zu schaffen und eine Dringlichkeit sowie Bereitschaft zur Veränderung zu provozieren.

In der zweiten Phase des „Veränderns" wird der Veränderungsprozess dann umgesetzt, indem durch Interventionsmaßnahmen neue Strukturen geschaffen und neue Verhaltensweisen gelernt werden. Dabei ist es zentral, alle Organisationsmitglieder zur Partizipation zu gewinnen, um eine gemeinsame Wertevision zu entwickeln. Kommunikation, Unterstützung vom Management und klare Resultate sind dabei zielweisend.

In der dritten Phase des „Stabilisierens" wird ein Zustand des Gleichgewichts angestrebt, sodass sich veränderte Strukturen festigen können. Kern dessen ist die Reflexion, Dokumentation und Evaluation von Prozessen und Ergebnissen sowie die Anerkennung von Erfolgen. Dabei geht es um die nachhaltige Verankerung des Neuen, um nicht wieder in alte Gewohnheiten zurückzufallen.

Lewins 3-Phasen-Modell ist die Grundlage für viele weitere Phasenmodelle, welche die einzelnen Schritte weiter differenzieren oder praktisch handhabbarer machen, als das Lewins eher deskriptives Modell vermag. Auch suggeriert sein Modell eine Linearität in der Prozessabwicklung, die so kaum in der Praxis gefunden wird. Deshalb schauen wir uns noch zwei andere Ansätze genauer an: Einen differenzierteren und einen iterativeren.

Aus dem Change Management stammt beispielsweise das 5-Stufen-Modell von Professor Wilfried Krüger aus dem Jahr 2002, welches wie das von Lewin einen linearen, aber eben etwas differenzierteren Veränderungsprozess beschreibt. Bei Krügers fünf Stufen handelt es sich um „Initialisierung“, „Konzeption“, „Mobilisierung“, „Umsetzung“ und „Verstetigung“.

Auf der ersten Stufe der „Initialisierung“ wird die Notwendigkeit einer Veränderung festgestellt und die Träger:innen der Veränderung (zum Beispiel Führungskräfte) aktiviert. Es findet dazu eine Analyse interner und externer Begebenheiten statt, um den Veränderungsbedarf zu identifizieren. Aus den Ergebnissen wird anschließend eine Vision abgeleitet.

PROF. WILFRIED KRÜGER (*1942) WAR BIS 2009 PROFESSOR FÜR UNTERNEHMENS- UND PERSONALFÜHRUNG MIT SCHWERPUNKT ORGANISATION UND MANAGEMENT DES UNTERNEHMUNGSWANDELS AN DER UNIVERSITÄT GIESSEN.

Auf der zweiten Stufe der „Konzipierung“ werden die Ziele des Veränderungsprozesses definiert und erforderliche Maßnahmen in Form eines Maßnahmenkatalogs festgehalten. Darüber hinaus werden die Rahmenbedingungen der Veränderung festgelegt.

Die Phase der „Mobilisierung“ beschreibt anschließend die Konfrontation der Betroffenen mit der Veränderung, wobei versucht wird, Unterstützung für die erarbeiteten Maßnahmen zu erzielen. Außerdem wird die Umsetzung der Änderung vorbereitet.

Bei der „Umsetzung“ der Veränderung werden Basis- und Folgeprojekte durchgeführt. Jedes Einzelprojekt wird nach Abschluss bewertet und das Feedback wird in laufende und folgende Projekte integriert.

1. Initialisierung	**2. Konzipierung**	**3. Mobilisierung**	**4. Umsetzung**	**5. Verstetigung**
Wandlungsbedarf feststellen, Wandlungsträger aktivieren	Wandlungsziele festlegen, Maßnahmenprogramme entwickeln	Wandlungskonzept kommunizieren, Bereitschaft und Fähigkeit schaffen	Prioritäre Vorhaben durchführen, Folgeprojekte durchführen	Wandlungsergebnisse verankern, Wandlungsbereitschaf und -fähigkeit sichern

In der letzten Phase der „Verstetigung“ werden die Ergebnisse der Veränderung verankert. Es soll dabei vermieden werden, dass alte Verhaltensmuster wieder aufgenommen werden.

Ähnliche Modelle finden sich auch von Seiten der Organisationsentwicklung, wie beispielsweise das 8-Stufen-Modell von John P. Kotter von 1995, auf das an dieser Stelle jedoch nicht weiter eingegangen wird.

ROSWITHA KÖNIGSWIESER (*1943) IST EINE ÖSTERREICHISCHE SUPERVISORIN UND SYSTEMISCHE ORGANISATIONSBERATERIN. SIE BEGLEITET KOMPLEXE VERÄNDERUNGSPROZESSE IN GROß- UND MITTELSTÄNDISCHEN UNTERNEHMEN.

Solche linearen Prozesse können hilfreich für die Planung einzelner Interventionsmaßnahmen sein, wenn es darum geht, die Orientierung im Wandelprozess zu bewahren und phasengerechte Maßnahmen zu entwickeln. Gleichzeitig suggerieren lineare Prozesse aber auch, dass der Wandel „abgeschlossen“ sei, sobald alle Phasen durchlaufen wurden. Andere Auffassungen, welche insbesondere durch moderne, agile Praktiken geprägt werden, verstehen Wandlungsprozesse mehr als sich wiederholende Feedbackschleifen. In diesem Sinne entwickelte Roswitha Königswieser 2011 ihr Modell der Systemisch-Komplementären Schleife, welche sich in die vier Prozessschritte „Informationen sammeln“, „Hypothesen bilden“, „Interventionen planen“ und „Intervenieren“ gliedert.

Informationen sammeln ▷ Hypothesen bilden ▷ Interventionen planen ▷ Intervenieren ▷ Informationen sammeln ▷ Hypothesen bilden ▷ Interventionen planen ▷ …

Dieser Ablauf wiederholt sich, indem gemachte Erfahrungen integriert und umgesetzt werden, in iterativen Schleifen. Iteration beschreibt im Allgemeinen den Prozess mehrfachen Wiederholens gleicher oder ähnlicher Handlungen zur Annäherung an eine Lösung oder ein bestimmtes Ziel. Dabei ist ein iterativer Zyklus eine in sich zeitlich und fachlich abgeschlossene Einheit, aus der Lernerfahrungen für die nächste Iteration abgeleitet werden. Insofern versteht Königswieser Kulturwandel als einen sich wiederholenden und lernenden Prozess.

Wir halten also fest, dass die Gestaltung von Veränderungsprozessen keiner linear-kausalen Steuerung unterliegt, sondern eher als Lernen innerhalb eines komplexen, lebenden Systems verstanden werden muss, wodurch eine schrittweise Annäherung an das Endergebnis erfolgt. Dabei ist jedes Unternehmen individuell zu betrachten und es muss beachtet werden, dass kein Prozessmodell der Welt ein Patentrezept oder eine Wunderlösung liefern kann: Der Wandel muss dauerhaft, stetig und interaktiv erfolgen, um Widerstände aufzufangen oder zu vermeiden, und neue Werte müssen konkret (vor)gelebt werden, um umzulernen und sie langfristig zu verankern.

Die Fülle an Modellen in diesem Bereich spiegelt die Mannigfaltigkeit an Ansätzen, mit Kulturwandel umzugehen, wider. Allen gemein ist zunächst eine Diagnose des Ist-Zustands, die anschließende Definition eines Soll-Zustands und dementsprechend das Schaffen kulturbildender Rahmenbedingungen, innerhalb derer dann einzelne Interventionen durchgeführt werden können. Außerdem erscheint es sinnvoll, die Veränderung im Sinne eines kulturbewussten Managements begleiten zu lassen, um einen zielführende Prozessgestaltung sicherzustellen.

Dabei gilt: Das Ziel eines Kulturveränderungsprozesses in Unternehmen liegt letztendlich im Erreichen der Unternehmensziele und im wirtschaftlichen Unternehmenserfolg.

Nachdem wir bereits den Zusammenhang zwischen Unternehmenskultur und Unternehmenserfolg (Siehe Abschnitt „Zusammenhang von Unternehmenskultur und Unternehmenserfolg“ S. 36) kurz angerissen haben, beleuchten wir im nächsten Kapitel, wodurch die Leistungsbereitschaft von Mitarbeitenden und damit der Erfolg des gesamten Unternehmens positiv beeinflusst werden kann: Wir werfen einen Blick auf die Arbeitszufriedenheit der Mitarbeitenden.

AUF EINEN BLICK

- Kulturwandel in Unternehmen: Langfristige, organisationale Maßnahmen unter Partizipation aller Organisationsmitglieder zur Etablierung neuer Werte
- Veränderung von tiefliegenden Prozessen im Sinne menschlicher Interaktionen
- Ein kulturbewusstes Management ist notwendig, um günstige Rahmenbedingungen für den fortlaufenden Wandlungsprozess zu schaffen: Organisationsentwicklung und Change Management als Ansätze der systematischen Veränderung
- Drei-Phasen-Modell (Lewin): Auftauen, Verändern, Stabilisieren
- 5-Stufen-Modell (Krüger): Initialisierung, Konzeption, Mobilisierung, Umsetzung, Verstetigung
- Modell der Systemisch-Komplementären Schleife (Königswieser): Informationen sammeln, Hypothesen bilden, Interventionen planen, Intervenieren

Für dich zum Nachdenken

- Welche Erkenntnisse hattest du zum Thema Kulturwandel in Unternehmen?
- Welche Beiträge können Organisationsentwicklung und Change Management in deinen Augen zum Thema Feelgood Management leisten?
- Inwiefern können dir die vorgestellten Prozessmodelle in deiner Arbeit als Kulturgestalter:in oder Feelgood Manager:in weiterhelfen?

LITERATUR

Bundesverband Deutscher Unternehmensberater BDU e.V. (2014). Facts and Figures zum Beratermarkt 2013/14.

Ettl, C. (2018). Organisationskultur: Aufbau, Modelle & Messbarkeit. In J. Herget & H. Strobl (Hrsg.), Unternehmenskultur in der Praxis: Grundlagen Methoden Best Practices.

Fichter, C. (Hrsg.). (2018). Wirtschaftspsychologie für Bachelor.

Franken, S. (2016). Führen in der Arbeitswelt der Zukunft: Instrumente, Techniken und Best-Practice-Beispiele.

von Hehn, S., Cornelissen, N. I., & Braun, C. (2016). Kulturwandel in Organisationen: Ein Baukasten für angewandte Psychologie im Change-Management.

Herget, J., & Strobl, H. (Hrsg.). (2018). Unternehmenskultur in der Praxis: Grundlagen – Methoden – Best Practices.

Hofert, S., & Thonet, C. (2019). Der agile Kulturwandel. 33 Lösungen für Veränderungen in Organisationen.

Kauffeld, S. (Hrsg.). (2019). Arbeits-, Organisations- und Personalpsychologie für Bachelor.

Königswieser, R. (2011). Einführung in die systemische Organisationsberatung.

Kotter, J. P. (1995). Leading Change. Harvard Business Review 73(2).

Krüger, W. (2009): Excellence in Change: Wege zur strategischen Erneuerung.

Lewin, K. (1947). Frontiers in Group Dynamics. Human Relations, 1(1).

Marshak, R. J. (2005). Contemporary Challenges to the Philosophy and Practice of Organization Development. In D. L. Bradford & W. W. Burke (Hrsg.), Reinventing Organization Development: New approaches to change in organizations.

Mutaree & Sackmann, S. A. (2016). Change-Fitness Studie 2012, 2014, 2016. Mutaree GmbH und EZO Institut für Entwicklung zukunftsfähiger Organisationen.

Nerdinger, F. W., Blickle, G., & Schaper, N. (2019). Arbeits- und Organisationspsychologie.

Sackmann, S. (2017). Unternehmenskultur: Erkennen – Entwickeln – Verändern; Erfolgreich durch kulturbewusstes Management.

Scott-Morgan, P. (1995). Die heimlichen Spielregeln.

02

/3 Arbeitszufriedenheit

Was genau wird in der Wissenschaft unter Arbeitszufriedenheit verstanden?

Inwiefern gilt Arbeitszufriedenheit als Erfolgsfaktor für Unternehmen?

Wie können uns arbeitspsychologische Modelle dabei helfen, die Arbeitszufriedenheit der Mitarbeitenden zu verstehen und zu verbessern?

02/3 ARBEITSZUFRIEDENHEIT

„SUCH DIR EINE ARBEIT, DIE DU GERNE TUST.
DANN BRAUCHST DU KEINEN TAG IN DEINEM LEBEN MEHR ZU SCHUFTEN.“
(KONFUZIUS)

Arbeitszufriedenheit – also eine grundsätzlich positive Einstellung der Mitarbeitenden ihrer Arbeit gegenüber – gilt als eines der meistuntersuchtesten Konzepte der Arbeits- und Organisationspsychologie. Kauffeld nennt drei Gründe für die vielfache Untersuchung von Arbeitszufriedenheit:

1. Arbeitszufriedenheit kann als humanitäres Ziel zur Steigerung der Lebensqualität der Menschen gesehen werden, welche einen Großteil ihrer Lebenszeit mit Arbeiten verbringen.
2. Mit der Verbesserung der Arbeitszufriedenheit können Organisationsziele wie die Reduktion von Fehlzeiten und Fluktuation sowie die Steigerung der Arbeitsleistung verfolgt werden.
3. Die Erforschung von Arbeitszufriedenheit dient damit auch dem gesellschaftlichen Ziel, Stabilität im Wirtschafts- und Gesellschaftssystem zu schaffen.

Das sagen die befragten Feelgood Manager:innen dazu:

In Bezug auf diese drei Ziele (1) Steigerung der Lebensqualität, (2) Organisationseffizienz in Bezug auf Fehlzeiten, Fluktuation und Leistung sowie (3) Stabilität in Gesellschaft und Wirtschaft für das Erforschen und Verbessern von Arbeitszufriedenheit bestätigten die befragten Feelgood Manager:innen insbesondere den ersten Punkt: Arbeitszeit als Lebenszeit zu verstehen und wertschätzend zu gestalten wurde von vielen der Feelgood Manager:innen sowohl als persönliches Ziel für sich selbst als auch für andere gesetzt – insbesondere natürlich für die eigenen Mitarbeiter:innen und Kolleg:innen. Ebenso wurden die positiven Effekte von Feelgood Management in Bezug auf Unternehmensziele wie Wirtschaftlichkeit genannt, welche durch Faktoren wie verbesserte Motivation, erhöhte Produktivität, gesteigerte Arbeitsqualität, geringere Fehltage und weniger Fluktuation gestärkt wird. Auf ein global-gesellschaftliches Ziel wurde nicht explizit hingewiesen, außer dahingehend, dass laut der Feelgood Manager:innen zunehmend eine grundsätzliche Veränderung in Bezug auf das Denken über die Arbeit (Mindset) stattfindet, was auch durch das Feelgood Management selbst angestoßen werden soll.

„Zufriedene Mitarbeitende leisten mehr" – diese Hypothese klingt plausibel und kann sicher im persönlichen Erleben von den meisten Menschen geteilt werden. Diese Idee ist bereits fast ein Jahrhundert alt und geht auf die Human-Relations-Bewegung aus den 1930er Jahren zurück.

HUMAN RELATIONS IST EIN BEGRIFF AUS DER BETRIEBSPSYCHOLOGIE DER 1930ER JAHRE, WELCHER AUF DIE BEEINFLUSSUNG VON SOZIALEN ANTRIEBSFAKTOREN DER ARBEITSLEISTUNG ABZIELT, NACHDEM SICH DER FAKTOR LOHN ALS WENIGER WIRKSAM ERWIES ALS ERWARTET. DIE BEWEGUNG MACHTE DIE MITARBEITERFÜHRUNG ZU EINER DER WICHTIGSTEN AUFGABEN DES MANAGEMENTS UND BEEINFLUSSTE NACHHALTIG DIE AUSEINANDERSETZUNG MIT DEM FELD DER FÜHRUNG IN BEZUG AUF DIE ARBEITSLEISTUNG UND DIE EINSTELLUNG DER MITARBEITENDEN ZU IHRER ARBEIT.

Solche Konzepte, die sich mit der Sinnhaftigkeit der Arbeit beschäftigen, werden heute unter dem Begriff von New Work verstanden. Dieser Begriff wurde vom Sozialphilosophen Professor Frithjof Bergmann geprägt, der darunter Arbeit versteht, welche die Menschen „wirklich, wirklich" tun wollen.

Bergmann befasste sich mit der philosophischen Frage nach der Freiheit des Menschen und der Erkenntnis, dass nichts den Menschen so unfrei zu machen scheint, wie die Arbeit. Die Prinzipien von New Work sind die Ergebnisse für eine praktische Umsetzung seiner Überlegungen und fußen auf tatsächlicher Handlungsfreiheit, wenn sich das inzwischen veraltete System der Arbeit von der bloßen Lohnarbeit abwendet und die Menschen mit Chance auf Selbstständigkeit, Freiheit und Teilhabe an Gemeinschaft arbeiten. Dies geht einher mit den rasanten Entwicklungen durch die Digitalisierung, welche ganze Branchenzweige verändert und so in Zukunft immer mehr Menschen vor die Frage stellen wird, was sie in der neuen Arbeitswelt beitragen wollen. Dies führt zur Auseinandersetzung damit, warum wir beruflich eigentlich das ausüben, was wir eben tun, und lädt zu einem Umdenken ein: Dem Ergründen dessen, was Arbeit für uns persönlich als sinnstiftend und zukunftsweisend definiert. Dabei ist New Work weniger als Veränderungsprogramm zu verstehen, sondern vielmehr als eine Frage der Haltung, der Führung und der Kultur basierend auf Wertschätzung und Vertrauen.

PROF. DR. FRITHJOF BERGMANN (*1930) IST EIN ÖSTERREICHISCH-AMERIKANISCHER PHILOSOPH UND BEGRÜNDER DER NEW WORK BEWEGUNG. ER GRÜNDETE 1984 DAS ERSTE ZENTRUM FÜR NEW WORK IN MICHIGAN UND MACHTE DAS THEMA ZU SEINER LEBENSAUFGABE.

Ansätze wie die frühe Human-Relations- oder die moderne New-Work-Bewegung stellen die Mitarbeitenden und damit den Menschen, seinen Sinn und seine Zufriedenheit ins Zentrum – insbesondere, wenn es darum geht, das Potenzial dieser Menschen zu fördern und im Sinne von Arbeitsleistung zu nutzen. Dies bringt uns zurück zu der eingangs aufgestellten Vermutung: Obwohl die Hypothese „Zufriedene Mitarbeitende leisten mehr" – also der direkte, kausale Einfluss von Zufriedenheit auf Verhalten – vielfach als einseitige Harmonievorstellung kritisiert wird, belegen zahlreiche Untersuchungen dennoch diverse Zusammenhänge von Arbeitszufriedenheit und Leistung. Im Folgenden schauen wir uns diese Zusammenhänge genauer an und definieren zunächst, was unter Arbeitszufriedenheit überhaupt zu verstehen ist.

DEFINITION VON ARBEITSZUFRIEDENHEIT

Kauffeld beschreibt Arbeitszufriedenheit allgemein damit, „was Menschen in Bezug auf ihre Arbeit und deren Facetten denken und fühlen. Es ist das Ausmaß, in dem Menschen ihre Arbeit mögen (Zufriedenheit) oder nicht mögen (Unzufriedenheit)".

Professorin Stefanie Winter fasste 2005 in ihrer Dissertation drei wesentliche Definitionselemente von Arbeitszufriedenheit aus der Forschung zusammen:

1. Zum einen wird Arbeitszufriedenheit als Ergebnis eines Ist/Soll-Vergleichs verstanden, wobei der Ist-Wert durch die Wahrnehmung von Merkmalen und Befriedigungsmöglichkeiten der Arbeit und der Soll-Wert durch die Ansprüche und Erwartungen des Individuums charakterisiert wird. Dabei muss Zufriedenheit als ein sich stetig adaptierender Prozess verstanden werden, bei dem der Soll-Wert subjektiv variiert und sich immer wieder anpasst.
2. Als zweites gilt Arbeitszufriedenheit als Konstrukt mit vielfältigen Eigenschaften und besteht aus einer Vielzahl von Bedingungen und Teilaspekten. Dabei wird zwischen der globalen Arbeitszufriedenheit und verschiedenen Facetten dergleichen unterschieden, da sich Einstellungen auf unterschiedlichste Merkmale der Arbeit beziehen können. Daraus kann sich wiederum ein unterschiedliches Maß an Zufriedenheit zum Beispiel bezüglich der Aufgabe, der Rahmenbedingungen, der Beziehung zu Vorgesetzten oder Kolleg:innen, der Karrierechancen oder des Lohns ergeben.
3. Als drittes wird Arbeitszufriedenheit in vielen Quellen als relativ überdauernde Einstellung zur Arbeitssituation verstanden.

Prof. Dr. Stefanie Winter (*1972) ist Professorin für Wirtschafts- und Sozialpsychologie an der Hochschule Darmstadt. Ihre Schwerpunkte liegen in der Messung und Förderung von Zufriedenheit und Engagement sowie in der Positiven Psychologie der Arbeitswelt.

Das sagen die befragten Feelgood Manager:innen dazu:

In Bezug auf Winters drei Definitionselemente der Arbeitszufriedenheit kann Feelgood Management auf Basis der Interviewergebnisse folgendermaßen verortet werden:

1. Als Ergebnis eines Ist/Soll-Vergleichs: Feelgood Management wird laut der Befragten als Instrument eingesetzt, um den Soll-Wert der Mitarbeitenden zu analysieren und Maßnahmen zu ergreifen, den festgestellten Ist-Wert dahingehend zu verändern.
2. Multiattributives Konstrukt: Die Interviews zeigten sehr deutlich, dass die zu ergreifenden Maßnahmen zur Verbesserung der Arbeitszufriedenheit sehr variieren und an ganz unterschiedliche Bedingungen und Teilaspekte geknüpft sind. Daran zeigt sich das hohe Maß an Flexibilität und Empathie, welches bei der Arbeit als Feelgood Manager:in gefordert ist, um die jeweiligen Attribute zu erkennen und zu verbessern, um so eine globale Arbeitszufriedenheit zu erreichen.
3. Überdauernde Einstellung zur Arbeitssituation: Das erklärte Ziel des Feelgood Managements ist es, eine positive Einstellung der Mitarbeitenden in Bezug auf ihre Arbeit zu erreichen. Dahingehend haben viele der befragten Feelgood Manager:innen allerdings auch auf die Grenzen des Machbaren hingewiesen, welche beispielsweise in unveränderbaren Rahmenbedingungen, Arbeitskonditionen oder persönlichen Belangen der Mitarbeitenden liegen. Letztendlich kann die Einstellung der Mitarbeitenden nicht per se verändert werden; Feelgood Management wirkt aber darauf hin, die bestmöglichen Konditionen für Zufriedenheit zu schaffen (vgl. Gartenmetapher nach Herget und Strobl im Kapitel „Verständnis von Kulturwandel in Unternehmen“ S. 45).

Ist Arbeitszufriedenheit hier überhaupt der richtige Begriff?

Dieses Buch begann mit einer Suche nach den richtigen Begrifflichkeiten. Feelgood Management bezieht sich von der Wortherkunft her auf das Wohlfühlen der Mitarbeitenden. In einigen Quellen wird auch von Glück oder „happiness“ gesprochen. Eine der befragten Feelgood Managerinnen erwähnte explizit, dass sie sich nicht für die Zufriedenheit der Mitarbeitenden per se verantwortlich fühlt, da dies ein persönlicher Belang ist, den jede:r für sich selbst verantworten muss.

Die Maßnahmen der Feelgood Manager:innen zielen primär auf verbesserte Zusammenarbeit und das Etablieren einer positiven, wertschätzenden Kultur des Miteinanders ab. Dies führt natürlich durch höheres Commitment und Motivation der Mitarbeitenden zu einem höheren Wohlbefinden und vermittelt darüber möglicherweise eine höhere Arbeitszufriedenheit. Letztere ist aber auch von anderen Faktoren abhängig, welche gar nicht vom Feelgood Management berührt werden wie zum Beispiel der Lohn, der Inhalt der Aufgaben oder ganz banale Dinge wie z.B. Anfahrtswege.

In der Forschung herrscht der Begriff „Arbeitszufriedenheit" vor, um Aspekte rund um das Wohlfühlen bei der Arbeit zu beschreiben. Im Spiegel der angeführten Überlegungen könnte das wissenschaftliche Konstrukt der Arbeitszufriedenheit möglicherweise nicht ganz den Kern der Sache von Feelgood Management treffen bzw. eher als grobe Zusammenfassung von vielen Feelgood Begrifflichkeiten verstanden werden. Nichtsdestotrotz können die Ansätze aus der Forschung in diesem Bereich auch für das Verständnis von Feelgood Management hilfreich sein.

Da das Konzept der Arbeitszufriedenheit eine hohe Bedeutung im arbeits- und organisationspsychologischen Feld erlangt hat, wurden entsprechend viele Theorien dazu entwickelt. Im nächsten Abschnitt gehen wir auf zwei der wegweisendsten Modelle genauer ein.

IN DEN SOGENANNTEN PITTSBURGH-STUDIEN BEFRAGTEN PROF. HERZBERG UND KOLLEG:INNEN ÜBER 200 INGENIEUR:INNEN UND BUCHHALTER:INNEN NACH EREIGNISSEN IHRES ARBEITSLEBENS, DIE „UNGEWÖHNLICH ANGENEHME ODER UNGEWÖHNLICH UNANGENEHME GEFÜHLE" ERZEUGTEN. DAS ERGEBNIS WAR REVOLUTIONÄR: SIE FANDEN HERAUS, DASS EIN GRUND NICHT GLEICHERMASSEN FÜR ZUFRIEDENHEIT UND UNZUFRIEDENHEIT VERANTWORTLICH IST. DARAUS LEITETEN SIE ZWEI KLASSEN VON FAKTOREN AB: (1) FAKTOREN, DEREN NICHT-ERFÜLLUNG ZU UNZUFRIEDENHEIT FÜHRT („HYGIENEFAKTOREN") UND (2) FAKTOREN, DEREN ERFÜLLUNG ZU ZUFRIEDENHEIT FÜHRT („MOTIVATOREN").

Eines der ältesten Zufriedenheitsmodelle ist 1959 als die Zwei-Faktoren-Theorie im Rahmen der Pittsburgh-Studien von Professor Frederick Herzberg und seinen Kolleg:innen Bernard Mausner und Barbara Snydermann bekannt geworden.

Die Zwei-Faktoren-Theorie beschreibt Zufriedenheit also als ein Konstrukt, bei dem Arbeitszufriedenheit und Arbeitsunzufriedenheit zwei unabhängige Dimensionen sind, die auch von unterschiedlichen Faktoren beeinflusst werden. Diese Faktoren sind entweder Motivatoren, welche bei Eintreten die Zufriedenheit erhöhen, aber Unzufriedenheit nicht verhindern, oder Hygienefaktoren, welche – wenn erfüllt – Unzufriedenheit vermindern, aber sich nicht auf die Zufriedenheit auswirken – dieser Zusammenhang erschließt sich leichter mit einem Blick auf die Grafik!

Als Hygienefaktoren gelten dabei Kontextfaktoren wie Lohn, Karrierestufe, Unternehmenspolitik oder äußere Arbeitsbedingungen. Sie werden eher in negativen, mit Unzufriedenheit verbundenen Situationen genannt und führen bei Befriedigung nicht zu Zufriedenheit, sondern nur zu einem neutralen Zustand. Motivatoren (sogenannte Kontentfaktoren) be-

	Hygienefaktor	Motivator
Erfüllt	**Keine Unzufriedenheit**	**Zufriedenheit**
Nicht erfüllt	**Unzufriedenheit**	**Keine Zufriedenheit**

treffen mehr inhaltliche Aspekte wie Sinn, Anerkennung, Verantwortung und Entfaltung. Sie erzeugen Zufriedenheit, wenn sie erfüllt werden, aber wiederum resultiert ihre Nicht-Erfüllung lediglich in einem neutralen Zustand.

Aus der Zwei-Faktoren-Theorie folgt also, dass zwei Maßnahmenkataloge notwendig sind, um Zufriedenheit am Arbeitsplatz zu erreichen: Einerseits Maßnahmen, welche Unzufriedenheitsfaktoren reduzieren, und andererseits Maßnahmen, welche Zufriedenheitsfaktoren fördern. Außerdem deckt es als erstes Modell in der Forschungsgeschichte die Bedeutsamkeit intrinsischer Aspekte der Arbeit für die Zufriedenheit der Mitarbeitenden auf.

Dennoch konnte das Modell in vielen empirischen Überprüfungen nicht bestehen, da nicht alle Faktoren eindeutig einer der beiden Dimensionen zuordenbar sind und die Ergebnisse auch auf einem trügerischen Rückschluss beruhen könnten, bei dem rückblickend eher externe Faktoren für Unzufriedenheit verantwortlich gemacht werden und Zufriedenheit eher an intrinsischen Gründen festgemacht wird.

Das sagen die befragten Feelgood Manager:innen dazu:

Im Sinne der Zwei-Faktoren-Theorie wirkt sich Feelgood Management eher weniger direkt auf die Hygienefaktoren (Kontextfaktoren) aus, da es – wie weiter vorn schon erwähnt – wenig an den gegebenen Arbeitskonditionen selbst ändert. Da diese Faktoren vor allem im negativen Zusammenhang genannt werden, können die Hygienefaktoren aber Teil der Ist-Analyse im Feelgood Management Prozess sein, wo Unzufriedenheiten abgefragt werden. Beziehen sich solche Unzufriedenheiten auf die Arbeitsbedingungen wie Lohn, Karriere oder Unternehmenspolitik können sie von der bzw. dem Feelgood Manager:in an die Führungskraft zurückgemeldet werden – an diesem Punkt jedoch endet der Wirkbereich des Feelgood Managements.

Im Sinne der Zwei-Faktoren-Theorie setzt Feelgood Management also eher bei den Motivatoren (Kontentfaktoren), insbesondere der Wertschätzung, an. Durch das Erfüllen von Motivatoren wird Zufriedenheit erzeugt, was genau der Logik des Feelgood Managements entspricht. Eine Herausforderung für das Feelgood Management abgeleitet aus der Zwei-Faktoren-Theorie könnte dabei sein, die Motivatoren überhaupt herauszufinden, da ihre Nicht-Erfüllung lediglich zu einem neutralen Zustand führt, welcher vielleicht nicht direkt verbalisiert wird oder den Mitarbeitenden bewusst ist.

Die Feelgood Manager:innen berichteten entgegen der Logik der Zwei-Faktoren-Theorie von starken Unzufriedenheiten ihrer Mitarbeitenden auch in Bezug auf Kontentfaktoren. Das bedeutet, dass das Nicht-Erfüllen von Motivatoren also nicht unbedingt nur zu einem neutralen Zustand führt, sondern dass darin auch tiefe negative Gefühle der Mitarbeitenden in Bezug auf die Arbeitssituation wurzeln können.

Als besonders wichtige Faktoren für die Arbeitszufriedenheit wurden von den Feelgood Manager:innen gute Kommunikation und Zusammenarbeit genannt – solche Faktoren finden in der Zwei-Faktoren-Theorie nicht direkt Platz.

Zur Erklärung von Arbeitszufriedenheit in der Forschung werden seitdem eher Modelle mit mehr dynamisch-prozessualem Charakter benutzt, wie beispielsweise das Züricher Modell nach Doktor Agnes Bruggemann.

Dr. Dipl.-Psychologin Agnes Bruggemann ist Arbeitspsychologin und namensgebend für das von ihr entwickelte Modell der Arbeitszufriedenheit.

In Bruggemanns Modell von 1976 – also auch nicht der jüngste Entwurf, aber nichtsdestoweniger aussagekräftig – werden verschiedene, sich dynamisch verändernde Formen der Arbeitszufriedenheit erklärt, welche auf einem Vergleich zwischen dem aktuellen Ist- und dem erwünschten Soll-Zustand der Mitarbeitenden beruhen. Das Modell besagt, dass Arbeitskräfte ihre Bedürfnisse und Erwartungen an die Arbeit mit der wahrgenommenen tatsächlichen Arbeitssituation vergleichen, was dann entweder zu einem positiven oder negativen Ergebnis führt. In beiden Fällen steht die oder der Mitarbeitende dann vor der Entscheidung, inwieweit sie ihr bzw. er sein Anspruchsniveau anpasst, was wiederum zu unterschiedlichen Arten der (Un)Zufriedenheit führt. Kam es zu einem positiven Ist-Soll-Ergebnis und das Anspruchsniveau bleibt gleich, resultiert dies in stabilisierter Arbeitszufriedenheit. Wird dementgegen das Anspruchsniveau ebenfalls gehoben, nennt man dies progressive Arbeitszufriedenheit, welche langfristig auch zu einem negativen Ist-Soll-Vergleich führen kann. Kam es zu einem Negativergebnis, kann die bzw. der Mitarbeitende entweder den eigenen Anspruch senken, was zur Resignation führt, oder das Niveau dennoch aufrechterhalten.

Soll-Ist-Vergleich: Vergleich der eigenen Erwartungen mit der erlebten Arbeitssituation

Positiv		Negativ			
			Aufrechterhalten des Anspruchsniveaus ▽ ▽ ▽		
Steigerung des Anspruchsniveaus ▽	Verbleiben auf dem Anspruchsniveau ▽	Senkung des Anspruchsniveaus ▽	Verfälschung der Situationswahrnehmung ▽	Verharren ohne Problemlöseversuche ▽	Streben nach Überwindung der Lage, neue Lösungsversuche ▽
Progressive Arbeitszufriedenheit	**Stabilisierte Arbeitszufriedenheit**	**Resignative Arbeitszufriedenheit**	**Pseudo-Arbeitsunzufriedenheit**	**Fixierte Arbeitsunzufriedenheit**	**Konstruktive Arbeitsunzufriedenheit**

In letzterem Fall braucht es Strategien, um diesen unangenehmen Zustand zu überwinden. Im Züricher Modell werden drei genannt:

1. Die Verfälschung der Situationswahrnehmung, welche zu einer Pseudoarbeitszufriedenheit führt
2. Das Verharren ohne Problemlöseversuche, welches in fixierter Unzufriedenheit resultiert
3. Das Streben nach Überwindung oder Lösung der Lage, welche sich in eine konstruktive Arbeitsunzufriedenheit verwandelt

Das Züricher Modell erklärt also die Entstehung von Arbeits(un)zufriedenheit und berücksichtig darüber hinaus, dass über eine Veränderung von Situation oder Bedürfnissen wiederum auf intrapsychische Verarbeitungsprozesse eingewirkt werden kann. Dabei werden unterschiedliche Zufriedenheitsformen in ihrer Qualität differenziert. Diese Überlegungen erleichtern es, nicht vergleichbares, emotionales Erleben und unterschiedliches Verhalten bei identischem Zufriedenheitsniveau nachzuvollziehen – also, wenn Mitarbeitende zwar einen ähnlichen Grad an Zufriedenheit angeben, ihr Erleben und Verhalten aber dennoch ganz unterschiedlich aussieht.

Das sagen die befragten Feelgood Manager:innen dazu:

Einige Feelgood Manager:innen thematisierten in den Interviews das Anspruchsniveau der Mitarbeitenden: In einigen Branchen wie der Softwareentwicklung, die derzeit einen großen Bedarf an Fachkräften hat, war die Sprache davon, dass die Mitarbeitenden insgesamt sehr verwöhnt werden und dementsprechend auch sehr hohe Ansprüche an ihre Arbeitssituation stellen. Auch wurde als Herausforderung angesprochen, dass Mitarbeitende sich mitunter auch an Maßnahmen gewöhnen, die dann nicht mehr als besonderes „Feelgood", sondern als Standard wahrgenommen werden. Dementsprechend kann der Ist-Soll-Vergleich auch bei immensem Aufwand seitens des Feelgood Managements bei einem sehr gesteigertem Anspruchsniveau zu einem negativen Ergebnis kommen. Das Züricher Modell kann in Hinblick auf Feelgood Management dazu dienen, verschiedene Arten der Arbeits(un)zufriedenheit zu hinterfragen, ihre Entwicklung zu verstehen und entsprechend auf sie hinzuweisen und einzuwirken. Es sensibilisiert dafür, selbst bei angegebener Zufriedenheit seitens der Mitarbeitenden das dahinterliegende emotionale Erleben und Verhalten zu hinterfragen, um Feelgood Management wirklich effektiv zu gestalten.

Neben den beiden vorgestellten Modellen existieren viele weitere Erklärungsansätze für Arbeitszufriedenheit. Der Grund für die intensive Forschung liegt in der Annahme, dass sie eine wesentliche Bedingung für die Arbeitsleistung ist. Wir werfen nun einen vertiefenden Blick auf den Zusammenhang von Arbeitszufriedenheit und -leistung.

ZUSAMMENHANG VON ARBEITSZUFRIEDENHEIT UND ARBEITSLEISTUNG

Bei der Betrachtung der Forschungsgrundlage zum Zusammenhang von Arbeitszufriedenheit und Arbeitsleistung ist zu beachten, dass nicht immer eindeutige Ursache-Wirkungs-Beziehungen belegt werden können, sondern die Wirkrichtung beidseitig ausfallen kann. Außerdem wird die Wirkung von Zufriedenheit auf Verhalten möglicherweise auch durch andere, sogenannte Moderatorvariablen vermittelt, die auch einen Einfluss darauf nehmen.

PROF. TIMOTHY A. JUDGE'S (*1966) FORSCHUNG KONZENTRIERT SICH AUF DIE AUSWIRKUNGEN DER PERSÖNLICHKEIT AUF ORGANISATIONALES VERHALTEN, WOBEI ER SICH INSBESONDERE MIT EINEM POSITIVEN SELBSTKONZEPT UND DEM SELBSTWERTGEFÜHL AM ARBEITSPLATZ BESCHÄFTIGT.

Mit einer Metaanalyse zeigten Professor Timothy A. Judge und Kolleg:innen 2001 erstmalig einen moderaten, aber nicht zu vernachlässigenden Zusammenhang von globaler Arbeitszufriedenheit und Arbeitsleistung. Außerdem fanden sie Moderatorvariablen wie Anspruch, Autonomie und Komplexität der Tätigkeit, welche den Rückschluss zuließen, dass der Zusammenhang von Zufriedenheit und Leistung bei anspruchsvolleren Berufen bedeutsamer ist als bei weniger anspruchsvollen Aufgabenstellungen. Dabei blieb die Wirkrichtung aber ungeklärt (Führt hohe Zufriedenheit zu mehr Leistung oder gute Leistung zu höherer Zufriedenheit?) und man ging von einem reziproken Mechanismus aus (beides wirkt wechselseitig aufeinander).

ASSOC. PROF. GUIDO ALESSANDRI ARBEITET AM INSTITUT FÜR PSYCHOLOGIE DER UNIVERSITÄT SAPIENZA IN ROM UND FORSCHT IM BEREICH DER PSYCHOMETRIE, PERSÖNLICHKEITS- UND ORGANISATIONS-PSYCHOLOGIE.

Dieser Befund konnte 2016 durch eine Untersuchung über fünf Jahre hinweg von Assoc. Professor Guido Alessandri und Kolleg:innen bekräftigt werden, die zeigten, dass zufriedene Mitarbeitende mit der Zeit

ABSENTISMUS („ABWESENHEIT") IST DIE NEIGUNG VON PERSONEN, EINER VERPFLICHTUNG WIE EINEM TERMIN ODER EINER VEREINBARUNG NICHT NACHZUKOMMEN, OBWOHL ES KEINE VERHINDERUNGSGRÜNDE WIE KRANKHEIT ODER VERGLEICHBARES GIBT.

ABSENTISMUS IST DAS GEGENTEIL VON PRÄSENTISMUS („ANWESENHEIT"), WOMIT DAS VERHALTEN VON ARBEITNEHMER:INNEN BEZEICHNET WIRD, TROTZ GERINGER ARBEITSPRODUKTIVITÄT AUFGRUND VON LEISTUNGSEINSCHRÄNKUNG DURCH KRANKHEIT AM ARBEITSPLATZ ZU SEIN.

höhere Leistungen erbrachten als unzufriedene. Gleichzeitig war Leistung auch ein signifikanter Prädiktor für die individuelle Zufriedenheit. Außerdem wurden negative Zusammenhänge von Arbeitszufriedenheit mit unerwünschten Ergebnissen wie Absentismus und Fluktuation gefunden. Diese fielen zwar eher gering aus, doch lässt sich dies durch die sehr individuellen und situativen Merkmale der beiden Konzepte erklären.

UNTER FLUKTUATION VERSTEHT MAN KURZZEITIGE ODER ANDAUERNDE VERÄNDERUNGEN, SCHWANKUNGEN ODER WECHSEL VON PERSONAL ODER ZUSTÄNDEN IN ORGANISATIONEN.

Über den reinen Zusammenhang mit Leistung hinaus besitzt insbesondere Arbeitsunzufriedenheit negative Auswirkungen auf das persönliche Erleben und Verhalten der Mitarbeitenden. So zeigten verschiedene Forscher:innen Zusammenhänge zwischen Unzufriedenheit und der physischen und psychischen Gesundheit; Burnout und darüber vermittelt mit krankheitsbedingten Fehltagen; mit destruktivem Verhalten am Arbeitsplatz sowie einem geringeren Organisational Citizenship Behavior und – wie oben schon erwähnt – mit Absentismus, Fluktuation und der organisationalen Bindung.

ORGANIZATIONAL CITIZENSHIP BEHAVIOR (OCB) BEZEICHNET DAS ÜBER DIE FORMAL VORGESCHRIEBENE PFLICHT HINAUS FREIWILLIG GEZEIGTE, POSITIVE VERHALTEN GEGENÜBER DER ORGANISATION UND ANDEREN ORGANISATIONSMITGLIEDERN.

ORGANIZATIONAL COMMITMENT IST DIE PSYCHOLOGISCHE BINDUNG EINES INDIVIDUUMS AN EINE ORGANISATION. ES BESCHREIBT EINE SELBST GETROFFENE HANDLUNGSVERPFLICHTUNG, OFT HERVORGERUFEN DURCH EINE EINSTELLUNGSÄNDERUNG, UND GEHT MIT EINER GESTEIGERTEN VERHALTENSBEREITSCHAFT EINHER.

Eine geringe Arbeitszufriedenheit kann dementsprechend über die genannten Zusammenhänge zu maßgeblichen negativen Effekten für den Unternehmenserfolg führen. Gleichzeitig fanden viele Untersuchungen mehrere gegenläufige Effekte in Bezug auf zufriedene Mitarbeitende: Diese besitzen ein hohes organisationales Commitment und Involvement, zeigen weniger Fluktuation, sondern OCB und insgesamt positivere Verhaltensweisen und Leistungen.

Bevor wir nun langsam zum Ende des wissenschaftlichen Teils kommen und dann endlich tiefer ins Thema Feelgood Management einsteigen, machen wir noch einen Schwenk in einen Forschungszweig, der absolut wegweisend für das „Feelgood" in Unternehmen ist: Die Positive Psychologie. Dazu habe ich eine Expertin auf diesem Gebiet befragt: Die Psychologin und Systemischer Coach der Positiven Psychologie Xenia Below.

EXKURS IN DIE POSITIVE PSYCHOLOGIE

IMPULS VON XENIA BELOW

Liebe Xenia, du bist Expertin auf dem Gebiet der Positiven Psychologie – wie ist deine Geschichte und wie bist du zu dem Thema gekommen?

Ich bin studierte Sozial- und Kognitionspsychologin. Im ersten Semester des Studiums bin ich das erste Mal mit dem Begriff der Positiven Psychologie in Berührung gekommen. Das Thema wurde gestreift, als der Gründervater der humanistischen Psychologie Abraham Maslow und seine Bedürfnispyramide vorgestellt wurde. Dabei fiel im Nebensatz der Verweis darauf, dass Maslow den Begriff der Positiven Psychologie 1954 eingeführt hat. Diese erste Begegnung mit einem Menschenbild, das Ressourcen und Potenziale fokussiert, hat sich tief in meinem Bewusstsein verankert. Erst zehn Jahre später, als ich auf das Ausbildungsinstitut Deutsche Gesellschaft der Positiven Psychologie aufmerksam geworden bin, erwachte dieses Wissen in mir wieder und damit der Wunsch, dieses Menschenbild als Leitprinzip auch in meinem beruflichen Alltag stärker zu integrieren. Ich habe mich anschließend zum Systemischen Coach der Positiven Psychologie ausbilden lassen, worauf die Weiterbildung zur Systemischen Organisationsberaterin folgte. Ich erlebe es als meine Berufung, Menschen dabei zu begleiten, Versionen ihrer Selbst im Privaten und Professionellen zu erkunden und zu leben.

Was genau versteht man unter Positiver Psychologie? Und gibt es auch eine „Negative" Psychologie?

Die Positive Psychologie ist eine vergleichsweise junge Teildisziplin der Psychologie, obwohl sich die Anfänge vieler ihrer inhaltlichen Ansätze teilweise bis zu den antiken Denker:innen zurückverfolgen lassen. Der renommierte Psychologe Martin Seligmann, der für das Aufblühen der Positiven Psychologie in der letzten Dekade des vergangenen Jahrhunderts sorgte und den Begriff prägte, beschreibt die Positive Psychologie vereinfacht als die Wissenschaft des gelingenden Lebens. Erkenntnisse der Positiven Psychologie werden dabei unter verschiedenen Begriffen geführt, nicht selten unter dem Begriff der Glücksforschung. Die klassische Psychologie, die fälschlicherweise als das Gegenstück der Positiven

Psychologie und damit als negative Psychologie begriffen wird, befasst sich historisch bedingt stark mit dysfunktionalem und pathologischem Verhalten und Erleben. Ziel ihrer Interventionen ist es demnach, Funktionsfähigkeit zu ermöglichen. Wenn wir uns eine imaginäre Skala von -10 über die 0 zur +10 vorstellen, so liegt der Handlungsfokus der klassischen Psychologie auf dem negativen Kontinuum der Skala mit der Wirkkraft in Richtung der Null als „normales“ Funktionsniveau. Die Positive Psychologie geht einen Schritt weiter, indem sie psychische Gesundheit nicht nur als die Abwesenheit von Krankheiten definiert. Ihre Forschungsfragen konzentrieren sich darauf, wie Menschen eine optimale Funktionsweise erreichen können, wie sie glücklich sein, sich entfalten und über sich hinauswachsen können. Wichtig ist dabei, dass es nicht pauschal um Selbstoptimierung geht und damit die Erreichung der +10 als Ziel verstanden wird. Vielmehr geht es um die Erkundung eigener Fähigkeiten und ungelebter Versionen des Selbst sowie Potenziale und Erlebensqualitäten. Der Begriff der Positiven Psychologie kann leicht mit „Positivem Denken“ verwechselt und irrtümlicherweise mit einer „Happy go Lucky Mentalität“ gleichgesetzt werden. Das würde bedeuten, dass diese Wissenschaft gewissermaßen dem Diktat des qualitativ angenehmen menschlichen Erlebensspektrums unterliegt und toxische Positivität propagiert, indem die Präsenz von negativen Emotionen oder kritischen Lebensereignissen negiert wird. Im Gegenteil legt die Positive Psychologie den Fokus aber auf die gesamte Bandbreite des menschlichen Erlebens, das eben auch qualitativ unangenehme Emotionen wie Trauer, Angst und Ärger umfasst. Sie glaubt an die Funktionalität und Adaptivität dieser Gefühle und lädt zu einem ganzheitlichen Blick und Umgang damit ein.

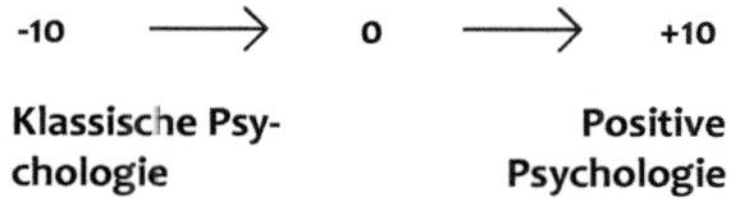

Was fesselt und begeistert dich an dem Thema am meisten?

Wir sind oft trainiert auf die Wahrnehmung des Abwesenden und achten eher auf das Fehlende oder das Unvollkommene: Die Leistung, die ich noch nicht erbracht habe; die Fähigkeit, die ich noch nicht beherrsche. Dabei übersehen wir systematisch, was bereits vorhanden ist, stark ist, funktioniert und als solide Basis für Wachstum, Fortschritt und Entwicklung dienen kann. Die Positive Psychologie ist wie ein Brennglas für genau diese Themen und appelliert an die Wahrnehmung des Abwesenden, aber mit dem Potenzial- statt dem Defizitblick. Die britische Sängerin Adele hat in ihrem Song Hometown Glory die folgende Zeile: "The people I've met are the wonders of my world, are the wonders of now." Diese staunende Bewunderung für das Kraftwerk Mensch mit der ihm innewohnenden endlosen Kreativität und Gestaltungskraft ist in mir tief verwurzelt und bildet meine Philosophie sowie das Credo meiner Arbeit ab. Die Positive Psychologie fungiert dabei wie ein moralischer Kompass, der mich basierend auf empirischen wissenschaftlichen Erkenntnissen unterstützt, Menschen in ihrem authentischen Sein zu stärken und ihre Handlungsfähigkeit zu erhöhen.

Welchen Nutzen siehst du in der Positiven Psychologie für Unternehmen?

Die Positive Psychologie bietet Erkenntnisse, die übersetzt in die Praxis des Arbeitsalltags einen Paradigmenwechsel einläuten können und New Work zur gelebten Realität werden lassen. Sie erlaubt eine Erweiterung des Blickfeldes über das ökonomische Unternehmenskapital, also die finanziellen und physischen Ressourcen, hinaus. Außerdem lädt sie zu einem Mindset-Wandel in Bezug auf das humane Unternehmenskapital ein, also die Kenntnisse und Fertigkeiten der Mitarbeitenden. Die Positive Psychologie sieht die bzw. den Mitarbeiter:in nicht nur als passive, gar instrumentalisierte Ressource, die zum Unternehmenserfolg beiträgt. Stattdessen werden die Mitarbeitenden als aktive Gestalter:innen begriffen, die sich als wertgeschätzte Menschen mit ihren Stärken, Idealen und Ideen einbringen und entfalten können. Oft wird die Wirkrichtung positiv psychologischer Interventionen im Unternehmenskontext missverstanden: Nicht wirtschaftlich erfolgreiche Unternehmen können sich den Blick auf die Unternehmenskultur und ein gesundes Miteinander leisten, sondern Unternehmen, die einen mitarbeiterzentrierten Ansatz leben, erweisen sich langfristig als profitabler, innovativer und damit wettbewerbsfähiger. Mit diesen wissenschaftlich fundierten Erkenntnissen bietet die positive Psychologie eine Verbindung von Wertschätzung und Wertschöpfung und kann damit direkt in Wirtschaftlichkeit übersetzt werden. Organisationen können so zukunftsfähige, agile und adaptive Ökosysteme der gegenseitigen Unterstützung und Entfaltung werden, in denen Sinnerleben ermöglicht wird.

Auf welche Bereiche in Unternehmen zahlt Positive Psychologie ein?

Die Positive Psychologie kann auf organisationale sowie individuelle Zielgrößen einzahlen. Auf der organisationalen Metaebene kann eine positive Unternehmenskultur gestaltet und gelebt und so Unternehmensbiotope mit einem kraftvollen Purpose, zukunftsweisenden Führungskonzepten und ermöglichenden Strukturen und Prozessen erschaffen werden. In solchen Kontexten können sich tugendhafte Praktiken des Miteinanders etablieren wie z.B. Anteilnahme, Fürsorge, Respekt oder Sinngebung. Durch den Aufbau psychologischer Sicherheit wird eine konstruktive Fehlerkultur gefördert und damit gegenseitiges Vertrauen aufgebaut, was wiederum auf individuelle Variablen wie Produktivität, Leistungsbereitschaft und Commitment einzahlt. Vertrauen beschleunigt die Prozesse innerhalb der Organisation, kann innerbetriebliche Transaktionskosten und Komplexität reduzieren. Auf individueller Ebene kann das zur Steigerung des psychologischen Wohlbefindens, Reduktion des subjektiven Stresserlebens und damit zur Senkung von Fluktuationsraten führen und somit die individuelle und organisationale Resilienz steigern. Denn Menschen arbeiten nicht nur für Geld: Sie möchten auch ein hohes psychologisches Einkommen beziehen. Darunter versteht die psychologische Wissenschaft die Summe aller mental-emotionaler Bedürfnisse, die durch gute Arbeit befriedigt werden. Hier gelingt auch der Brückenschlag zur Unternehmensprofitabilität, denn das ethische und wirtschaftliche Wohlergehen eines Unternehmens und die Mehrung des Wohlergehens der Menschen, die dieses Unternehmen ausmachen, gehen langfristig Hand in Hand. Wenn man diesen Zusammenhang versteht, dann begreift man auch, dass die Einführung der Positiven Psychologie und ihres Menschenbildes in Unternehmen aus unternehmerischer Sicht nachhaltige Wettbewerbsvorteile bringen kann.

Wie kann Positive Psychologie im Unternehmen angewendet werden?

Positive Psychologie kann sehr vielfältig und mit unterschiedlichem Skalierungsgrad Eingang in den Unternehmensalltag finden. So kann bereits die Personalauswahl wertbasiert erfolgen. Der US-Onlinehändler Zappos schwört beispielsweise auf derartige Einstellungspraktiken, da eine Überlappung der individuellen Werte mit dem Wertekanon der Organisation bei den Mitarbeitenden Engagement sowie Sinnerleben erhöht. Eine Definition von Werten und die anschließende Ausrichtung des unternehmerischen Handelns an diesen kann generell als moralischer Kompass dienen. Daran kann sich z.B. auch das Führungsleitbild orientieren und durch Erkenntnisse aus der Positiven Psychologie und des Positive Leaderships angereichert werden. Auch Veränderungsprozesse können auf Methoden und Erkenntnissen der Positiven Psychologie basieren. Ein Beispiel ist der Ansatz der Appreciative Inquiry (der wertschätzenden Erkundung), bei dem Veränderungen stets auf Würdigung existenter Errungenschaften und damit auch aus Respekt vor der Vergangenheit initiiert werden. Dieser Ansatz verbindet ganz harmonisch Vergangenheit und Zukunft und schöpft dabei aus dem Potenzial der Organisation.

Welche Parallelen siehst du zwischen Positiver Psychologie und Feelgood Management?

Schon aufgrund der Beschäftigung damit, wie Menschen eine optimale Funktionsweise erreichen, sich ideal entwickeln und glücklicher sein können, zeigen sich thematisch viele Überschneidung der beiden Bereiche. Ein zentraler Unterschied liegt jedoch darin, dass die Positive Psychologie ein über Jahrzehnte gewachsener Forschungszweig ist, der Erkenntnisse aus empirischer Forschung gewinnt und auf diesen fußend Implikationen für die Praxis ableitet. Feelgood Management widmet sich Themen wie Wertschätzung, Glück- und Sinnerleben am Arbeitsplatz und Potenzialentwicklung in der Praxis eher intuitiv und nicht hypothesengetrieben wie die wissenschaftliche Positive Psychologie. Die Themen, auf welche das Feelgood Management einwirken will, wurden und werden intensiv beforscht. Daher liegt die Empfehlung nahe, die Erkenntnisse aus der Wissenschaft auch für die Praxis des Feelgood Managements zu adaptieren und anzuwenden. Ich glaube, es liegt ein unermesslicher Schatz an Gedanken und Erkenntnissen in der Positiven Psychologie, der das Feelgood Management befruchten darf und durch den dieser Bereich an Seriosität gewinnen kann.

Hast du zum Schluss noch eine Übung, um Feelgood im Unternehmen ganz im Sinne der Positiven Psychologie zu zelebrieren?

Eine geläufige Zusammenfassung der Positiven Psychologie ist: „Other People Matter“. Dieses Credo findet sich in der Methode des Reciprocity Rings hervorragend wieder: In diesem Format kommen Menschen zusammen und bitten die anderen Teilnehmer:innen reihum um Unterstützung in Bezug auf eine

Herausforderung oder eine Frage, bei der sie nicht weiterkommen. Dabei kann je nach Kontext oder Situation definiert werden, ob es private oder berufliche Themen sein sollen. Durch die Natur des Prozesses verbringen die Teilnehmer:innen so viel Zeit damit, anderen zu helfen. Diese niedrigschwellige Methode stärkt Vernetzung, Partizipation und Kreativität. Dabei entstehen nicht selten Spotlight-Momente, in denen sich vermeintlich vertraute Kolleg:innen neu kennenlernen und ins Staunen kommen über die bisher unentdeckten Wissens- und Kompetenzschätze getreu Adeles Textzeile: "The people I've met are the wonders of my world, are the wonders of now."

XENIA BELOW (32 Jahre, Hamburg) ist Psychologin, Systemischer Positive Psychologie Coach und Systemische Organisationsberaterin. Sie schafft in ihrer Arbeit mit Unternehmen, Teams und Individuen Denk- und Erfahrungsräume, die die Erforschung persönlicher Potenziale sowie des eigenen Seins und Werdens ermöglichen. Sie begleitet ihre Klient:innen auf dem individuellen Weg zum authentischen und erfüllten (Arbeits-) Leben, das die Spannweite persönlicher Entwicklungsmöglichkeiten würdigt. Dabei legt sie sensibel Zugänge auch zu dem Besonderen, dem Kantigen, dem Eigenen.

AUF EINEN BLICK

- Arbeitszufriedenheit wird definiert als Ist-Soll-Vergleich, als multiattributives Konstrukt mit vielen Facetten und als Einstellung zur Arbeitssituation
- Zwei-Faktoren-Theorie (Herzberg): Motivatoren und Hygienefaktoren, Zweidimensionalität von Zufriedenheit versus Unzufriedenheit
- Züricher Modell (Bruggemann): Aus dem Ist-Soll-Vergleich resultieren sich dynamisch verändernde Formen der Arbeitszufriedenheit
- Moderater Zusammenhang zwischen Arbeitszufriedenheit und Arbeitsleistung
- Diverse Zusammenhänge zwischen Unzufriedenheit und negativen Outcomes für das Mitarbeitererleben sowie den Unternehmenserfolg
- Positive Psychologie als Wegweiser für das Thema Feelgood Management

Für dich zum Nachdenken

- Welche Aspekte der Forschung zu Arbeitszufriedenheit findest du in deiner eigenen Arbeit wieder?
- Welche Erkenntnisse könntest du gewinnbringend in deiner Organisation einsetzen?
- Welche Argumente sprechen für dich dafür, mehr für die Zufriedenheit der Mitarbeitenden am Arbeitsplatz zu tun?

LITERATUR

Alessandri, G., Borgogni, L., & Latham, G. P. (2016). A Dynamic Model of the Longitudinal Relationship between Job Satisfaction and Supervisor-Rated Job Performance. Applied Psychology, 66(2).

Angle, H. L., & Perry, J. L. (1981). An Empirical Assessment of Organizational Commitment and Organizational Effectiveness. Administrative Science Quarterly, 26(1).

Bruggemann, A. (1974). Zur Unterscheidung verschiedener Formen von "Arbeitszufriedenheit". Arbeit und Leistung, 28.

Bruggemann, A., Groskurth, P. & Ulich, E. (1975). Arbeitszufriedenheit.

Bruggemann, A. (1976). Zur empirischen Untersuchung verschiedener Formen der Arbeitszufriedenheit. Zeitschrift für Arbeitswissenschaft, 30.

Fassina, N. E., Jones, D. A., & Uggerslev, K. L. (2008). Relationship Clean-Up Time: Using Meta-analysis and Path analysis to clarify Relationships among Job Satisfaction, perceived Fairness, and Citizenship Behaviors. Journal of Management, 34.

Fichter, C. (Hrsg.). (2018). Wirtschaftspsychologie für Bachelor.

Gebert, D. & von Rosenstiel, L. (1996). Organisationspsychologie: Person und Organisation.

Judge, T. A., Thoresen, C. J., Bono, J. E., & Patton, G. K. (2001). The Job Satisfaction - Job Performance Pelationship: A qualitative and quantitative Review. Psychological Bulletin, 127.

Kauffeld, S. (Hrsg.). (2019). Arbeits-, Organisations- und Personalpsychologie für Bachelor.

Locke, E. A. (1969). What is Job Satisfaction? Organizational Behavior and Human Performance, 4.

Mathieu, J. E., & Zajac, D. M. (1990). A Review and Meta-analysis of the Antecedents, Correlates and Consequences of Organizational Commitment. Psychological Bulletin, 108.

Nerdinger, F. W., Blickle, G., & Schaper, N. (2019). Arbeits- und Organisationspsychologie.

Neuberger, O. (1976). Der Arbeitsbeschreibungs-Bogen: Ein Verfahren zur Messung von Arbeitszufriedenheit. Problem und Entscheidung, 15.

New Work: https://newworkblog.de/new-work/

Organ, D. W. (1988). Organizational Citizenship Behavior: The Good Soldier Syndrome.

von Rosenstiel, L. (1975). Die motivationalen Grundlagen des Verhaltens in Organisationen: Leistung und Zufriedenheit.

Schermuly, C. C., Schermuly, R. A., & Meyer, B. (2011). Effects of Vice-Principals' Psychological Empowerment on Job Satisfaction and Burnout. International Journal of Educational Management, 25.

Schleicher, D. J., Hansen, S. D., & Fox, K. E. (2011). Job Attitudes and Work Values. APA Handbook of industrial and organizational Psychology, Vol 3: Maintaining, expanding, and contracting the Organization.

Schuler, R. (1975). Role Perceptions, Satisfaction, and Performance: A Partial Reconciliation. Journal of Applied Psychology, 60.

Six, B. & Felfe, J. (2004). Einstellungen und Werthaltungen im organisationalen Kontext. In H. Schuler (Hrsg.), Organisationspsychologie 1: Grundlagen und Personalpsychologie; Enzyklopädie der Psychologie (Bd. D/III/3)

Weinert, A. B. (2004). Organisations- und Personalpsychologie.

Winter, S. (2005). Mitarbeiterzufriedenheit und Kundenzufriedenheit. Eine mehrebenenanalytische Untersuchung der Zusammenhänge auf Basis multidimensionaler Zufriedenheitsmessung.

ZWISCHENFAZIT

Bisher haben wir beleuchtet, vor welchen Herausforderungen Unternehmen in Bezug auf aktuelle Megatrends stehen, um wettbewerbsfähig zu bleiben. Dabei haben wir festgestellt, wie wichtig es ist, die Unternehmenskultur an sich verändernde Wertevorstellungen anzupassen. Das Phänomen Unternehmenskultur ist komplex und besteht sowohl aus interaktiven Prozessen sowie aus sichtbaren Manifestationen, welche wiederum aufeinander einwirken. Die Unternehmenskultur gilt als Alleinstellungsmerkmal und Kernkompetenz eines Unternehmens, sodass ihr eine große Bedeutsamkeit in Bezug auf die Beschaffung und den Erhalt von Arbeitskräften und damit den Unternehmenserfolg beigemessen wird.

Viele Kulturveränderungsprozesse scheitern, wenn nur oberflächliche oder kurzfristige Veränderungen vorangetrieben werden. Kulturwandel geschieht durch langfristige Maßnahmen zur Etablierung neuer Werte unter Partizipation aller Mitarbeitenden. Dabei kann ein kulturbewusstes Management hilfreich sein, welches die Rahmenbedingungen für einen fortlaufenden Wandlungsprozess schafft. Es gibt viele verschiedene Veränderungsmodelle, welche diesen Prozess systematisch darstellen – wichtig ist dabei aber, dass jeder Kulturwandel organisationsspezifisch abläuft und nicht punktgenau geplant werden kann.

Ein weiteres Phänomen, welches unter anderem vermittelt durch die Arbeitsleistung mit dem Unternehmenserfolg assoziiert ist, ist das in der Arbeits- und Organisationspsychologie gut erforschte Konstrukt der Arbeitszufriedenheit. Eine hohe Arbeitszufriedenheit führt zu besserer Leistung, mehr Arbeitspräsenz und höherem Commitment, während Unzufriedenheit mit der Arbeit sich negativ auf das Erleben und das Wohlbefinden der Arbeitskraft sowie auf den Unternehmenserfolg durch höhere Fluktuation, Absentismus und destruktives Verhalten auswirkt.

Ein Ansatz, um die beiden großen Themen „Arbeitszufriedenheit“ und „Unternehmenskultur“ zu verknüpfen, ist das Feelgood Management. Dieses hat als Kulturveränderungsmaßnahme zum Ziel, das Wohlbefinden und die Zufriedenheit der Mitarbeitenden zu verbessern und wird im folgenden Kapitel – nun endlich – ausführlich betrachtet.

Viel Spaß beim Lesen!

03

Feelgood Management als Ansatz der Kulturgestaltung

Was versteht man unter dem Konzept und wie hat es sich entwickelt?

Wie sehen die Ziele und Aufgabenbereiche im Feelgood Management aus?

Was sind Nutzen und Grenzen von Feelgood Management in Unternehmen?

Kurzübersicht über die folgenden Themen

Damit du eine bessere Übersicht hast, mit welchen Inhalten wir uns in diesem Kapitel beschäftigen, hier die Themen schon einmal vorab:

03 FEELGOOD MANAGEMENT

FEELGOOD MANAGEMENT – EIN RELATIV NEUER BERUFSZWEIG – IST EIN GANZHEITLICHER ANSATZ ZUR GESTALTUNG EINER FÖRDERLICHEN UNTERNEHMENSKULTUR IN HINBLICK AUF ARBEITSZUFRIEDENHEIT UND PRODUKTIVITÄT.

In diesem Teil des Buches widmen wir uns sehr ausführlich dem Thema Feelgood Management, seiner Entwicklungsgeschichte und seiner Relevanz für Unternehmen. In diesem Kapitel kommen dazu vielfältige Zitate aus meinen Interviews mit sieben Feelgood Manager:innen über ihr Arbeiten und Wirken sowie ihr Verständnis von Feelgood Management zu Wort:

„Feelgood Management trägt zu 100% zur Gestaltung der Unternehmenskultur bei. Durch die Zufriedenheit und das, was die Mitarbeitenden in sich aufsaugen und auch wieder abgeben untereinander. Für mich ist Feelgood Management raumfüllend."

„Was im Feelgood Management immer wichtig ist, ist die Wertschätzungskultur. Wertschätzung ist immer ein großes Kulturthema."

„Die Kultur selbst wird von mehreren Aspekten gesteuert. Das ist natürlich nicht nur Feelgood Management, sondern zum Beispiel auch Gehälter oder die Lage des Büros. Das kann Feelgood Management überhaupt nicht beeinflussen. Feelgood Management wirkt auf die Weiterentwicklung, Zufriedenheit und Wahrnehmung der Mitarbeitenden und auf sinnvolle Arbeit."

„Feelgood Management kann auch übersetzt werden mit ‚Unternehmensgestaltung'. Wenn ich erklären muss, was Feelgood Management bedeutet, dann sage ich: 'Ich bin Kulturgestalter'. Wir gestalten die Kultur, indem wir die einzelnen Subkulturen angehen. Wir verstehen unter einer Feelgood-Unternehmenskultur eine große Wolke, unter der weitere Wolken hängen, zum Beispiel die Willkommenskultur, Abschiedskultur, Kommunikationskultur,

Feedbackkultur, Leistungskultur, Wissensaustauschkultur, Spaßkultur oder Integrationskultur. Diese Subkulturen ergänzen sich zur Unternehmenskultur. Dadurch, dass Feelgood Management mit einzelnen Maßnahmen auf die Unterkulturen einzahlt, gestaltet es die gesamte Unternehmenskultur."

„Feelgood Management hat direkte Auswirkungen auf die Menschen im Unternehmen, die Mitarbeitenden und auch die Führungskräfte. Oft zeigt ihnen das Feelgood Management, dass es noch andere Lösungen gibt, als sie bisher probiert haben. Oder, dass die Probleme oft doch nicht so schwer sind, wie sie dachten. Es ist ja eigentlich ganz einfach. Und die Lösung ist bereits in uns, wir müssen uns nur mehr Zeit dafür nehmen."

„Feelgood Management trägt sehr viel zur Unternehmenskultur bei. Dabei ist die große Frage, die man zusammen mit der Führungskraft beantworten kann: Was ist uns wichtig, was ist für das Unternehmen wichtig und welche Kultur sollen auch die Mitarbeitenden leben? Das ist nicht unbedingt bei jedem Unternehmen gleich."

„Feelgood Management wirkt sich auf die Unternehmenskultur aus, indem es hörbar macht, was die Mitarbeitenden sich wünschen oder welche Veränderung sie sich wünschen. Das wird durch das Feelgood Management thematisiert. Es geht aber auch darum, die Unternehmensphilosophie an die Mitarbeiterschaft zu bringen. Letzten Endes muss ein Unternehmen eine klare Richtung vorgeben und die Kultur definieren, für die es steht. Zum Beispiel durch ein Leitbild oder eine zentrale Organisationseinheit, die sich damit auseinandersetzt. Und dann kommt die Mitarbeiterschaft, die sagt: 'Entweder ich passe zu dem Unternehmen oder eben nicht'. Aber es soll natürlich auch nicht aufgestülpt sein. Es geht darum, sich gemeinsam weiterzuentwickeln."

Eine Untersuchung der Trends hinsichtlich des Humankapitals von Deloitte 2016 zeigte, dass 82 % der befragten Manager:innen Unternehmenskultur als wichtigen Wettbewerbsfaktor einstuften, während gleichzeitig nur 28 % von ihnen angaben, die eigene Unternehmenskultur zu verstehen, und nur 19 % glaubten, ihre Kultur sei „richtig".

PROF. ULRIKE WEBER LEHRT IM BEREICH HUMAN RESOURCES UND ORGANISATION AN DER INTERNATIONAL SCHOOL OF MANAGEMENT (ISM) IN HAMBURG.

DIE WIRTSCHAFTSPSYCHOLOGIN SOPHIA GESING LEGT IHREN FOKUS AUF WERTEBASIERTE UNTERNEHMENSFÜHRUNG UND HUMAN RESOURCES.

Diese deutliche Diskrepanz zwischen Anspruch und Wirklichkeit legt die Frage nahe, was unternommen werden kann, um diesen Unsicherheiten zu begegnen und Unternehmenskultur systematisch zu gestalten. Zwar haben Organisationen laut Professorin Ulrike Weber und Kollegin Sophia Gesing bereits erkannt, „dass eine positive Arbeitsatmosphäre und Unternehmenskultur, die geprägt ist durch Wertschätzung der Mitarbeiterinnen und Mitarbeiter und deren Wohlbefinden, immer entscheidender für nachhaltiges Wachstum und unternehmerischen Erfolg werden". Auch sehen sie die Notwendigkeit zur Veränderung durch flexible Strukturen, partizipative Prozesse und werteorientierte Führung. Doch wie diese Anpassungsleistungen genau vonstattengehen sollen, bleibt dabei oft unklar.

GEMEINSAM HABEN WEBER UND GESING DIE ERSTEN BEIDEN FACHBÜCHER ÜBER FEELGOOD MANAGEMENT PUBLIZIERT: „KONZEPT UND BERUFSBILD DES FEELGOOD-MANAGEMENTS" (2017) UND „FEELGOOD-MANAGEMENT: CHANCEN FÜR ETABLIERTE UNTERNEHMEN" (2018)

Zur selben Zeit, ebenfalls 2016, erfasste eine Gallup-Studie zum Engagement der Mitarbeitenden, dass nur 16 % der Befragten eine emotionale Bindung an ihren Arbeitgeber bestätigten, während 68 % eine geringe und 16 % sogar gar keine emotionale Bindung an die Organisation angaben. Darin zeigt sich ein großer Handlungsbedarf zur Verbesserung der Unternehmenskultur. An dieser Stelle setzt das noch junge Konzept des Feelgood Managements an, welches Wohlfühlen am Arbeitsplatz bewusst zu steuern und vorzuleben versucht.

Das sagen die befragten Feelgood Manager:innen dazu:

Alle Interviewpartner:innen verstanden Feelgood Management als Instrument zur Gestaltung der Unternehmenskultur. Dabei umfasst die Unternehmenskultur für sie wiederum viele untergeordnete Bereiche und auch Aspekte, wie Gehälter oder die Lage des Büros, auf welche das Feelgood Management gar keinen direkten Einfluss hat. Die Aufgabe der Feelgood Managerin bzw. des Feelgood Managers liegt darin, die Unternehmenskultur zu untersuchen und zu verstärken, wobei die wichtigsten Stellschrauben die Kommunikation und das Miteinander sind. Als eines der wichtigsten Kulturthemen im Feelgood Management wurde Wertschätzung identifiziert. Dabei kann die Veränderung der Unternehmenskultur nicht nur an einer Person festgemacht werden, da jede:r Mitarbeitende Teil der Unternehmenskultur ist und daran mitwirken muss. Die bzw. der Feelgood Manager:in arbeitet aber darauf hin, die Werte des Unternehmens durch gezielte Maßnahmen zu verstärken und sie zum Leben zu erwecken. Das Feelgood Management wirkt auf die Unternehmenskultur, indem es hörbar macht, was die Mitarbeitenden sich wünschen und welche Veränderungen sie wollen. Dabei muss Feelgood Management als Prozess verstanden werden, bei dem Entwicklung nicht von heute auf morgen passiert.

Zusätzlich zu den Interviews in meiner Studie habe ich die befragten Feelgood Manager:innen gebeten, für dieses Buch Impulsbeiträge beizusteuern, um noch mehr Einblicke in ihre Arbeitswelt bieten zu können. Den Start macht Benjamin Keller mit einem Beitrag zu seinem Verständnis von Feelgood Management.

VERSTÄNDNIS VON FEELGOOD MANAGEMENT

IMPULS VON BENJAMIN KELLER

Viele, die den Begriff Feelgood Management zum ersten Mal hören, denken an Obstkörbe und den Kicker im Büro, an Massagen und Karaoke-Abende, die für die Mitarbeitenden organisiert werden. Es geht jedoch weit über diese Klischees und Oberflächlichkeiten hinaus. Feelgood Management steht für tiefgreifende Kulturgestaltung und Menschlichkeit in Unternehmen. Es geht darum, eine wertschätzende Unternehmenskultur zu schaffen und zu stärken, bei der die Menschen im Mittelpunkt stehen. Es geht darum, die wirklichen Bedürfnisse der Mitarbeitenden zu eruieren und die bestmöglichen Rahmenbedingungen im Unternehmen zu bieten, damit die Mitarbeitenden einen guten Job machen können. Feelgood Management ist ein Kultur- und Haltungsthema, das für eine erfolgreiche Implementierung und Umsetzung der Offenheit und Veränderungsbereitschaft sowohl der Führungskräfte als auch der Mitarbeitenden bedarf.

Feelgood Management gewinnt zunehmend an Bedeutung, weil Unternehmen immer deutlicher vor Augen geführt bekommen, dass der Faktor Mensch der entscheidende ist, und dass sich eine Organisation nur weiterentwickeln kann, wenn sich die Menschen darin weiterentwickeln können. Feelgood Management zielt darauf ab, dass die Menschen morgens mit einem Lächeln und einem guten Gefühl zur Arbeit gehen. Dadurch ändert sich sowohl die Stimmung im Unternehmen als auch die Motivation und das Engagement der Mitarbeitenden. Zahlreiche Studien haben bestätigt, dass zufriedene Mitarbeitende bessere Arbeit leisten, und zwar nicht, weil sie sollen, sondern weil sie wollen. Darüber hinaus führt Feelgood Management dazu, dass das Wir-Gefühl und die emotionale Verbundenheit zum Unternehmen steigt, wodurch wiederum die Fluktuation sinkt. Unternehmen bleiben durch Feelgood Management demzufolge attraktiv für ihre Belegschaft und erhöhen gleichzeitig ihre Attraktivität für potenzielle neue Talente. Die Unternehmenskultur ist ein entscheidendes Alleinstellungsmerkmal von Unternehmen und entscheidet maßgeblich über den wirtschaftlichen Erfolg.

Ein:e Feelgood Manager:in hat die Aufgabe, Unternehmen auf ihrer kulturellen Reise zu unterstützen und zu begleiten. Die Herausforderung dabei ist, die Menschen auf dieser kulturellen Reise mitzunehmen, ohne dass sie sich abgehängt fühlen oder überfordert sind. Daher ist es wichtig, die Mitarbeitenden bei den einzelnen Schritten miteinzubeziehen und sie mitgestalten zu lassen. Wenn ich in meiner Funktion als externer Feelgood Manager zum ersten Mal ein Unternehmen besuche, stelle ich in persönlichen Gesprächen jedem Mitarbeitenden zunächst dieselben Fragen, zum Beispiel: „Was läuft gut? Wo ist noch Luft nach oben? Was braucht ihr? Was fehlt?“ Die Antworten zeigen, dass es den Menschen hier gerade nicht um besagte Obstkörbe, mehr Teamausflüge oder Bespaßung geht, sondern um tiefgründige Themen wie fehlende Wertschätzung, mangelndes Vertrauen und Konflikte im Team, kaum gelebte Kommunikations- und Feedbackkultur, Führung auf Augenhöhe, mehr Selbstorganisation usw.

Danach werden die Ergebnisse transparent gemacht und in großer Runde besprochen, an welchen Themen gemeinsam z.B. in Team-Workshops gearbeitet werden soll. Wichtig dabei ist, dass die Kultur gemeinsam – also unter Partizipation der Mitarbeitenden – gestaltet wird. Denn wenn sie am Ergebnis aktiv mitarbeiten, sind sie Teil dessen und bringen sich mit Begeisterung und Motivation ein. Das unterstreicht Feelgood Management als systemischen Ansatz, der Hilfe zur Selbsthilfe gibt, mit einer bzw. einem Feelgood Manager:in als Initiator:in, Impulsgeber:in und Umsetzungsbegleiter:in. Mein persönliches Ziel und meine Vision ist, die Anzahl der Unternehmen zu vervielfachen, die wissen, was Feelgood Management ist, dass Feelgood Management wichtig ist, und die Feelgood Management anwenden. Mit meiner Arbeit als Feelgood Manager möchte ich die Unternehmen für dieses wichtige Kultur- und Haltungsthema sensibilisieren und dazu beitragen, dass sie menschlich und wirtschaftlich erfolgreicher werden.

BENJAMIN KELLER (37 Jahre, Coburg) ist Kulturgestalter, GOODplace zertifizierter Feelgood Manager, Trainer und Coach. Nach seinem Abschluss als Diplom-Kaufmann arbeitete er als wissenschaftlicher Mitarbeiter am Lehrstuhl für Betriebswirtschaftliche Steuerlehre und Wirtschaftsprüfung der Universität Bayreuth, bevor er sich als Berater mit Leidenschaft für Unternehmenskultur selbstständig machte. Jetzt begleitet er Unternehmen unterschiedlicher Größe und Branchen bei ihrer kulturellen Weiterentwicklung.

Weitere Infos auf seinem LinkedIn-Profil:
www.linkedin.com/in/benjamin-keller-374995153/

URSPRUNG UND ABGRENZUNG VON FEELGOOD MANAGEMENT

Der Begriff Feelgood Management ist eine deutsche Erfindung, welche sich seit 2011 im Bemühen einiger Start-Ups, ihre mitarbeiterorientierte Gemeinschaftskultur aus der Gründungsphase in die Wachstumsphase zu übertragen, entwickelt hat. Gesing zitiert dazu folgendes aus einer Interviewpassage einer eigenen Studie: „Während dieses Übergangs besteht die Gefahr, dass ein familiäres Wir-Gefühl in Anonymität übergehen kann. Ein gemeinschaftliches, familiäres Wir-Gefühl bildet durch den Fokus auf die zwischenmenschliche und ‚fühlende' Seite eines Unternehmens die Grundlage für die notwendige, schnelle Anpassungsfähigkeit im Unternehmen."

2016 verbuchten einige Quellen rund 60 in Deutschland tätige Feelgood Manager:innen, andere sprechen von etwa 200. Die ersten Stellen als Feelgood Manager:in vergaben der Webseiten-Baukasten Jimdo in Hamburg, die E-Commerce-Plattform Spreadshirt in Leipzig und der Spieleentwickler Wooga in Berlin.

Die Grundidee, Arbeitsräume zu schaffen, in denen die Mitarbeitenden sich wohlfühlen, um positiv auf deren Motivation einzuwirken, stammt aus der IT-Branche und der Kreativwirtschaft des kalifornischen Silicon Valleys – dort unter dem Begriff des „well-beings" praktiziert und im Bereich Personal verankert, wovon das deutsche Feelgood Management jedoch unabhängig agiert:

„HR kennt alle Hintergrundinfos; weiß, wie viel wer verdient, warum wer in welchem Team ist, warum jemand die Beförderung bekommen oder nicht bekommen hat. Das sind sehr sensible Daten und ich bin froh, dass ich das nicht weiß und nichts damit zu tun hab. Das würde das Vertrauen mindern."

„Feelgood Management ist nicht so förmlich wie das Personalwesen, wo es um Geld, Fakten, Paragrafen und zu erbringende Leistung geht. Man könnte sagen, das sind Backsteine und dazwischen ist das Feelgood Management die Schmiermasse, der Kleber, der alles zusammenhält. Denn egal wie fest die Steine – die Leute müssen sich verbunden fühlen mit dem Unternehmen und das kann das Feelgood Management in Teilen sicherlich leisten.

Das sagen die befragten Feelgood Manager:innen dazu:

In Bezug auf die Frage, inwieweit Feelgood Management von ähnlichen Konzepten oder Bereichen wie etwa dem Betrieblichen Gesundheitsmanagement (BGM) oder der Human Resources Abteilung (HR) abgegrenzt werden kann, fanden die befragten Feelgood Manager:innen nur schwer klare Worte. Inhaltlich gehen wir darauf noch einmal auf S. 116 ein, wenn es um die Grenzen des Feelgood Managements geht.

Als Tendenz kann aber an dieser Stelle bereits festgehalten werden, dass Feelgood Management im Vergleich mit BGM als eher übergeordnetes Thema angesehen wird. Dabei kann das Feelgood Management zwar durchaus Aspekte des BGM umfassen, aber es geht dabei grundsätzlich um viel tiefgreifendere Prozesse. Feelgood Management ist ganzheitlicher auf die Bedürfnisse der Mitarbeitenden ausgerichtet und beschäftigt sich mit der gesamten Unternehmenskultur.

In Bezug auf die HR-Abteilung wurde betont, wie wichtig es für die Vertrauensbasis ist, dass ein:e Feelgood Manager:in keine Informationen über sensible Personaldaten hat oder gar Kündigungen ausspricht, so dass die Beziehungsebene noch persönlicher gestaltet werden kann. Dennoch arbeitet man im Feelgood Management oft Hand in Hand mit der HR-Abteilung.

Meilensteine in der Entwicklung des Berufsbildes Feelgood Management:

2013 wurde durch das Fraunhofer Institut für Arbeitswirtschaft und Organisation IAO in Zusammenarbeit mit dem Feelgood Management Portal GOODplace® das Job-Profil „Feelgood-Manager/in“ veröffentlicht, in dem das damals noch neue Berufsbild und seine Aufgabenfelder definiert wurden (Das

GOODPLACE® (GOODPLACE.ORG) IST DIE FÜHRENDE PLATTFORM FÜR FEELGOOD MANAGEMENT UND BIETET EINE DER ERSTEN AUSBILDUNGEN ZUR BZW. ZUM ZERTIFIZIERTEN FEELGOOD MANAGER:IN AN. DIE GOODPLACE®- GRÜNDERIN UND FEELGOOD KORYPHÄE MONIKA KRAUS-WILDEGGER IST WIRTSCHAFTSINFORMATIKERIN, SPEAKERIN FÜR HUMAN WORK UND NEUE ARBEITSWELT UND BRACHTE 2019 IHR BUCH „FEELGOOD MANAGEMENT: MIT WERTSCHÄTZUNG UND MENSCHLICHKEIT ERFOLGREICH IN DIE ARBEITSWELT VON MORGEN“ HERAUS.

Job-Profil ist online einsehbar, den Link findest du im Literaturverzeichnis).

Mit der Gründung des Berufsverbandes Feel Good Management (BFGM) e. V. 2015 durch das Institut für Wertekultur in der Wirtschaft wurde ein weiterer Meilenstein zur Stärkung des Berufsbildes gelegt.

Der Einstieg als Feelgood Manager:in:

Obwohl einige Bildungsangebote bestehen, ist die Aus- oder Weiterbildung als Feelgood Manager:in nicht normiert und die Berufsbezeichnung nicht geschützt, sodass laut GOODplace® bereits über 20 alternative Jobtitel existieren. Die Positionen werden oft mit Quereinsteigern aus diversen Bereichen besetzt und die Aufgabenstellung von Betrieb zu Betrieb unterschiedlich ausgestaltet. Aufgrund der Neuartigkeit des Berufsbildes finden sich noch wenige wissenschaftliche Veröffentlichungen zum Thema Feelgood Management, aber immer mehr Beiträge in Magazinen und Zeitungsartikeln und zunehmend mehr Bücher auf dem Markt – so wie dieses hier!

Neben der deutschlandweit sehr bekannten Ausbildung bei GOODplace® hat mir Pia Zumbruch, die Fachfrau für werteorientierte Personal- und Führungsarbeit, über ein Onlinetraining zur bzw. zum Feelgood Manager:in berichtet, welches sie in Zusammenarbeit mit dem Praxis Campus der Deutschen Wirtschaft erstellt hat und das sie im Folgenden vorstellt.

Ich freue mich sehr, im Verlauf der letzten beiden Jahre einige der Live-Calls in dieser Ausbildung begleitet zu haben und über meine Erfahrungen im Feelgood Management berichten zu können.

An dieser Stelle auch noch einmal der Hinweis, dass mein eigener Onlinekurs als Fortbildung im Feelgood Management 2023 an den Start geht. Wenn du dich selbst für eine Weiterbildung in diesem Bereich interessierst, schau doch gerne einmal rein, ob mein Kurs der richtige für dich ist! Alle Infos dazu findest du auf meiner Webseite www.verapodlinski.de.

ONLINETRAINING ZUR BZW. ZUM FEELGOOD MANAGER:IN

IMPULS VON PIA ZUMBRUCH

Feelgood Management ist ein ganzheitlicher Ansatz! Die große Herausforderung liegt darin, Feelgood Management nicht nur als die häufig so verschriene "Spaßkultur" zu verstehen oder blind Wünsche zu erfüllen. Für mein Verständnis geht es beim Feelgood Management vielmehr darum, alle Aspekte des Unternehmensalltages so zu gestalten, dass eine partnerschaftliche Zusammenarbeit zwischen allen Mitarbeitenden in allen Bereichen und auf allen Hierarchieebenen gelebt wird! Es geht um die Berücksichtigung der Bedürfnisse aller Mitarbeitenden in ihrer individuellen Vielfalt - wenn es unternehmerisch möglich und sinnvoll ist. Und einen besonders großen Anteil daran machen für mich eine ehrliche, offene und vor allem regelmäßige Kommunikation auf allen Ebenen aus und die Ausrichtung des Führungsverhaltens auf das, was die Mitarbeitenden bewegt, was sie antreibt und was sie sich wünschen. Denn, wenn wir uns selbst einmal fragen, was für uns wichtig ist, damit wir uns am Arbeitsplatz "wohlfühlen", dann sind es doch genau diese Aspekte, oder?

Ich hoffe, dass in Zukunft immer mehr Unternehmen den Weg zu einer Feelgood-Kultur einschlagen! Aus diesem Grund habe ich zusammen mit dem Praxis Campus der Deutschen Wirtschaft ein Onlinetraining entwickelt, dass zukünftige Feelgood Manager:innen in 19 Modulen auf genau das vorbereitet: Auf ein ganzheitliches Konzept!

Diese 19 Module umfassen zunächst eine Auseinandersetzung mit der Bedeutung, den Aufgaben und dem Nutzen von Feelgood Management als Erfolgsfaktor. Weiter werden Voraussetzungen sowie fachliche und soziale Kompetenzen einer Feelgood Managerin bzw. eines Feelgood Managers behandelt. Basiskonzepte aus Motivationstheorien, Positiver Psychologie und Führungsansätzen bilden gemeinsam mit Kommunikationselementen wie Gesprächsführung und Fragetechniken eine theoretische Grundlage. Anschließend wird das Thema der Entstehung von Unternehmenskultur unter Berücksichtigung von Organisationsentwicklung und Change Management behandelt sowie die Etablierung von Feelgood Management mit projekthaftem Charakter. Zur Erfassung der Mitarbeiterbedürfnisse werden Analyseinstrumente wie Befragungen, Interviews, Konfliktbeobachtungen und Mitarbeitergespräche thematisiert, ebenso wie die Erfolgs- und Effizienzmessung. Weitere Module umfassen Interne und Externe Kommunikation, Social Media, Organisation von Firmenaktivitäten, Team- und Personalentwicklung, Konflikt- und Diversitymanagement, Outplacement, BGM sowie Arbeitsplatz- und Bürogestaltung.

Durch dieses Onlinetraining (zu finden auf www.office-seminare.de/fgm) bekommen angehende Feelgood Manager:innen das Handwerkszeug für eine erfolgreiche Tätigkeit in den Unternehmen. Von den Grundlagen der Motivationslehre, über Methoden zur Ermittlung der Mitarbeiterbedürfnisse hin zur Bedeutung von Einarbeitung, individuellen Entwicklungsmöglichkeiten und den Angeboten zum Austausch unter Kolleg:innen werden die Teilnehmenden umfassend und ganzheitlich ausgebildet. Besonders interessant ist am Ende eine mögliche Zertifizierung durch die Hochschule Fresenius. Da das Feelgood Management natürlich viel von Kommunikation und Interaktion lebt, geht es anschließend für die neu ausgebildeten Feelgood Manager:innen in die Unternehmen und der spannende Teil ihrer Tätigkeit fängt erst richtig an!

PIA ZUMBRUCH (31 Jahre, Bochum) ist Autorin, Personalerin mit Leidenschaft und hat mit ihrer freiberuflichen Tätigkeit unter „Führungsverhalten by Pia Zumbruch" ihr Herzensprojekt zum Leben erweckt. Als Trainerin und Coach unterstützt sie erfolgreich Führungskräfte, Ausbilder:innen und Bewerber:innen. Ihr Schwerpunkt liegt in der Ausrichtung von Unternehmen auf eine partnerschaftliche und werteorientierte Personal- und Führungsarbeit.

Weitere Infos auf:
www.fuehrungsverhalten.de

SELBSTVERSTÄNDNIS UND ZIELE VON FEELGOOD MANAGEMENT

„Feelgood Management zielt darauf ab, die Bedürfnisse der Mitarbeitenden abzufragen und die Rahmenbedingungen zu schaffen, dass sie einen guten Job machen können. Das können ganz unterschiedliche Dinge sein: Auf Augenhöhe miteinander umgehen, selbstorganisiert und selbstbestimmt arbeiten, Entscheidungsfreiheit und Vertrauen statt Kontrolle. Das große Ziel des Feelgood Management ist es, eine wertschätzende Unternehmenskultur zu etablieren, bei der der Mensch im Mittelpunkt steht und nicht die Wirtschaftlichkeit auf Kosten der Mitarbeitenden in den Vordergrund gestellt wird."

„Feelgood Management schweißt zusammen. Es bringt Menschen zusammen, weil es darauf ausgerichtet ist, den Informationsfluss herzustellen: Menschen kommen zusammen und müssen anfangen, miteinander zu reden, wo das vorher nicht stattgefunden hat. Der Effekt von Feelgood Management ist, dass ein besseres Miteinander und auch generell eine höhere Arbeitszufriedenheit entsteht."

„‚Make your everyday working life easier and happier' – das ist für mich das Ziel von Feelgood Management: Probleme aus dem Weg räumen und dass die Kolleg:innen da ein Umfeld finden, in dem sie sich wirklich wohl fühlen. Es geht darum, eine Atmosphäre der Zusammenarbeit und Leidenschaft zu schaffen mit hohem Fokus. Wir sind nicht nur alle da, um Spaß zu haben – darum geht's nicht, sondern darum, dass man sich gut auf seine Arbeit konzentrieren kann."

„Die Ziele meines Chefs liegen in der Mitarbeiterbindung und Mitarbeiterzufriedenheit, und auch darin, die Mitarbeitenden besser kennenzulernen."

„Wenn man so in die Tiefe geht auf die psychologische Ebene, passiert auch viel durch das Feelgood Management. Da tut sich einfach was im Menschen. Und ich glaube, dass das eigentlich der wichtigste Punkt ist: Dass die Menschen sich wieder wertgeschätzt fühlen, wertschätzend mit anderen umgehen und sich in andere reinfühlen können."

„Mein Ziel oder meine Vision liegt darin, dass ich meinen kleinen Teil dazu beitragen möchte, dass die Leute nicht mit Bauchschmerzen auf die Arbeit gehen. Ich erlebe oft, dass viele mit Widerstand und einem schlechten Gefühl auf die Arbeit gehen und ihren Gehaltscheck eher als Schmerzensgeld sehen. Da möchte ich meinen Teil dazu beitragen, dass das nicht mehr so ist. Dass die Mitarbeitenden mit einem guten Gefühl, mit Freude zur Arbeit gehen. Und dass die Unternehmen dafür sensibilisiert werden, dass das Thema Menschlichkeit nicht im Widerspruch zum Thema Wirtschaftlichkeit steht. Dass man auch menschlich erfolgreich sein kann."

„Es geht beim Feelgood Management darum, zu schauen, welche Kultur tatsächlich wie gelebt wird. Das fängt an mit dem Onboarding, der Willkommenskultur, und endet mit der Abschiedskultur. Auch wenn ein:e Mitarbeiter:in geht, sollte die Person respektvoll verabschiedet werden. Davon profitiert das Unternehmen letztendlich: Wenn jemand glücklich ist, dann macht die Person auch einen guten Job und es kommen bessere Ergebnisse zustande."

„Ein Ziel von Feelgood Management ist es, die Mitarbeiterzufriedenheit zu stärken. Dabei spielt das Thema Fluktuation eine große Rolle: Wenn man zufriedene Mitarbeitende hat, dann wollen sie auch bleiben. Und zufriedene Mitarbeitende sind auch produktiver: Spaß bei der Arbeit zu haben und in einem guten Team zu sein, sich unterstützt zu fühlen, das sind Grundbedürfnisse von uns Menschen. Außerdem arbeiten wir nach dem Motto: 'Je mehr Köpfe mitdenken, desto mehr Kreativität und Potenzial für unsere Firma, sich in allerlei Richtungen weiterzuentwickeln'"

„Als persönliche Ziel steht für mich das Stichwort Wertschätzung ganz oben und das Motto: ‚Arbeitszeit ist Lebenszeit'. Ich habe sehr lange unterschieden zwischen: ‚Diese Zeit habe ich verkauft und diese Zeit gehört mir privat'. Ich finde nicht, dass man sich im Büro wie zuhause fühlen muss. Ich finde es ok, wenn man was anderes anzieht. Ich finde es auch ok, in anderen Räumlichkeiten zu sein. Aber ich finde es nicht ok, sich nicht wohlzufühlen."

„Das Ziel des Feelgood Managements ist es zum einen, die Unternehmens- und Organisationsentwicklung allgemein voranzutreiben sowie die Etablierung einer wertschätzenden Unternehmenskultur im Sinne unseres Leitbildes, also geprägt von einer produktiven Gesamtatmosphäre. Eben Feelgood. Untergeordnet wären weitere Ziele das Empowerment von Individuen, die Mitarbeiterförderung und der wertschätzende Umgang miteinander."

„Ich finde es wichtig, dass die Geschäftsleitung jemanden beauftragt, der das Thema Feelgood Management behandelt und sich der Sache annimmt. Das zeigt auch, dass das Unternehmen die Mitarbeitenden wirklich wertschätzt. Es ist ein Zeichen für die Mitarbeitenden: 'Wir haben hier jetzt eine:n Ansprechpartner:in. Hier könnt ihr all eure Sorgen, Probleme und Nöte sagen. Geht zu ihr. Besprecht das mit ihm. Und dann finden wir eine Lösung'"

In der Fachliteratur finden sich erste Versuche, das Konzept des Feelgood Managements zu beschreiben – eine einheitliche Definition existiert jedoch noch nicht. Der anglizistische Begriff Feelgood Management kann laut Weber und Gesing übersetzt werden als „Wohlfühl-Führung oder Handhabung einer Wohlfühlkultur im Unternehmen".

Unter Feelgood Management wird demnach ein ganzheitlicher und systematischer Ansatz der Unternehmensführung verstanden, welcher auf die Optimierung organisationaler Rahmen-, Arbeits- und Lernbedingungen im Sinne einer werteorientierten Unternehmenskultur abzielt, und umfasst sämtliche Maßnahmen, das Wohlergeben und Arbeitsglück der Mitarbeitenden und damit auch ihre Arbeitsleistung und ihren Arbeitserfolg zu erhöhen, indem der Mensch als Unternehmenswert und menschliche Interaktionen hoch geschätzt werden.

Definitionen des Begriffs Feelgood Management aus diversen Quellen:

- „Feelgood Management ist eine moderne Unternehmensphilosophie mit Fokus auf die Organisationskultur" (Weber & Gesing, 2019)
- „Feelgood Management ist ein Konzept der Arbeitswelt 4.0 und thematisiert, wie ein Unternehmen seine Rahmenbedingungen und Unternehmenskultur gestalten muss, um optimale Arbeits- und Lernbedingungen zu schaffen. Feelgood Management hat die Menschen in Organisationen als oberstes Ziel" (goodplace.org, 2016)
- „Ein Führungsansatz, der Arbeitsglück fördert. Ein Führungsstil, der die Menschen als Unternehmenswert schätzt und nicht als austauschbare LeistungsträgerInnen sieht" (Fries, 2016)
- „Feelgood Management bezeichnet sämtliche Maßnahmen im Unternehmen, die das Wohlergehen aller Mitarbeitenden bei gleichzeitiger Verbesserung und Steigerung der Arbeitsleistung unterstützen und fördern" (Lange, 2019)
- „Feelgood Management ist ein ganzheitlicher, systematischer Ansatz der Unternehmensführung, der darauf ausgerichtet ist, eine werteorientierte Unternehmenskultur zu etablieren oder zu stärken" (Gesing & Weber, 2017)

Das zentrale Ziel des Feelgood Managements liegt – so Gesing und Weber – darin, die „reguläre Arbeitszeit im Büro angenehm und dadurch produktiv zu gestalten“. Dabei ist der Grundgedanke, dass sich das Arbeitspotenzial der Mitarbeitenden nur dann voll entfalten kann, wenn optimale Rahmenbedingungen herrschen und individuelle Fähigkeiten vom Unternehmen gefördert werden.

Um diese Bedingungen zu erschaffen, muss die Unternehmenskultur hin zu mehr Wertorientierung, Wertschätzung und Wohlfühlen der Mitarbeitenden verbessert werden, sodass die Arbeitszufriedenheit steigt. Es soll eine menschenzentrierte Arbeitskultur etabliert werden, welche in den Worten von Doktor Jessica Lange „die Mitarbeiter nicht nur als Produktionsfaktor versteht, sondern auch als Menschen wahrnimmt und deren Bedürfnisse ernstnimmt und erfüllt“.

DR. JESSICA LANGE ARBEITET SEIT 2013 ALS FREIBERUFLICHE BERATERIN MIT DEN SCHWERPUNKTEN LEITBILDER, UNTERNEHMENSKULTUR, WERTEORIENTIERUNG SOWIE FEELGOOD MANAGEMENT. SIE LEHRT BETRIEBSWIRTSCHAFTSLEHRE AN DER FOM IN ESSEN UND PUBLIZIERTE 2019 IHR BUCH „FEEL GOOD MANAGEMENT – ANFORDERUNGEN UND AUFGABENGEBIETE: PRAXISHANDBUCH MIT FALLBEISPIELEN“.

Der Ansatz des Feelgood Managements umfasst in diesem Sinne das Erarbeiten eines einheitlichen Wertekanons sowie die strukturelle Gestaltung der Arbeit, was den Arbeitsplatz und das Arbeitsumfeld angeht, aber ebenso die Kommunikation und die gesamte Zusammenarbeit im Unternehmen.

CARMEN FRIES IST DIE ERSTE DIGITALE FEELGOOD MANAGERIN UND GRÜNDERIN VON FEEL-GOOD@OFFICE®, EINER ONLINE ACADEMY UND JOBBÖRSE FÜR FEELGOOD MANAGEMENT. SIE BLOGGT ÜBER DIE STEIGERUNG VON ARBEITSGLÜCK IM OFFICE.

Carmen Fries betont, dass Feelgood Management darauf abzielt, „die Werteorientierung eines Unternehmens wirksam in dessen Kultur zu verankern“ und ein Umfeld zu schaffen, in dem sich „Mitarbeiter wohlfühlen und gerne ihre tägliche Arbeit ausführen“, ergänzt Lange.

Das sagen die befragten Feelgood Manager:innen dazu:

Als persönliche Ziele ihrer Arbeit nannten die Feelgood Manager:innen, neue Impulse darüber in die Arbeitswelt zu bringen, dass Menschlichkeit und Wirtschaftlichkeit nicht im Widerspruch stehen müssen. Ihr grundlegendes Ziel ist die Etablierung einer wertschätzenden Unternehmenskultur, in welcher der Mensch im Mittelpunkt steht. Aus Unternehmenssicht betonten die meisten Feelgood Manager:innen das Commitment – also die Mitarbeiterbindung und die Identifikation der Mitarbeitenden mit dem Unternehmen – als ein wichtiges Ziel, um die Mitarbeitenden länger zu halten und Fluktuation zu senken. Die meisten der Interviewten sahen ebenso die Erhöhung der Unternehmensattraktivität als Ziel des Feelgood Managements an, sowohl, um Mitarbeitende zu halten, als auch, um neue Fachkräfte zu gewinnen und außerdem ein positives Bild in die Außenwelt und zu den Kund:innen zu transportieren. Einige der Feelgood Manager:innen erklärten auch die Arbeitszufriedenheit zum expliziten Ziel von Feelgood Management, ebenso wie die Steigerung des Unternehmenserfolgs durch den Zusammenhang von Zufriedenheit und Produktivität.

AUFGABENFELDER IM BERUFSBILD FEELGOOD MANAGEMENT

„Oftmals wird Feelgood Management falsch verstanden und mit Office-Management vermischt. Da findet man typische Office - Management - Stellen, aber es steht Feelgood Management drüber.“

„Ich bin dafür verantwortlich, dass in den Unternehmen eine wertschätzende Unternehmenskultur gefördert und aufgebaut wird, bei der der Mensch im Mittelpunkt steht; eine menschenzentrierte Unternehmenskultur. Ich bin dafür verantwortlich, dass die Rahmenbedingungen passen, dass die Leute einen guten Job machen können und mit Freude auf die Arbeit gehen.“

„Im Feelgood Management sind die Themen sehr breit gefächert. Das kann wirklich in alle Bereiche gehen. Da muss man genau auf das Unternehmen gucken. Wenn ich dann merke, dass es thematisch in eine bestimmte Richtung geht, dann suche ich Austausch mit den Beteiligten und überlege, was man in dem jeweiligen Bereich machen kann.“

„Wichtige Themen sind oft Flexibilität oder Fairness im Unternehmen: Gleichberechtigung, Offenheit und Zusammenarbeit, da geht es um die Gemeinschaft. Das sind so die Stellschrauben, an denen man drehen kann.“

2013 erarbeitete wie weiter vorn erwähnt das Fraunhofer Institut für Arbeitswirtschaft und Organisation (IAO) anhand des KAI® – des Kopfarbeit-Index – das Qualitätsprofil Feelgood Manager:in, welches das Berufsbild wissenschaftlich fundiert darstellt.

Dieses Jobprofil umfasst vor allem den intensiven Austausch mit den Kolleg:innen und das Einfordern von Verbesserungsmaßnahmen zur Kulturentwicklung in der Organisation. Als Kernpunkt der Arbeit von Feelgood Manager:innen wird damit die Ansprechbarkeit und Verfügbarkeit für alle Mitarbeitenden verstanden. Das Aufgabenspektrum wird dabei als sehr vielfältig aufgezeigt: Es zielt auf die systematische Entwicklung der Unternehmenskultur basierend auf den Werten des Unternehmens, das Schaffen von Kommunikationskanälen, die Analyse von Bedürfnissen, die Etablierung einer Feedback- und Fehlerkultur, die Optimierung des Arbeitsumfeldes, die Nachhaltigkeit des Konzepts sowie die Vermittlung von Lernangeboten ab. Oft betreut ein:e Feelgood Manager:in dabei mehrere Projekte parallel und nimmt die Rolle der allgemeinen Vertrauensperson ein. Inhaltlich ergeben sich einige Schnittstellen zur Personal- und Strategieabteilung sowie zum Office-Management. Die Arbeit ist meist interdisziplinär gestaltet und es wird stark die Einarbeitung in andere Fachgebiete sowie die eigene Kompetenzentwicklung gefordert. Mit diesem Berufsprofil werden die größten Felder, mit denen sich das Feelgood Management befasst, skizziert.

EINE STABSTELLE IST EINE LEITUNGSHILFSSTELLE, DIE DER JEWEILIGEN INSTANZ ZUGEORDNET IST, UM DIESE ZU UNTERSTÜTZEN UND DEREN ENTSCHEIDUNGEN VORZUBEREITEN. DIE STABSTELLE SELBST BESITZT TYPISCHERWEISE KEINE ENTSCHEIDUNGS- ODER WEISUNGSBEFUGNIS. DURCH STABSSTELLEN SOLLEN LEITUNGSSTELLEN QUANTITATIV ENTLASTET UND QUALITATIV VERBESSERT WERDEN.

In der Praxis sind Feelgood Manager:innen häufig als Bindeglied zwischen Führungskräften und Mitarbeitenden verortet und nehmen im Firmenorganigramm eine Stabstelle direkt unter der Geschäftsführung ein. Feelgood Manager:innen müssen unabhängig agieren können, um sich neutral für das Wohlergehen der Mitarbeitenden einsetzen zu können. Gleichzeitig bedarf es des Mandats der Geschäftsführung, tatsächlich Wertschätzung im Unternehmen zu leben und entsprechende Maßnahmen umzusetzen.

„Es verschiedene Möglichkeiten, wo man Feelgood Management im Unternehmen verorten kann. Es gibt in Unternehmen manchmal Personalentwicklung, da könnte man auch Feelgood Management installieren. Man kann das auch in der Organisationsentwicklung ansiedeln. Oft deckt auch die Assistenz der Geschäftsführung Feelgood Management und ihre eigentliche Aufgabe 50/50 ab. Manche Unternehmen schaffen für Feelgood Management aber auch eine ganz eigene Stabstelle. Die ist dann direkt an der Geschäftsführung dran.“

Laut Gesing und Weber ist die Funktion einer Feelgood Managerin bzw. eines Feelgood Managers „damit begründet, dass es für eine gute Arbeitskultur einer konkreten Ansprechperson bedarf, die sich um Mitarbeiter und ihre Anliegen persönlich und zu jeder Zeit kümmert".

Oft weisen Feelgood Manager:innen eine langjährige Betriebszugehörigkeit auf, sind intern gut vernetzt und genießen das Vertrauen der Kolleg:innen. Zunehmend wird dieser Job aber auch freiberuflich in einer Beratungs- und Begleitungsfunktion für Unternehmen ausgeführt. Auch in Bezug auf den Umfang der Arbeit (Voll- versus Teilzeit) sowie die Verteilung der Aufgaben auf eine oder mehrere Personen zeigen sich Unterschiede je nach Beschaffenheit des Unternehmens. Das entspricht auch dem hoch individuellen Charakter des Berufsbildes, welches je nach Kontext ganz unterschiedlich gestaltet sein kann.

Wie bereits dargestellt, ist die Definition des Berufsbildes „Feelgood Management" noch nicht eindeutig getroffen oder finalisiert. Dementsprechend finden sich auch vielzählige Auffassungen darüber, welche Aufgaben eigentlich in dieses Tätigkeitsfeld fallen: „Durch die Vielfalt an Rollen, die Feelgood Manager einnehmen, und die Komplexität ihres Auftrages ist auch das Aufgabenspektrum breit gefächert und vielseitig gestaltet", so Gesing und Weber. Sie haben vier primäre Tätigkeitsschwerpunkte identifiziert:

1. Fördern positiver Zusammenarbeit
   und guter Führung in der Organisation
2. Interne Kommunikation
3. Arbeitsplatzgestaltung
4. Gesundheitsförderung

Zu den konkreten Tätigkeiten zählt dabei zum Beispiel das Stärken einer Willkommens-, aber auch von Feedback- und Fehlerkultur sowie die Organisation von Events, um das Miteinander zu fördern. Es gilt, ein Zugehörigkeitsgefühl zu schaffen, welches von kooperativer Zusammenarbeit und Wertschätzung lebt. Auch die Gestaltung von Kreativecken oder informellen Treffpunkten zum Austausch sowie die Etablierung neuer Open-Office-Konzepte sind möglich. Das Bereitstellen von vielfältigen Angeboten, die Stress und Gesundheitsproblemen vorbeugen sollen, kann ebenfalls in den Aufgabenbereich einer Feelgood Managerin bzw. eines Feelgood Managers fallen.

Festzuhalten ist, dass die konkreten Tätigkeiten im Feelgood Management von Unternehmen zu Unternehmen variieren. Gerade deshalb liegt es in der Hand der Feelgood Managerin bzw. des Feelgood Managers, organisationsspezifische Strategien zu entwickeln und die Mitarbeitenden partizipativ miteinzubeziehen. Wie genau das in den konkreten Fällen bei den befragten Feelgood Manager:innen aussah und was deren jeweiliges Berufsbild an Aufgaben umfasste, schauen wir uns im Kapitel „Prozess und Maßnahmen des Feelgood Managements" (ab S. 141) genauer an.

ART DER UNTERNEHMEN MIT FEELGOOD MANAGEMENT

Aufgrund der Entwicklungsgeschichte aus der digitalen Start-Up-Szene heraus ist es nicht verwunderlich, dass die meisten Quellen den Einsatzbereich von Feelgood Management in Start-Ups oder Spin-Offs etablierter Unternehmen der digitalen Branche verorten. Darunter fallen Unternehmen der E-Commerce-, Onlinegames-, Informationstechnik- und digitalen Medienbranche, welche seit ihrer Gründung ein starkes Wachstum verzeichnen.

Es zeigen sich in diesen Unternehmen starke Ähnlichkeiten hinsichtlich ihrer Struktur, Kultur und ihres Managements, beispielsweise in Sachen flache Hierarchien und Eigenverantwortung. Fries betont aber auch, dass Elemente aus dem Feelgood Management in jeder Art von Unternehmen – ob nun Start-Up oder Großkonzern – eingesetzt werden können.

Eine große Gemeinsamkeit der digitalen Start-Ups, die Feelgood Manager:innen beschäftigen, liegt in der dort dominierenden Wissensarbeit, welche durch Kreativität, komplexe Aufgaben und kontinuierlichen Wissenserwerb gekennzeichnet ist. Damit einher geht die Notwendigkeit, für solche Wissensarbeiter:innen als Arbeitgeber besonders attraktiv zu sein und zu bleiben und „der Feelgood Manager schafft die Bedingungen dafür: Eine Kultur des Lernens, Lobens und der Kreativität", so Kraus-Wildegger in einem Interview der Personalwirtschaft: „...er [ist] weniger Kümmerer, vielmehr eine ‚Disziplin der neuen Wissensarbeitswelt'".

GRENZEN UND HERAUSFORDERUNGEN VON FEELGOOD MANAGEMENT

„Die Grenzen von Feelgood Management liegen in privater oder grundsätzlicher Unzufriedenheit, Pessimismus, Frust. Also Probleme, die nichts mit der Tätigkeit oder dem Aufenthalt im Büro an sich zu tun, sondern darüber hinaus ihre Wurzeln haben."

„Nicht alles ist umsetzbar. Das muss man den Mitarbeitenden auch klar sagen. Man kann Vorschläge immer aufnehmen und der Geschäftsführung vorstellen. Aber dann muss man im Zweifelsfall auch ehrlich und fair sein und zurückmelden: 'Das können wir jetzt nicht umsetzen, das müssen wir aus gewissen Gründen hintenanstellen'"

„Man kann keinen Menschen dazu zwingen, sich weiterzuentwickeln. Da stößt Feelgood Management an seine Grenzen. Man kann nur Impulse geben und hoffen, dass diese aufgenommen werden zum Guten für alle. Aber ob es tatsächlich um-gesetzt wird, kann ich nicht erzwingen und das liegt auch nicht in meiner Verantwortung. Ich sehe mich da einfach als Impulsgeberin und auch als Vorbild in gewisser Hinsicht. Man braucht eine gewisse Beständigkeit, um an dem generellen Thema Feelgood dranzubleiben. Und ein Unternehmen hat auch mal eine gute und eine schlechte Zeit. Was zur Herausforderung werden kann, ist, dass man mit allerlei Themen konfrontiert wird, die manchmal auch sehr sensibel sind. Wo es auch um viel Unzufriedenheit oder Negativität geht. Da muss man lernen, sich auch emotional abzugrenzen, damit man diese Themen nicht mit in seinen Feierabend nimmt."

„Man muss aufpassen, dass man nicht als Psycholog:in gesehen wird oder als Mutti für alles. Da muss man den Ball dann immer wieder zurückspielen. Aber man darf Hilfe anbieten."

„Wenn es gut läuft und alle offen für die Maßnahmen sind, dann gibt es eigentlich keine Grenzen im Feelgood Management. Aber es kann natürlich schon sein, dass die Führungskraft sagt: 'Bis dahin und nicht weiter'. Finanzielle Mittel sind natürlich auch eine Grenze, wenn einfach kein Budget da ist. Und man muss auch ganz klar sagen: Es geht bei Feelgood Management nicht um 'Wünsch dir was'. Es ist wirklich so, dass die Mitarbeitenden aktiv am Feelgood Management mitgestalten sollen und dürfen und Maßnahmen umsetzen, die die Kultur wirklich nachhaltig verbessern."

„Ich erlebe auch, dass Mitarbeitende kündigen, während ich in dem Unternehmen tätig bin. Da beruhige ich die Führungskraft immer und sage: ‚Das könnte eben sein, dass diese Person nicht zu deinem Unter-nehmen passt und man das nun bemerkt. Ich rege ja schon Veränderungsprozesse an. Da ist es eben so, dass manche nicht mehr zu dir passen und das ist auch ok und dafür kommt dann jemand neues'"

„Grenzen gibt es wenige im Feelgood Management, außer, wenn die Geschäftsführung sagt, wir können das nicht umsetzen. Weil es das Budget oder die Räume nicht hergeben. Oder seien es andere Faktoren, die es einfach nicht möglich machen."

Kontroverse Außenwirkung von Feelgood Management:

Die Artikel über Feelgood Management im Internet häufen sich und dabei zeichnen sich drei Strömungen ab, wie Feelgood Management verstanden, abgestempelt oder verteidigt wird:

1. Alter Wein in neuen Schläuchen: Das gab´s doch schon immer, jetzt hat es nur einen „fancy" Namen!
2. Pausenclown mit Obstkorb: Eine eigentlich nicht wirklich ernstzunehmende Spaßveranstaltung!
3. Aufräumen mit den Vorurteilen: Erklären, was eigentlich wirklich dran ist am Feelgood Management!

Die Rolle von Feelgood Manager:innen in Unternehmen wird jedenfalls kontrovers bewertet und trifft vielerorts auf Unverständnis. Der Grund dafür liegt laut Gesing und Weber darin, dass eine durch das Feelgood Management angestrebte Neuausrichtung auch eine „neue Denkweise im Umgang mit Menschen und Arbeitsbeziehungen sowie deren Abbildung in organisatorischen Strukturen" erfordert. Dafür ist jedoch zunächst eine grundlegende Veränderungsbereitschaft notwendig.

Im Folgenden schauen wir uns die zentralen Punkte an, an denen das Feelgood Management laut meiner Recherche vor Herausforderungen steht oder sogar an seine Grenzen stößt – beziehungsweise die grundlegend darüber entscheiden, ob Feelgood Management funktionieren kann oder nicht.

Einstellung der Geschäftsführung:

Für ein erfolgreiches Feelgood Management ist es unabdingbar, dass die Geschäftsführung hinter den Maßnahmen steht, ein Wohlfühlumfeld während der Arbeitszeit anstrebt und dies auch glaubwürdig in der Organisation vertritt. Ist dies nicht der Fall, wird das Berufsbild Feelgood Management schnell als bloßes Etikett entlarvt und nicht mehr als glaubhaft oder ernstgemeint akzeptiert. Der Erfolg steht und fällt mit der konkret gelebten Führungskultur der Führungskräfte.

Freiwilligkeit der Maßnahmen:

Empfinden Mitarbeitende einen sozialen Druck oder die Erwartungshaltung, sie müssen die Angebote wahrnehmen, verfehlt Feelgood Management seine Wirkung: „Was dem einen Beschäftigten sehr gut gefällt, ihn inspiriert, motiviert und sogar eine Ressource für seine Gesundheit darstellt, ist für andere eher abschreckend" erklären die Professor:innen Bernhard Badura und Antje Ducki.

PROF. DR. BERNHARD BADURA (*1943), SOZIOLOGE AN DER FAKULTÄT FÜR GESUNDHEITSWISSENSCHAFTEN DER UNIVERSITÄT BIELEFELD, UND PROF. DR. ANTJE DUCKI (*1960), ARBEITS- UND ORGANISATIONSPSYCHOLOGIN AN DER BEUTH HOCHSCHULE FÜR TECHNIK IN BERLIN, GABEN DEN FEHLZEITEN-REPORT 2016 MIT DEM FOKUS „UNTERNEHMENSKULTUR UND GESUNDHEIT - HERAUSFORDERUNGEN UND CHANCEN" HERAUS.

„Es ist nicht die Aufgabe des Feelgood Managements, jemanden zu ändern oder in eine gewisse Richtung zu entwickeln. Das muss schon von den Menschen selbst ausgehen. Und wenn das von den Mitarbeitenden oder von der Führungskraft nicht gewollt ist und die Person sich dagegen wehrt, dann kann Feelgood Management noch so viel machen: Wenn die Umsetzung von den beteiligten Personen nicht gewollt ist, dann beißt die bzw. der Feelgood Manager:in auf Granit."

„Ich kann immer nur Impulse geben. Ich kann niemanden zwingen, etwas umzusetzen oder zu einem Team-event zu kommen, wenn die Person keine Lust hat."

„Oft kommt Freude, Erkenntnis und Dank von den Kolleg:innen. Natür-lich nicht von allen, aber von einigen. Und dann gibt es auch einige, die berührt das einfach nicht und man stößt auf Gleichgültigkeit. Das ist auch nicht schlimm, da ist eben jede:r unterschiedlich.“

Aufbau einer Vertrauensbasis:

Die Voraussetzung für den Erfolg von Feelgood Management ist eine persönliche und vertrauensvolle Beziehung zwischen der bzw. dem Feelgood Manager:in und den Mitarbeitenden. Kann diese Basis nicht aufgebaut werden, kann die bzw. der Feelgood Manager:in nicht erfolgreich sein, da es ihr bzw. ihm an Akzeptanz mangelt.

Messbarkeit des betriebswirtschaftlichen Erfolges:

Konkrete Kennzahlen lassen sich häufig nur indirekt auf die Arbeit des Feelgood Managements zurückführen, was zu Widerstand oder mangelnder Unterstützung seitens der Geschäftsführung führen kann.

Das sagen die befragten Feelgood Manager:innen dazu:

Die Feelgood Manager:innen bestätigten die aufgezählten Herausforderungen und messen ihren Erfolg deshalb primär an persönlichem Feedback und der empfundenen, glücklicheren Ausstrahlung der Mitarbeitenden sowie der gesamten Atmosphäre im Unternehmen. Sie spüren ihren Erfolg durch direkte Reaktionen und Dankbarkeitsbekundungen der Mitarbeitenden und das Vertrauen, das ihnen entgegengebracht wird. Sie nehmen ihr Feelgood Management dann als erfolgreich wahr, wenn eine gute Stimmung herrscht und die Maßnahmen durch die Mitarbeitenden aufgenommen und selbst umgesetzt werden. Einige Feelgood Manager:innen führen dazu gezielte Umfragen oder Skalierungsbefragungen durch, um die Zufriedenheit vor und nach einer Maßnahme zu erfassen. Die Interviewten betonten aber auch, dass eine strikte, „statische“ Messung des Erfolgs von Feelgood Management aufgrund der dynamischen Prozesse auf zwischenmenschlicher Ebene gar nicht funktionieren kann. Die Messbarkeit von Feelgood

Management wurde als besonders schwierig einstuft, da manche Effekte gar nicht oder nur schwer messbar sind oder nicht an harten Fakten erhoben werden können. Eine Aussage lautete sogar, dass Feelgood Management durch systematische Erfolgserhebung seinen Sinn verliert, wenn spezielle Wirksamkeitserwartungen „von oben“ daran geknüpft werden.

„Diese Effekte, dass sich die Haltung von Menschen verändert, kann man gar nicht wirklich messen.“

„Es ist immer schwierig mit der Messbarkeit von Feelgood Management. Was man zum Beispiel nicht einfach nachweisen kann, ist die Motivation der Mitarbeitenden, dass sie wieder mehr Lust auf die Arbeit haben. Dieses Glücksgefühl der einzelnen Mitarbeitenden. Wenn man acht oder neun Stunden in der Firma arbeitet und einen Job hat, der einem wirklich Spaß macht, dann wirkt sich das auch persönlich aus. Dass die Mitarbeitenden ausgeglichener sind und weniger krank werden. Das sind indirekte Effekte, die man deshalb nur schwierig nachweisen kann.“

„Den Erfolg kann man nicht an harten Fakten messen oder mit einem konkreten Tool. Ich messe den Erfolg, indem ich in meinen Follow-Ups Skalierungsfragen stelle: Inwieweit hat sich die Unternehmenskultur verbessert? Ich vergleiche die Antworten dann mit den vorherigen und sehe, wie sich die Zufriedenheit in bestimmten Bereichen verändert hat. Wenn das an einer Stelle zurückgegangen ist, muss man fragen, warum. Und auch, wenn es sich verbessert: Woran hat das gelegen? So messe ich, ob einzelne Maßnahmen gegriffen haben oder nicht.“

Größe des Unternehmens:

Je größer ein Unternehmen, desto schwieriger ist die zentrale Verortung des Feelgood Managements. Möglicherweise kann ein Konzept, welches auf Start-Ups zugeschnitten ist, nur schwer in gleicher Form auf etablierte Unternehmen angewendet werden. In diesem Fall ist es besonders angebracht, nicht einfach blind Konzepte zu übernehmen, sondern sie den äußeren Bedingungen anzupassen.

„Ich habe das Konzept des Feelgood Managements durch Start-Ups kennengelernt, die am Anfang acht Leute waren, wo jeder alles entschieden und gemacht hat. Und jetzt sind sie plötzlich 120 und da ist die Hölle los, weil ihre Kultur nicht mitgewachsen ist. Wenn du erstmal Schadensbegrenzung betreiben und aufräumen musst, kannst du auch nicht mit allen entspannt Kaffee trinken gehen, sondern da muss schnell was passieren. Feelgood Management funktioniert ganz unterschiedlich je nach Ausgangsituation

Führungsauftrag:

Durch die Etablierung von Feelgood Management darf die Fürsorge über das Wohlbefinden der Mitarbeitenden und die Gewährleistung produktiver Arbeitsabläufe als klassische Führungsaufgabe nicht einfach delegiert werden. Andersherum könnten Führungskräfte sich durch Feelgood Manager:innen in ihrem Verantwortungsbereich auch übergangen fühlen.

Überschneidungen mit anderen Funktionen wie HR-Abteilung, Betriebsrat und Betrieblichem Gesundheitswesen:

Wie weiter vorne bereits angerissen, muss Feelgood Management als sinnvolle Ergänzung zu anderen Bereichen definiert und abgegrenzt werden, ansonsten kann es als überflüssig oder sogar störend wahrgenommen werden.

„Wir haben jetzt auch Pilates-Kurse und es gibt auch Betriebe, die das noch weiter treiben Richtung geistige Gesundheit mit Meditation oder Autogenem Training. Das finde ich super wichtig und gut, wenn man es anbietet. Das hat für mich aber nichts mit Feelgood Management zu tun. Das sehe ich als Extraposten. Ich sehe mich mehr als die Vertrauens-person. BGM ist ein Angebot vom Betrieb, aber das hat jetzt nichts mit den Menschen an sich zu tun."

„Feelgood Management hat ganz eigene Aufgaben. Dabei geht es um Informationsfluss, Team- und Potenzialentwicklung. Das kann natürlich auch eine Personalabteilung machen, aber oft nicht so organisiert und strukturiert, wie es durchs Feelgood Management stattfindet."

„Ich würde Betriebliches Gesundheitsmanagement als Teil des Feelgood Management sehen. Wenn wir im Feelgood Management am Anfang die Mitarbeitenden befragen und dabei kommt raus: ‘Es bestehen Rückenprobleme, weil wir keine ergonomischen Möbel haben und wir bräuchten ein paar Gesundheitsmaßnahmen wie eine Rückenschule’, dann liegt es am Feelgood Management, das aufzunehmen: ‘Es hat sich herausgestellt, dass 90% der Befragten eine Rückenschulung bräuchten’. Und dann wäre die Handlungsempfehlung, dass etwas in Richtung BGM gemacht werden müsste. Die bzw. der Feelgood Manager:in übernimmt aber nicht das BGM selbst, sondern holt dafür eine:n externe:n Expert:in – es sei denn, sie bzw. er kann das selbst abdecken. Die Arbeit endet beim Feelgood Management eigentlich damit, Handlungsempfehlungen auszusprechen und entsprechend nachzuhalten, ob die Maßnahme zum gewünschten Ergebnis geführt hat und ob es sinnvoll war, das so zu machen.“

„Wenn Feelgood Management in der HR-Abteilung angesiedelt wird, ist das wie in der Schule, wenn der Vertrauenslehrer gleichzeitig derjenige ist, der Strafarbeiten aufgibt. Das passt in der Rolle nicht so richtig.“

„Ich finde, mit BGM allein ist es nicht getan, das ist nicht ganzheitlich. Die Kultur lebt ja nicht nur von Ernährung, Sport und Stressbewältigung, sondern vor allem durch das Miteinander. Dessen nimmt sich das Feelgood Management an, sich in die Menschen und ihre Bedürfnisse reinzufühlen. Das braucht einen Ge-samtblick und den hat für mich ein:e Feelgood Manager:in.“

Ernsthaftigkeit und Name des Konzepts:

Feelgood Management wird vielerorts als kurzlebige Modeerscheinung ohne Ernsthaftigkeit oder als bloße „Bespaßung“ empfunden. Hierbei könnte die Komplexität der Aufgaben und Ziele von Feelgood Management unterschätzt werden. Einige Unternehmen begrüßen das Konzept von Feelgood Management an und für sich, lehnen aber seinen Namen ab, weil er zu unseriös klingt.

„Am Anfang gab es viel Skepsis, allerdings mehr von außen: ‘Ach, ihr stellt jetzt schon jemanden ein, damit eure Leute mehr Überstunden machen’. Oder: ‘Es gibt doch nur eine Feelgood Managerin bei euch, weil die Arbeitsbedingungen sonst so schlecht sind’. Dadurch, dass die Rolle nach außen hin so unklar definiert ist, habe ich manchmal das Gefühl, dass sie auch manchmal als Mädchen-für-alles oder bloße Assistentin abgewertet wird.“

„Als Feelgood Manager:in wird man oft belächelt oder sogar als Clown der Firma hingestellt. Es geht beim Feelgood Management aber nie um Bespaßung. Das muss man den Mitarbeitenden auch immer wieder klipp und klar vor Augen halten. Es geht allein darum, die Mitarbeitenden zu aktivieren, den Arbeitsalltag besser zu gestalten.“

„Ein:e Feelgood Manager:in ist kein:e Animateur:in. Ich finde es ganz wichtig, da nicht ins Lächerliche gezogen zu werden. Es soll nicht gezwungen oder albern sein oder sogar noch andere Kolleg:innen stören – das ist für mich kein Feelgood Management.“

„Die Begrifflichkeit Feelgood Management ist mit Vorsicht zu genießen. Man muss die Leute auch erstmal begrifflich aufklären und erläutern, was dahintersteckt.“

„Es kommt oft die Frage, ob man das jetzt unbedingt Feelgood Management nennen muss. Da bekomme ich auch oft schlechte oder negative Kritik wegen des Namens. Viele tun sich mit dem Begriff ein bisschen schwer. Da antworte ich: ‚Ok, dann nenn es anders. Es geht dabei ja um deine Unternehmenskultur‘.“

Übertragen der Verantwortung über die Unternehmenskultur auf nur eine Person:

Insbesondere in größeren Betrieben kann es sinnvoll sein, ein so komplexes und vielschichtiges Thema auf mehrere Verantwortliche oder sogar Bereiche aufzuteilen. Außerdem steht für ein gutes Arbeitsklima jede:r Einzelne in der Verantwortung, sodass sämtliche Mitglieder des Unternehmens ihren Teil zum guten Arbeiten beitragen müssen – nicht nur die bzw. der Feelgood Manager:in.

„Man darf auch nicht die Last der ganzen Welt auf die Schultern der Feelgood Managerin bzw. des Feelgood Managers legen. Man kann sehr vieles zum Besseren verändern, aber einfach mal alles ändern geht nicht. Und ich musste mir auch erst mal bewusst machen, dass ich für keine Kündigung verantwortlich bin. Die Leute kündigen aus so vielen Gründen, aber ganz bestimmt nicht, weil die bzw. der Feelgood Manager:in es nicht geschafft hat, die Stimmung besser zu machen."

„Es ist naiv, zu glauben, dass wirklich eine Person allein die Unternehmenskultur komplett verändern kann."

Neutralität der Feelgood Managerin bzw. des Feelgood Managers:

Ein:e Feelgood Manager:in muss unabhängig und frei von Sanktionen agieren können, um ihren bzw. seinen Auftrag zu erfüllen. Ist das nicht gegeben, kann dies die Entwicklung eines Vertrauensverhältnisses mit den Mitarbeitenden erschweren.

Das sagen die befragten Feelgood Manager:innen dazu:

Die meisten Feelgood Manager:innen nannten als Herausforderung in ihrer Arbeit zunächst die Konfrontation mit unkooperativen Persönlichkeiten oder stark beeinflussende private Probleme, die in die Arbeit mit hineingetragen werden.

Ebenso war als Schwierigkeit von mangelnder Offenheit oder Weigerung gegenüber Veränderungen die Rede, insbesondere, wenn es um die Entwicklung der eigenen Haltung vor allem auch bei Führungskräften ging. Auch die Vereinbarkeit von jungen und alten Generationen wurde als teilweise schwierig aufgezeigt. Die meisten der Interviewten betrachteten den Begriff „Feelgood Management" als umstritten, da sie deswegen oft auf Skepsis, belächelte Klischees oder Abwertung treffen. Als Alternative wurde der Name „Kulturgestalter:in" genannt.

Einige empfanden auch das eher unklare Jobprofil als Herausforderung, da dies den gegenseitigen Austausch erschwert, die genaue Rolle nicht definiert ist und viele Unternehmen zwar die Stelle „Feelgood Manager:in" ausschreiben, aber eigentlich „nur" eine Office-Management-Stelle besetzen wollen.

In diesem Zusammenhang war es einigen Feelgood Manager:innen auch wichtig, eine klare Abgrenzung der eigenen Rollenübernahme und des Kompetenzbereichs zu schaffen, da ein:e Feelgood Manager:in weder Therapeut:in noch „Mutti für alles" ist. Es ist also als Feelgood Manager:in überaus wichtig, die eigenen Aufgaben genau zu kennen und abgrenzen zu können.

Trotz – oder gerade wegen – dieser großen Skepsis gewinnt das Berufsbild Feelgood Management immer mehr mediale Aufmerksamkeit, ob die (Vor-)Urteile ihm gegenüber nun berechtigt sind oder nicht. Fest steht, dass vielen Unternehmen immer bewusster wird, welche zunehmend wichtige Rolle das Wohlbefinden ihrer Mitarbeitenden für den Unternehmenserfolg spielt. Im folgenden Abschnitt gehen wir deshalb noch einmal explizit auf den Nutzen von Feelgood Management für Unternehmen ein.

NUTZEN VON FEELGOOD MANAGEMENT FÜR UNTERNEHMEN

„Es ist sehr schwer, heutzutage gute Leute zu kriegen und sie dann auch zu halten. Wenn die Leute in einer guten Atmosphäre arbeiten und ihnen das Team wichtiger ist als die Inhalte, dann bleiben sie auch länger. Das ist auch eine meiner Aufgaben als Feelgood Managerin: Die Stimmung für eine coole Arbeitsatmosphäre zu kreieren, in der jede:r gerne ist und bleibt. Es geht darum, etwas Einzigartiges zu schaffen und mit meiner Stelle einen Benefit zu bieten, den andere Unternehmen nicht haben."

„Ich bringe das Unternehmen dadurch weiter, dass ich einen roten Faden darin erkenne, was die Mitarbeitende bewegt und welche Veränderung sie sich wünschen."

„Das Feelgood Management schafft eine höhere emotionale Verbundenheit zum Unternehmen. Wenn du eine wertschätzende Unternehmenskultur hast, dann nimmt die Fluktuation ab und die Mitarbeitenden werden seltener krank. Sie sind motivierter und engagierter. Und zwar nicht, weil sie es sollen, sondern weil sie wollen und intrinsisch motiviert sind. Und sie treten natürlich auch gegenüber den Kund:innen anders auf: Der beste Weg, zufriedene Kund:innen zu bekommen, ist, zufriedene Mitarbeitende zu haben. Das strahlen sie einfach aus: Wenn es Innen passt, trittst du ganz anders nach Außen auf und bist die bzw. der Markenbotschafter:in deines Unternehmens. Und das Unternehmen bekommt dadurch im nächsten Schritt einen ganz anderen Auftritt in der Öffentlichkeit. Wenn du gute, neue Leute suchst, bist du natürlich durch Feelgood Management attraktiver. Die sehen: 'Wow, was die machen ist richtig gut und das ist super wertschätzend. Da möchte ich auch arbeiten'"

„Feelgood Management wirkt sich auf die Kommunikation aus, die Zufriedenheit, die Motivation, das Teamgefüge, den Teamspirit und das Wir-Gefühl. Das sind vor allem zwischenmenschliche Themen."

„Onboarding ist ein wichtiges Feld, wo man als Feelgood Manager:in einen Rahmen dafür schafft, dass die Mitarbeitenden sich wohl fühlen und wirklich Bock auf den Job haben. Da sind die Geschäftsführenden auch manchmal überfordert, weil sie die Bedürfnisse der Mitarbeitenden gar nicht kennen. Und je nachdem, wie groß das Unternehmen ist, haben die vielleicht auch gar nicht den Bezug zu ihren Leuten."

„Die Effekte von Feelgood Management merkt man daran, dass ein:e Mitarbeiter:in 100% zu der Firma steht und das Feelgood Management auch lebt, dieses Produkt lebt. Und dass man das auch an den Umsatzzahlen sieht."

„Unternehmen stehen vor den Herausforderungen der Schnelllebigkeit unserer VUCA Welt, der Arbeitswelt der Zukunft. Unternehmen haben sehr mit dem Thema Komplexität zu kämpfen: Alles ist unglaublich schnell, überall sind Daten, überall ist Wissen verfügbar. Und Feelgood Management schafft für mich die Brücke zurück zur Entschleunigung. Wer sind wir eigentlich? Wer steht hinter der Firma? Wie können wir als Team ein starkes Fundament bilden? Und welche Maßnahmen können wir umsetzen, damit das vor allem nachhaltig so bleibt?"

„Die Ziele des Unternehmens liegen darin, als Arbeitgeber attraktiv zu sein und die Mitarbeitenden langfristig zu binden. Das ist wichtig, weil wir in einer sehr schnelllebigen Zeit leben. Ich kann von heute auf morgen entscheiden, das Unternehmen zu verlassen – ich hab ja tausend andere Möglichkeiten. Und wenn ich als Unternehmen nicht aufpasse, ist mein:e Mitarbeiter:in schnell weg, wenn sie bzw. er ein besseres Angebot bekommt. Da ist es wichtig: Wie sichtbar bin ich als Arbeitgeber? Teile ich meine Vision? Und lasse ich meine Mitarbeitenden am Unternehmen mitwirken? Wenn ich meine Mitarbeitenden nicht auf die Reise mitnehme, dann verlieren sie auch an Motivation. Ich muss allen das Gefühl geben, dass sie ein Teil davon sind. Das finde ich wichtig aus Unternehmenssicht. Deshalb sollte jedes Unternehmen den Bereich Feelgood Management mit anschauen; eigentlich geht es gar nicht mehr ohne."

„Eine Herausforderung ist, dass viele Unternehmen eben noch denken, sie können ihre Mitarbeitenden allein mit materiellen oder monetären Benefits halten. Und dann wundern sie sich: ‚Die kriegen doch alles, es ist doch alles schön, was wollen die eigentlich?'. Sie verstehen nicht, dass sie gar nicht so viel tun müssten, sondern einfach nur Menschlichkeit gewünscht ist. Mehr Flexibilität. Dass ich eben wirklich die Möglichkeit habe, die Arbeit mit meinem Leben zu verbinden. Das ist das größte Bedürfnis der Menschen."

Lohnt sich Feelgood Management nun für Unternehmen?

Eine erste Meinungsbefragung über Feelgood Management vom Staufenbiel Institut 2014 in 197 deutschen Unternehmen zeigte kein besonders überzeugendes Bild: 42 % der befragten Personalentscheider:innen sahen Feelgood Management lediglich als „Tropfen auf den heißen Stein“ und 14 % verstanden es als reine Bespaßung, während sich nur 12 % der Befragten dafür aussprachen. Geringe 4 % planten, eine vergleichbare Stelle zu schaffen, während 32 % der Befragten keine klare Position bezogen.

DAS STAUFENBIEL INSTITUT IST DAS FÜHRENDE JOBPORTAL UNTER DEN SPEZIALJOBBÖRSEN FÜR STUDIERENDE, ABSOLVENT:INNEN UND YOUNG PROFESSIONALS UND UNTERSTÜTZT DIESE BEI EINEM ERFOLGREICHEN KARRIERESTART.

Die erste Feelgood Managerin von Spreadshirt, Stefanie Frenking, zog dagegen 2016 eine positive Bilanz, wonach Feelgood Management eine kostengünstige Strategie ist, welche positive Auswirkungen auf die Rekrutierung, die Bindung und das Engagement von Mitarbeitenden zeigt.

STEFANIE FRENKING IST SEIT 2011 FEELGOOD MANAGERIN BEI SPREADSHIRT. MIT IHRER ARBEIT SORGT SIE DAFÜR, DASS POTENZIELLE BEWERBER:INNEN DAS UNTERNEHMEN ALS ATTRAKTIVEN ARBEITGEBER WAHRNEHMEN UND DIE MITARBEITENDEN GERN ZUR ARBEIT KOMMEN. EIN WICHTIGER AUFGABENBEREICH IST DABEI DIE INTERNE KOMMUNIKATION, DIE SIE AUF SPIELERISCHE ART UND WEISE VERBESSERT.

Einige Quellen sprechen dem Feelgood Management einen allgemeinen wirtschaftlichen Nutzen für Unternehmen zu: Die Sprache ist dabei vom Einfluss guter Stimmung am Arbeitsplatz auf den Unternehmenserfolg und reduziertem Personalausfall, ebenfalls von Mitarbeiterbindung, geringeren Recruitingkosten und produktiveren Mitarbeitenden sowie dem allgemeinen Wertbeitrag von Feelgood Management für das Unternehmen.

Ein interessanter Artikel mit dem Titel „Feel-Good-Manager - Ein bisschen Google in deutschen Firmen“ im Handelsblatt 2014 gab dazu ein sehr anschauliches Beispiel: Bei der Gegenüberstellung von Kosten und Nutzen sagte der Geschäftsführer einer Kreativagentur zum ROI einer Feelgood Management Stelle: „Wenn jeder unserer Mitarbeiter dadurch 1,66 Prozent mehr Leistung bringen kann, ist die Stelle komplett refinanziert".

DER ROI (RETURN ON INVESTMENT) MISST DEN GEWINN ODER VERLUST EINER INVESTITION IM VERHÄLTNIS ZUM INVESTIERTEN GELDBETRAG. DER ROI WIRD NORMALERWEISE ALS PROZENTSATZ AUSGEDRÜCKT UND IN DER REGEL FÜR FINANZIELLE ENTSCHEIDUNGEN, ZUM VERGLEICH DER RENTABILITÄT EINES UNTERNEHMENS ODER DER EFFIZIENZ VERSCHIEDENE INVESTITIONEN VERWENDET.

Als gravierendster Punkt pro Feelgood Management werden die allgemeinen negativen Folgen für das Unternehmen genannt, sollte die Unternehmenskultur nicht positiv ausgeprägt und im alltäglichen Tun der Organisationsmitglieder verankert sein.

Nicht zuletzt darf der positive Einfluss, den Feelgood Management auf die Arbeitgeberattraktivität und damit die Akquise neuer Fachkräfte hat, nicht unterschätzt werden: „In der Start-up-Szene gehört es mittlerweile zum guten Ton, Feel Good Managerinnen für das Wohl der MitarbeiterInnen zu beschäftigen. Oft ist gelebtes Feel Good Management das Alleinstellungsmerkmal eines Arbeitgebers, wenn sich die begehrten Top-LeistungsträgerInnen zwischen mehreren Angeboten entscheiden können", so Fries.

Lange zählt dementsprechend folgende Indikatoren für die Erfolgswirkung von Feelgood Management auf:

› Rückgang von Kündigungen
› Rückgang von Krankheitstagen
› Zunahme von (Initiativ-)Bewerbungen
› Mehr Interesse von Freelancer:innen
› Verbesserung des Arbeitgeberimages (z.B. auf Bewertungsportalen wie kununu.com)
› Verbesserte Bewertung der Unternehmenskultur und der Arbeitszufriedenheit in internen Befragungen

Das sagen die befragten Feelgood Manager:innen dazu:

Die meisten Feelgood Manager:innen sahen direkte Effekte ihrer Arbeit auf einzelne Mitarbeitende und deren Stimmung, Motivation, Glück, Ausgeglichenheit und Gesundheit. Feelgood Management stößt laut der Interviewten unbewusste Prozesse an, welche sich auf das Team und das Wir-Gefühl auswirken. Es beeinflusst das Mindset der Mitarbeitenden, stiftet eine Bewusstheit über Zufriedenheit am Arbeitsplatz und lädt zum Umdenken ein. Die Effekte ihres Wirkens zeigten sich für die befragten Feelgood Manager:innen also in der kommunizierten und wahrgenommenen Zufriedenheit der Mitarbeitenden, welche wiederum durch ihre Reaktionen und ihr Verhalten die Unternehmenskultur ihrerseits positiv beeinflussen. Einige der Befragten führten auch den wirtschaftlichen Erfolg des Unternehmens als Effekt des Feelgood Managements sowie die verbesserte Zusammenarbeit im Team und ein besseres Miteinander an.

Insgesamt sind also viele „weiche“ Faktoren ausschlaggebend für den Unternehmenserfolg und der Nutzen von Feelgood Management liegt in diesem Sinne darin, die Rahmenbedingungen für ein anerkennendes und vertrauensvolles Arbeitsklima zu schaffen. Feelgood Management wirkt dementsprechend durch eine höhere Arbeitszufriedenheit auf Motivation, Leistungsbereitschaft, Commitment und Engagement der Mitarbeitenden.

Fries ist überzeugt: „Jedes Unternehmen, das eine Feel Good Managerin beschäftigt, gewinnt zufriedenere MitarbeiterInnen, ein harmonischeres Team und wird wirtschaftlich dauerhaft erfolgreicher“.

AUF EINEN BLICK

- Wachsende Erkenntnis in Unternehmen, dass eine werteorientierte Unternehmenskultur gebraucht wird, aber Unklarheiten in der konkreten Umsetzung
- Feelgood Management als ganzheitlicher, systematischer Ansatz zur Optimierung organisationaler Rahmenbedingungen durch sämtliche Maßnahmen, das Wohlergeben der Mitarbeitenden und damit auch ihre Arbeitsleistung zu erhöhen
- Ziel: Die reguläre Arbeitszeit im Büro angenehm und produktiv gestalten
- Breites Aufgabenfeld erstmals definiert im Jobprofil des Fraunhofer IAO
- Viele Voraussetzungen sind notwendig, damit Feelgood Management funktionieren kann, wie z.B. die Unterstützung der Geschäftsführung, das Vertrauen der Mitarbeitenden uvm.
- Der Nutzen von Feelgood Management für Unternehmen ist nur indirekt und nicht eindeutig messbar
- Feelgood Management ist ein zukunftsweisendes Konzept hin zu einer werteorientierten Unternehmenskultur

Für dich zum Nachdenken

- Was hast du Neues über Feelgood Management gelernt bzw. welche Informationen kanntest du noch nicht?
- Nach der Lektüre der ganzen Hintergrundinformationen aus der Arbeitspsychologie – wie schätzt du den Mehrwert von Feelgood Management im Spiegel der modernen Arbeitswelt ein?
- Was hast du für deine eigene Arbeit mitgenommen und wo lohnt es sich, die Dinge noch einmal kritisch zu hinterfragen?

LITERATUR

Badura, B., Ducki, A., Schröder, H., Klose, J., & Meyer, M. (Hrsg). (2016). Fehlzeiten-Report 2016: Unternehmenskultur und Gesundheit – Herausforderungen und Chancen.

Bertram, C. (2015). Feelgood-Manager. Ein Jobtitel als Statement. Personalwirtschaft, 12.

Berufsverband Feel Good Management. (2015). Berufsbild | Berufsverband Feel Good Management: http://www.berufsverband-fgm.com/berufsbild/

Deloitte. (2016). Global Human Capital Trends 2016: https://www2.deloitte.com/content/dam/Deloitte/global/Documents/HumanCapital/gx-dup-global-human-capital-trends-2016.pdf

Deutsche Presseakademie. Referentin Stefanie Frenking: https://www.depak.de/akademie/referenten/stefanie-frenking.

Dörhöfer, S. (2010). Management und Organisation von Wissensarbeit.

Franken, S. (2016). Führen in der Arbeitswelt der Zukunft: Instrumente, Techniken und Best-Practice-Beispiele.

Fraunhofer-Institut für Arbeitswirtschaft und Organisation. (2013). KAI Jobprofil Feelgood-Manager/in: https://goodplace.org/wp-content/uploads/2016/01/KAI-Jobprofile_Feelgood-Manager.pdf

Fries, C. (2016). Wie die Assistentin als Feel Good Managerin zum Geheimtipp für gelungenes Diversity Management wird. In P. Buchenau (Hrsg.), Chefsache Diversity Management.

Gallup. (2016). Engagement Index Deutschland 2015: https://www.gallup.de/183104/engagement-index-deutschland.aspx

Gesing, S., & Weber, U. (2017). Konzept und Berufsbild des Feelgood-Managements.

GOODplace: https://goodplace.org/

Greve, C. (2018). Feelgood-Manager: Möglichkeiten und Grenzen ihres Einflusses auf die Arbeitszufriedenheit. In C. von Au (Hrsg.), Anreizsysteme für Leadership-Organisationen: Employer Branding und Anreizsysteme der Next Practice.

Heise, W. (2009). Das kleine 1x1 der Organisationslehre.

Herget, J., & Strobl, H. (Hrsg.). (2018). Unternehmenskultur in der Praxis: Grundlagen – Methoden – Best Practices.

KPMG. (2015). 3. Deutscher Startup Monitor: https://deutscherstartupmonitor.de/fileadmin/dsm/dsm-15/studie_dsm_2015.pdf

Lange, J. (2019): Feelgood-Manager: Pausenclown oder Wertschöpfungsfaktor? In M. H. Dahm & S. Thode (Hrsg.), Strategie und Transformation im digitalen Zeitalter: Inspirationen für Management und Leadership.

Office Seminare: https://www.office-seminare.de/training/feel-good-manager-in-fresenius-zertifikat-onlinetraining.html

Weber, U., & Gesing, S. (2019). Feelgood-Management. Chancen für etablierte Unternehmen.

ZWISCHENFAZIT

Nach unserer Reise durch den Dschungel der Arbeits- und Organisationspsychologie haben wir uns die Informationslage zum Feelgood Management in der Literatur (soweit vorhanden) und der Außenpräsenz im Netz angesehen. Während meiner Beschäftigung mit diesem Thema konnte ich beobachten, wie die Onlineartikel, Blogbeiträge und Kommentare zum Schlagwort Feelgood Management kontinuierlich zunahmen und immer noch weiterwachsen. Das Thema gewinnt also immer weiter an Relevanz.

Im letzten Kapitel haben wir uns nun eine große Datenbasis in Bezug auf Feelgood Management geschaffen und viele Praxis-Insights aus den Interviews mit den befragten Feelgood Manager:innen erhalten.

Zusammenfassend kann man sagen, dass das relativ neue Berufsbild des Feelgood Managements eine Ausprägung eines neuen Werteverständnisses von Unternehmen ist. Der ganzheitliche Ansatz will eine werteorientierte Unternehmenskultur etablieren und stärken und dadurch zum Wohlbefinden der Mitarbeitenden im Unternehmen beitragen. Die positive Gestaltung der Unternehmenskultur als Erfolgsfaktor betrifft Unternehmen unterschiedlichster Branchen, die sich zukunftsbewusst ausrichten wollen. Ein Feelgood-Qualitätsrahmen gelebt durch Fairness, Offenheit, Kooperation und Gemeinschaft kann dabei auf unterschiedliche Weise erreicht werden. Grundsätzlich muss die Thematik in jedem Unternehmen jedoch im Sinne der Strategie des „best-fit" individuell behandelt und auf die jeweiligen Bedürfnisse und Rahmenbedingungen angepasst werden.

Zum jetzigen Zeitpunkt kann kein eindeutiger und direkter Zusammenhang zwischen Feelgood Management und Unternehmenserfolg belegt werden, was – wie mehrfach erwähnt – dem an sich schwer messbaren Konstrukt sowie der Vermittlung über andere Variablen geschuldet ist. Dennoch legen viele Studien und auch Einschätzungen aus der Praxis nahe, dass Feelgood Management ein zukunftsweisendes Konzept ist, wenn es um die Verbesserung der Arbeitszufriedenheit und damit indirekt um den Unternehmenserfolg geht.

In der Veränderung hin zu einer werteorientierten Unternehmenskultur kann Feelgood Management als ganzheitliches Instrument eingesetzt werden, um den aktuellen Herausforderungen auf dem Arbeitsmarkt zu begegnen. Oder, um es in den Worten von Weber und Gesing wiederzugeben: „Das Humankapital einer

Organisation und dessen Förderung wird als der strategische Erfolgsfaktor bewertet, und eine Feelgood-Kultur, ob sie nun explizit so heißt oder nicht, als Grundvoraussetzung gesehen".

Aufgrund des ungeschützten Begriffs und der variierenden, unternehmensspezifischen Einsatzbereiche des Feelgood Managements ist das Berufsbild sehr divers und es bleibt einerseits unklar, welche Maßnahmen tatsächlich im Feelgood Management eingesetzt werden, um die Unternehmenskultur nachhaltig zu verbessern. Andererseits stellt sich die Frage, ob beim Etablieren von Feelgood Management einer Systematik gefolgt werden kann im Sinne eines typischen Schritt-für-Schritt-Prozesses: Was sollten Feelgood Manager:innen nun konkret in welcher Phase tun, um eine gute Unternehmenskultur zu unterstützen?

Diese Fragen habe ich den sieben Feelgood Manager:innen gestellt und aus ihren Antworten ein solches Prozessmodell erarbeitet, welches phasenweise geordnet die einzelnen, genannten Maßnahmen beinhaltet. Das Ergebnis ist das Herzstück dieses Buches, das wir uns nun als nächstes anschauen: Prozess und Maßnahmen des Feelgood Managements!

04

Prozess und Maßnahmen des Feelgood Managements

Welche Prozessschritte gibt es im Feelgood Management?

Welche Maßnahmen werden dabei eingesetzt?

Was ist bei der Anwendung von Prozessmodellen und Maßnahmenkatalogen im Feelgood Management zu beachten?

04 PROZESS UND MAẞNAHMEN DES FEELGOOD MANAGEMENTS

INTERVIEWLEITFADEN

In diesem Kapitel stelle ich dir die zusammengefassten Ergebnisse der sieben Interviews mit den Feelgood Manager:innen aus der Praxis vor. Damit du besser nachvollziehen kannst, wie die Antworten der Interviewten zustande gekommen sind, findest du auf den nächsten Seiten den Interviewleitfaden, den ich mit jeder und jedem der Feelgood Manager:innen durchgegangen bin.

Der Leitfaden gliedert sich in zwei Hauptblöcke: Zunächst fragte ich nach den Maßnahmen, welche im Feelgood Management eingesetzt werden; also, was die Feelgood Manager:innen in ihrem Arbeitsalltag konkret tun und umsetzen. Außerdem wurde in diesem Teil auch nach Zielen und Effekten von Feelgood Management gefragt und zur Diskussion gestellt, inwiefern das Konzept in Bezug auf ähnliche Ansätze und Funktionen im Unternehmen abgegrenzt werden kann – einige Antworten darauf hast du bereits in den vorherigen Kapiteln lesen können.

Im zweiten Teil ging es dann darum, welche systematischen Schritte im Feelgood Management durchlaufen werden und wie genau das mit der Gestaltung der Unternehmenskultur zusammenhängt; also, wie die Befragten individuell vorgegangen sind, um Feelgood Management in ihrer Organisation zu etablieren. Weitere Themen waren in diesem Teil auch die Herausforderungen und Grenzen von Feelgood Management sowie die Art und Weise, wie die Interviewten ihren Erfolg messen. Auch dieser Teil dürfte dir schon bekannt vorkommen.

Frageblock 1: Maßnahmen – Welche Maßnahmen werden im Rahmen des Feelgood Managements eingesetzt?

1. Welche Tätigkeiten und Aufgaben übernimmst du als Feelgood Manager:in in deinem Unternehmen?

   a) Welche Aufgaben umfasst deine Stellenbeschreibung?
   b) Wofür bist du als Feelgood Manager:in verantwortlich?
   c) Kannst du (noch mehr/ konkrete) Beispiele nennen?
   d) Wie sieht ein Tag in deinem Berufsleben als Feelgood Manager:in aus?
   e) Welche Aufgaben fallen regelmäßig, z.B. jede Woche, an?
   f) Welche Maßnahmen setzt du konkret im Rahmen des Feelgood Managements um?
   g) Welche sichtbaren und welche nicht direkt sichtbaren Maßnahmen werden umgesetzt?

2. Was sind im Allgemeinen die Ziele von Feelgood Management?

   a) Wie werden diese Ziele erreicht?
   b) Welches Ziel verfolgt das Unternehmen damit?
   c) Welches Ziel verfolgst du persönlich?
   d) Welche direkten oder indirekten Effekte hat Feelgood Management?

3. Wie würdest du Feelgood Management zu ähnlichen Konzepten wie dem Betrieblichen Gesundheitsmanagement (BGM) oder der Human Ressources (HR) Abteilung abgrenzen?

   a) Inwiefern kann Feelgood Management andere Konzepte sinnvoll ergänzen?

4. In Bezug auf Führungskräfte:

   a) Welche Aufgaben übernimmt ein:e Feelgood Manager:in zusätzlich bzw. nicht?
   b) Wer muss alles ins Boot geholt oder beteiligt werden, damit Feelgood Management funktionieren kann?

Hast du noch Ergänzungen zum Frageblock 1?

Frageblock 2: Prozess – Welche Prozessschritte durchlaufen Feelgood Manager:innen im Zuge der Unternehmenskulturentwicklung?

1. Stell dir vor, du bist Berater:in für neue Feelgood Manager:innen. Kannst du eine Schritt-für-Schritt-Anleitung geben, um Feelgood Management im Unternehmen zu etablieren?

   a) Wie würdest du die Phasen benennen, die durchlaufen werden?
   b) Inwiefern siehst du darin ein systematisches Vorgehen?

2. Inwiefern kann Feelgood Management zur Gestaltung der Unternehmenskultur beitragen?

   a) An welchen Stellschrauben muss man drehen, um eine Unternehmenskultur positiv zu gestalten?

3. Welchen Problemen, Herausforderungen und Widerständen begegnest du als Feelgood Manager:in?

   a) Welche Voraussetzungen sind notwendig, damit Feelgood Management überhaupt funktionieren kann?
   b) Wo siehst du die Grenzen des Einflusses von Feelgood Management?

4. Wie misst du deinen Erfolg als Feelgood Manager:in?

Hast du noch Ergänzungen zum Frageblock 2 oder andere Anmerkungen?

Zur Auswertung der Interviews:

Aus den Antworten ergab sich ein zusammensetzbares Bild über die konkrete Anwendung von Feelgood Management in Unternehmen. Zur Auswertung der Interviews habe ich die Aussagen der Befragten zunächst themenweise geordnet. So war direkt ersichtlich, welche Aussagen von besonders vielen oder sogar allen Feelgood Manager:innen geteilt wurden und welche Schwerpunkte eher bei Einzelnen zum Tragen kamen.

Zur besseren Nachvollziehbarkeit, wie häufig die Feelgood Manager:innen gleiche Äußerungen machten, verwende ich im Folgenden diese Kategorisierung:

- Alle 7 = „alle“
- 5-6 = „die meisten“
- 3-4 = „einige“
- 1-2 = „manche“

Die Aussagen zu den Maßnahmen des Feelgood Managements ergaben einen umfassenden Einblick in die Grundhaltung von Feelgood Manager:innen, in ihre alltäglichen Aufgaben und in konkreten Tätigkeiten, die sie durchführen. Hierbei ist ein Gefühl für die Häufigkeit der Aussagen interessant, um eine Gewichtung der Aufgabenschwerpunkte herauszukristallisieren. Da der daraus entwickelte Maßnahmenkatalog aber vor allem auch als Inspirationsquelle dienen soll, sind dennoch auch die Aspekte interessant, die nur von wenigen Feelgood Manager:innen in ihrer Arbeit umgesetzt werden.

In Hinblick auf den Prozess des Feelgood Managements war mein Ziel, ein Phasenmodell abzubilden, das ein relativ systematisches Vorgehen beschreibt. Daher wurde hier eher auf die Gemeinsamkeiten geschaut als auf die Vielfalt. Die Feelgood Manager:innen beschrieben anhand einer Schritt-für-Schritt-Anleitung, wie sie in ihrem Unternehmen vorgegangen sind, und auch, was sie aus ihrer Expertise heraus für die einzelnen, von ihnen benannten Phasen empfehlen würden.

Hintergrundinformationen zu den Interview-Teilnehmer:innen:

Unter den befragten Feelgood Manager:innen waren fünf Frauen und zwei Männer. Das Durchschnittsalter lag bei 34 Jahren, wobei der Range von 27-46 Jahren ging. Vier von ihnen arbeiteten als angestellte Feelgood Manager:innen fest in einem Unternehmen, drei waren selbstständig und damit für verschiedene Unternehmen tätig. Von den Angestellten arbeiteten 50% ausschließlich in der Position als Feelgood Manager:in während die anderen 50% nur einen Teil ihrer Arbeitszeit auf Feelgood Management aufwendeten und außerdem andere Stellen oder Funktionen im Unternehmen bekleideten. Dabei trat auch einmal der Fall auf, dass die ausgeführte Tätigkeit zwar dem Feelgood Management zuzuordnen ist, sie aber nicht als solche gelabelt wurde. Die Unternehmensgröße der angestellten Feelgood Manager:innen variierte von 25 Mitarbeitenden bis zu mehreren Tausend, wobei die Feelgood Manager:innen dann nur für eine bestimmte Abteilung zuständig waren oder zwischen verschiedenen Abteilungen rotierten. Die Beschäftigungsdauer umfasste zum Zeitpunkt der Interviews im Mittel 13 Monate mit einem Range von 8 bis 21 Monaten. Dabei ist zu beachten, dass damit der Startpunkt der Anstellung bzw. der Selbstständigkeit gemeint ist, dem oftmals einschlägige Vorerfahrung vorausging. Alle Selbstständigen gaben die „Fachausbildung GOODplace® Certified Feelgood Manager" als qualifizierende Weiterbildung an, während alle angestellten Feelgood Manager:innen keine solche Weiterbildung durchlaufen hatten.

Im folgenden Kapitel stelle ich zunächst die erwähnte Grundhaltung einer Feelgood Managerin bzw. eines Feelgood Managers vor. Anschließend erläutere ich das erarbeitete Prozessmodell anhand der einzelnen Prozessphasen. Die konkreten Tätigkeiten und Maßnahmen werden den Phasen entsprechend zugeordnet und ebenfalls im Einzelnen vorgestellt. Am Ende des Buches findest du ab S. 237 außerdem noch einmal eine Zusammenfassung von Prozessmodell und den Feelgood-Maßnahmen auf einen Blick!

Nun aber: Viel Spaß beim Einstieg in die Arbeitswelt der befragten Feelgood Manager:innen!

GRUNDHALTUNG EINER FEELGOOD MANAGERIN BZW. EINES FEELGOOD MANAGERS

„Damit Feelgood Management funktioniert, muss ein:e Feelgood Manager:in diese Arbeit verinnerlicht haben; es muss von Innen kommen. Man sieht, ob etwas mit Liebe gemacht wird. Es muss ernst gemeint sein, die Person muss dafür gemacht sein und es muss Zeit dafür sein, dass die Mitarbeitenden das auch wahrnehmen und annehmen können."

„Man kann Feelgood Management mit einer bzw. einem Klassensprecher:in vergleichen. Eine Person, die ein bisschen beliebt ist und sich eben auch die Mühe macht, mit jedem zu quatschen. Die auch Verantwortung übernimmt für die Herde."

„Feelgood Management sollte sehr einfühlsam sein."

„Als Feelgood Manager:in muss man eine hohe Kommunikationsfähigkeit haben. Man muss kreativ sein, Menschenkenntnis und Empathie mitbringen und flexibel sein. Man braucht ein Organisationstalent und Eventmanagement-Skills."

„Im Feelgood Management gehe ich voll auf, weil es meinen Gaben und Interessen entspricht. Es liegt mir sehr am Herzen, mit Menschen zu arbeiten; Individuen und Potenziale zu entwickeln. Ich denke, dass jeder Mensch so viel Potenzial in sich trägt. Manchmal muss man das ein bisschen raus kitzeln. Ich sehe das als persönliche Herausforderung, jede:n Einzelne:n zu ermutigen und im Einzelgespräch zu gucken: Wo steht diese Person jetzt gerade, was wäre ein nächster kleiner Entwicklungsschritt in eine gute Richtung? Es ist mir auch wichtig, dass die Teams zu einem immer harmonischeren Miteinander kommen. Ich freue mich da immer ungemein, wenn ich dann höre, dass sie einfach funktionieren, gut miteinander klarkommen, sich unterstützen und ein freundliches Miteinander haben."

„Ich möchte etwas bewegen und voranbringen mit meiner Arbeit als Feelgood Managerin. Und wenn ich merke, dass ich etwas gut umsetzen konnte, dann macht mich das auch super happy. Ich habe immer im Kopf: ‘Was ist das Ziel? Was ist die nächste Aufgabe? Was will ich umsetzen und wie könnten wir das erreichen?’ Es macht mir super viel Spaß, ganz viel mit Menschen zu tun zu haben, das ist echt mein Ding."

„Es wird immer Hochs und Tiefs geben und man kann nicht immer alle begeistern. Darum soll es auch nicht gehen oder darum, jeden Tag irgendeine

fröhliche Rolle zu spielen, sondern authentisch zu sein. Auch ein:e Feelgood Manager:in hat mal einen nicht so guten Tag.“

„Manchmal wird das auch belächelt, warum man da jetzt jemanden als Feelgood Manager:in hat. Aber wenn die Leute wissen: ‘Wir haben jemanden, der da voll dahintersteht und sich um unsere Belange kümmert’, dann bin ich komplett richtig.“

„Feelgood Management muss authentisch bleiben. Feelgood Management, das zu arg systematisiert wird, ist nicht authentisch. Die bzw. der Feelgood Manager:in soll die Person sein, die sie bzw. er ist.“

Im Verlaufe der Interviews äußerten die Feelgood Manager:innen verschiedene Beschreibungen und Charakteristika ihres Berufes oder ihrer Vorstellung davon, was eine:n Feelgood Manager:in ausmacht. Diese Aussagen zeichnen ein Grundverständnis einer „Feelgood Management Persönlichkeit“, in der sich sowohl Persönlichkeitsmerkmale, Werte als auch Fähigkeiten wiederfinden.

Alle Feelgood Manager:innen äußerten Empathie als zentrales Merkmal einer Feelgood Managerin bzw. eines Feelgood Managers in verschiedenen Facetten wie Einfühlungsvermögen, Sensibilität, Fürsorge, Gespür, Feingefühl, Herzlichkeit, Beziehungsfähigkeit, Menschenkenntnis, Fähigkeit zur zwischenmenschlichen Arbeit, Wahrnehmung und Wertschätzung der Mitarbeitenden. Die meisten Feelgood Manager:innen erwähnten außerdem einen intrinsischen Antrieb und eine ausgeprägte Begeisterungsfähigkeit, Freude sowie die Bereitschaft zum Austauschen, Lernen und Weiterbilden als ausschlaggebend. Für einige war insbesondere die Authentizität und Seriosität als Feelgood Manager:in wichtig, was als Verinnerlichung eines persönlichen guten Wohlbefindens und Spiegelung dessen nach außen als gutes Vorbild verstanden wurde.

Ferner wurden Fairness, Zurückhaltung, Verantwortlichkeit, Neutralität, Helfen, Sympathie, Offenheit, Flexibilität, Kreativität sowie Beständigkeit und Ausdauer als Merkmale genannt.

Im nächsten Impulsbeitrag erläutert Maggie Rogge die Feelgood Skills bzw. Qualitäten einer guten Feelgood Management Persönlichkeit.

FEELGOOD SKILLS – QUALITÄTEN EINER GUTEN FEELGOOD MANAGERIN BZW. EINES GUTEN FEELGOOD MANAGERS

IMPULS VON MAGGIE ROGGE

Das wichtigste im Feelgood Management ist für mich Vertrauen und dass die Mitarbeitenden einen Zugang zu mir als Feelgood Managerin bekommen.

Es ist wichtig, dass ich keine typische Unternehmensberaterin bin, die als Expertin auftritt und sagt, was zu tun ist. Weil ich genau das nicht mache, gewinne ich schnell das Vertrauen der Menschen – ohne dass ich eine Rolle spielen muss, weil ich Feelgood Management wirklich authentisch lebe.

Als Feelgood Managerin muss ich mich in die Kultur und das Miteinander im Unternehmen reinspüren können. Es ist wichtig, dass man als Feelgood Manager:in eine große Feinfühligkeit besitzt: Man muss viel beobachten und fühlen, wo die Unstimmigkeiten sind.

Das Ziel von Feelgood Management sehe ich in allererster Linie darin, die Menschen zu verbinden: Was kann ich tun, um das Fundament zu stärken, um Menschen wieder zusammen zu führen? Und dabei geht es auch darum, eine gute Balance zwischen der Effektivität im Unternehmen, was die Prozesse und Arbeitsabläufe angeht, und diesem gewissen Urmoment im Zwischenmenschlichen zu schaffen.

Als Feelgood Managerin bin ich Vertrauensperson und Ansprechpartnerin. Ich bin dafür verantwortlich, die Menschen wieder zu verbinden und das Team wieder wirklich ein Team sein zu lassen. Darin liegt auch der Schlüssel zum Unternehmenserfolg: Wenn dein Team nicht funktioniert, dann helfen auch keine Benefits oder viel Lohn – heutzutage sind ganz andere Dinge ausschlaggebend: Die größten Stellschrauben im Unternehmen sind die Themen Kommunikation und Miteinander.

Als Feelgood Managerin schaue ich darauf, welche Faktoren die Menschen auseinanderbringen und welche Möglichkeiten es im Unternehmen gibt, mehr Begegnung zu schaffen: Es geht um die Gemeinschaftsmomente und das alltägliche Miteinander.

Feelgood Management wirkt sich sehr direkt auf die Menschen im Unternehmen aus, sowohl auf die Mitarbeitenden als auch auf die Führungskräfte. Deshalb ist das wichtigste an einer bzw. einem Feelgood Manager:in auch ihre bzw. seine persönliche, menschliche Eignung dazu: Die Fähigkeit der Empathie und das Einfühlungsvermögen für die Stimmung, welche im Unternehmen herrscht.

MAGGIE JOSEPHIN ROGGE (30 Jahre, Leipzig) ist Gründerin von Feelgood Artist und inspiriert als Feelgood Managerin Menschen und Unternehmen dazu, Arbeitsumfelder der Begeisterung entstehen zu lassen, in welchen sich alle Mitarbeitenden wohlfühlen, entfalten können und einfach happy sind. Ihre Arbeit als Gestalterin für Unternehmenskultur ist charakterisiert durch tiefe Detailliebe, optimistische Planungen, kreative Ideenausbrüchen und liebevolle Herzlichkeit.

Weitere Infos auf: www.feelgood-artist.de

PROZESS DES FEELGOOD MANAGEMENTS

„Als ich als Feelgood Managerin angefangen habe, da gab es noch kein Feelgood Management Konzept. Das heißt, die konkreten Ziele und Aufgaben waren noch gar nicht definiert und haben sich erst über die Zeit herauskristallisiert."

„Ein Prozessmodell finde ich sehr hilfreich. Manchmal weiß ich gar nicht, wo ich anfangen soll und welche Struktur dahintersteht, weil ich alles selbst noch ausprobiere."

„Ich würde diesen Prozess schon systematisch so empfehlen: Erst alles kennenlernen, die Abteilungen, die Menschen, und dann ein Feingefühl entwickeln für die einzelnen Bereiche und Menschentypen. Was sich aber unterscheidet, ist, was die Mitarbeitenden bewegt, was die Unzufriedenheitspunkte sind und welche Maßnahmen daraufhin angesetzt werden können. Das kommt auch darauf an, was für Menschen da sitzen und ob es eher um Spaß-faktoren geht, um das Miteinander oder richtige Konflikte. Das muss das Feelgood Management rausfinden."

„Ein Prozessmodell finde ich hilf-reich für Neueinführung von Feelgood Management als Orientierung welche Phasen es geben kann und was noch folgt. Da ist es hilfreich, eine Guideline zu haben. Dann könnte man alles reibungsloser einführen. Man macht am Anfang viele Fehler aus Unwissenheit, man probiert viel und schaut, wie es läuft. Das könnte man auch einfacher haben."

„Inhaltlich, würde ich sagen, ist Feelgood Management individuell. Vom Vorgehen her hat es aber ein absolutes System, einen roten Faden: Du kannst zum Beispiel nicht mit der Maßnahmenerarbeitung anfangen, ohne dass du weißt, wie es im Unter-nehmen ausschaut, also ohne die Bestandsaufnahme."

Um den Prozess der Etablierung von Feelgood Management in Unternehmen zu erfassen, habe ich die Feelgood Manager:innen in den Interviews gebeten, eine Schritt-für-Schritt-Anleitung zu geben, wie sie selbst vorgegangen sind. Anschließend wurden sie aufgefordert, die von ihnen genannten Phasen zu benennen. So entstanden sieben einzelne Prozessbeschreibungen, die ich anschließend übereinanderlegte, um Ähnlichkeiten und Gemeinsamkeiten zu identifizieren. Außerdem orientierte ich mich bei der Erarbeitung des Prozessmodells an den aus der Literatur bekannten Veränderungsmodellen (Lewins Drei-Phasen-Modell der Veränderung, 5-Stufen-Modell von Krüger, Königswiesers Modell der Systemisch-komplementären Schleife), die wir uns im Kapitel „Kulturwandel in Unternehmen“ (S. 55) bereits angeschaut haben.

Die Zusammenfassung der Erkenntnisse aus den Interviews gemixt mit den Wandelmodellen ergab dieses Bild als Prozessmodell für Feelgood Management:

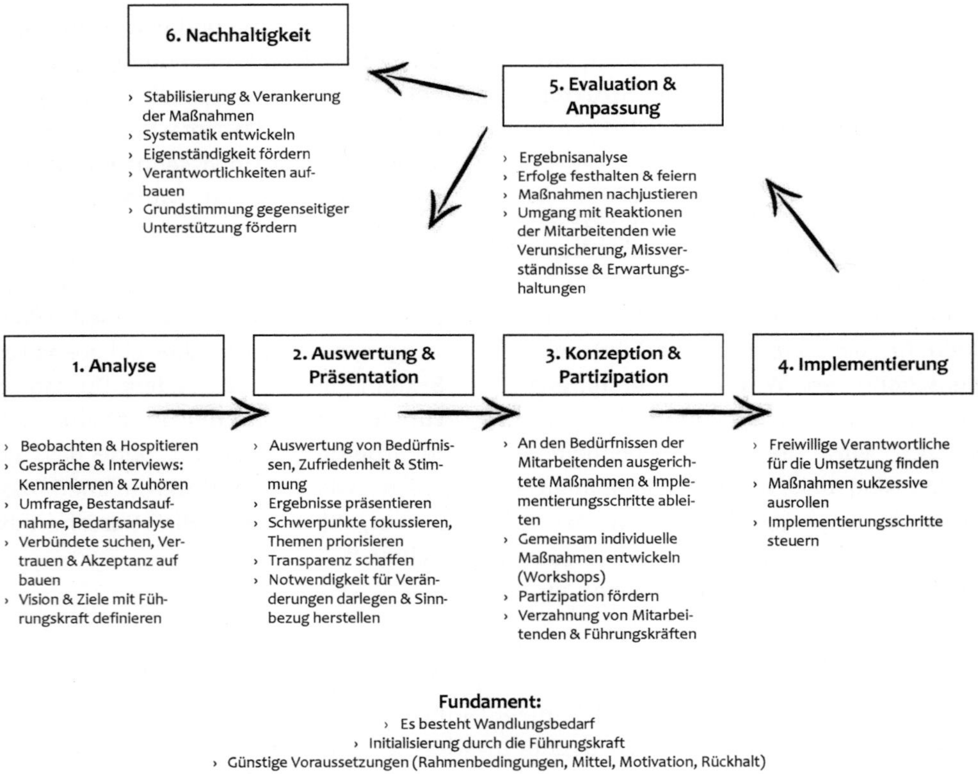

Zu Beginn nannte ich als leitende Forschungsfragen zum Prozess des Feelgood Managements folgendes:

- Welche Prozessschritte durchläuft Feelgood Management zur Gestaltung der Unternehmenskultur?
- Zeigt sich ein strukturiertes, systematisches Vorgehen bei Feelgood Management in Unternehmen?

Dabei kam ich durch die Interviewergebnisse zu der Antwort, dass zur Gestaltung der Unternehmenskultur zunächst ein passendes „Fundament" bestehen muss, auf dem dann ein Prozess der einzelnen Phasen 1. „Analyse", 2. „Auswertung & Präsentation", 3. „Konzeption & Partizipation", 4. „Implementierung", 5. „Evaluation & Anpassung" sowie 6. „Nachhaltigkeit" erfolgt.

Zu berücksichtigen ist dabei, dass so ein idealtypisches Phasenmodell lediglich als Hilfsmittel in der Planung von Kulturveränderungen gesehen werden darf und im individuellen Fall an das jeweilige Unternehmen und die Menschen darin angepasst werden muss.

In Bezug auf den zweiten Teil der Forschungsfrage hat sich gezeigt, dass sich durchaus ein strukturiertes und systematisches Vorgehen bei der Etablierung von Feelgood Management im Unternehmen abzeichnen lässt. Die meisten Feelgood Manager:innen bestätigten dies unter dem Augenmerk, dass das Ablaufen dieser Prozessschritte sinnvoll und notwendig ist, die darin angewendeten Maßnahmen jedoch individuell und bedarfsgerecht erarbeitet werden müssen.

Nun wagen wir einen tieferen Blick in die einzelnen Phasen und welche Maßnahmen dazu von den Feelgood Manager:innen angewendet und angeraten werden.

EINZELNE PROZESSSCHRITTE UND ZUZUORDNENDE MAẞNAHMEN

„Man kann nicht einfach kommen und Maßnahmen einführen. Man muss erst checken: Wie ist die Lage, wie sind die Leute drauf? Und dann: Welche Maßnahmen passen zur Stimmung und den Menschen, auf die ich treffe?“

„Im Feelgood Management gibt es keinen festen Maßnahmenkatalog. Es gibt eine gewisse Auswahl an Methoden, die man benutzen kann, aber wichtig ist das Talent, die Maßnahmen genau auf das Team anzupassen.“

„Im Feelgood Management musst du eigene Erfahrung sammeln. Ein Maßnahmenkatalog könnte aber ein Leitfaden sein, um Ideen und Inspiration zu bekommen.“

„Feelgood Management muss man wirklich individuell machen. Es kommt immer darauf an, was du für ein Unternehmen hast. Manche Unternehmen machen ja zum Beispiel schon Mitarbeiter-Befragungen. Da ist dann die Frage, wie man deren Ergebnisse beim Feelgood Management einsetzen kann. Oder man macht eine große Interviewrunde – das hängt auch von der Größe des Unternehmens ab. Das geht nicht nach Schema F. Man muss schauen, welche Möglichkeiten es gibt und was am besten passt.“

„Als Feelgood Managerin muss ich so flexibel sein, dass ich zwar das Systematische verfolgen kann – die Abläufe, die Ziele und dass Maßnahmen umsetzt werden – aber eben trotzdem spontan auf aktuelle Anliegen reagieren kann. Dass ich mir selbst die Beweglichkeit bewahre.“

„Man kann im Feelgood Management nicht einfach immer mit denselben Tools arbeiten. Es kommt immer darauf an, wo die Schwerpunkte im Unternehmen liegen. Man kann nicht ein und dasselbe Feelgood-Konzept überall drauf bügeln.“

Die befragten Feelgood Manager:innen gaben in ihren Antworten sowohl Einblicke in ihren allgemeinen Tätigkeitsbereich als auch in konkrete Maßnahmen. Unter dem Tätigkeitsbereich von Feelgood Management wird in diesem Buch all das verstanden, womit Feelgood Manager:innen ihre Arbeitszeit verbringen oder was ihre Stellenbeschreibung zum Leben erweckt. Dieses Feld ist teilweise breit und eher unspezifisch und wird in den einzelnen Maßnahmen dann greifbarer.

Unter Maßnahmen werden an dieser Stelle konkrete Handlungen verstanden, die etwas Bestimmtes bewirken sollen. Teilweise sind Maßnahmen, Aufgaben und Tätigkeitsbereich nicht ganz trennscharf voneinander zu unterscheiden, weisen aber doch im Großen und Ganzen etwas unterschiedliche Qualitäten auf. In den folgenden Prozessschritten beschreibe ich deshalb sowohl, was die Feelgood Manager:innen im allgemeinen Tagesgeschäft bewirken, als auch die spezifische Umsetzung konkreter Ideen.

Bevor wir loslegen sei noch einmal angemerkt, wie sehr alle Feelgood Manager:innen betonten, dass sämtliche Maßnahmen individuell an die vorherrschenden Bedürfnisse und Gegebenheiten angepasst werden müssen. Feelgood Management funktioniert nie „nach Schema F", es gibt kein „One size fits all" und keine „Best Practices", sondern allerhöchstens „Good Practices".

Dann schauen wir uns diese Good Practices einmal im Einzelnen an!

VOR DEM PROZESS: DAS FUNDAMENT

- Es besteht Wandlungsbedarf
- Initialisierung durch Führungskraft
- Günstige Voraussetzungen (Rahmenbedingungen, Mittel, Motivation & Rückhalt)

„Kulturwandel geht nicht ohne die Führungskräfte. Wenn die nicht auf deiner Seite sind, kannst du tun und machen, was du willst: Es funktioniert nicht.“

„Wir sind ein Familienunternehmen, in dem der Vorstand immer das letzte Wort hat. Meine Chefin hat das Feelgood Management Konzept entwickelt und es beim Vorstand gepitched. Der hat es abgesegnet und gesagt: ‘So! Das machen wir!’ Dann ist er mit dieser Selbstverständlichkeit in die Bereiche gegangen und hat die Entscheidung verkündet. Erst waren da alle skeptisch: ‚Was ist das? Ist das nicht wieder nur so ein Marketing-Ding?‘ Aber der Vorstand stand voll dahinter und dann hat es sich am Ende auch durchgesetzt. Also in diesem Fall musste das von ganz oben kommen und dann wurde es auch weitergetragen.“

„Damit Feelgood Management funktioniert, braucht es definitiv die Bereitschaft der Führungskraft; sie ist immer noch das Zugpferd, an dem die Mitarbeitenden sich orientieren. Ich brauche die Begeisterung für das Thema Feelgood Management, das ist oberste Priorität. Ich brauche Mitarbeitenden, die Lust haben, etwas mitzugestalten. Die hinter der Firma stehen wollen.“

„Geld muss da sein. Es gibt viele gute Ideen, aber es hilft nichts, wenn du sie nicht umsetzen kannst. Genauso muss es auch ok sein, dass ich ein Team einen Tag lang für Workshops oder Teamevents rausnehmen kann. Wenn das von oben so akzeptiert wird, läuft es: Budget und Akzeptanz.“

„Auf jeden Fall braucht die Geschäftsführung Offenheit für das Thema. Sie muss dahinterstehen, vom Mehrwert überzeugt sein und sich darauf auch einlassen wollen. Das geht nicht nach dem Motto: ‘Naja, im Moment ist Feelgood Management in und das klingt nach außen auch sexy, aber bitte lasst mich damit in Ruhe’. Dann ist es nicht authentisch. Zum anderen muss auch die Offenheit der Mitarbeitenden da sein, die ja nicht per se gegeben ist. Feelgood Management heißt natürlich auch, dass wir manchmal aus unserer Komfortzone raus müssen. Die Menschen haben

oft Angst vor Veränderung bis sie merken, dass sie beim Feelgood Management selbst mitentscheiden und nur Maßnahmen umgesetzt werden, die sie auch möchten. Dass sie also an ihrem Baby mitgestalten dürfen. Oft ist dann die Begeisterung groß und die Motivation da.“

„Wenn die Kolleg:innen den Mehrwert von Feelgood Management nicht erkennen, gerät das ganze ins Wanken und ich weiß nicht, ob es dann überhaupt noch Sinn macht. Wenn Feelgood Management gar nicht gefragt ist, dann kann man es sich auch schenken.“

„Wichtig ist ein Impuls über das Thema: Was ist Feelgood Management? Das ist wichtig als Einführungsphase, damit sowohl die Geschäftsführung als auch die Mitarbeitenden wissen, was da los ist.“

„Die große, anfängliche Herausforderung für jede:n Feelgood Manager:in – und damit steht oder fällt das Ganze – ist: Wird sie bzw. er in seiner Person, die er bzw. sie ist, angenommen von der Mitarbeitendenschaft? Können die mit ihr bzw. ihm? Stimmt die Chemie?“

Beim Vergleich der Interviews zeichnete sich ab, dass Feelgood Management erst dann sinnvoll eingesetzt werden kann, wenn bereits ein Wandlungsbedarf gesehen wird und eine Initialisierung durch die Führungskraft oder die Geschäftsführung stattgefunden hat.

Es muss also ein grundsätzliches Fundament aus günstigen Voraussetzungen wie passende Rahmenbedingungen, Mittel, Motivation der Mitarbeitenden und Rückhalt seitens der Führungskräfte bestehen, um Feelgood Management erfolgreich umzusetzen.

In der Praxis zeigt sich sicherlich auch oft der Fall, dass es als Aufgabe des Feelgood Managements gesehen wird, diese Rahmenbedingungen erst zu schaffen bzw. mitzugestalten. Doch es steht fest: Ohne das Mandat „von oben“ geht es nicht. Alle Feelgood Manager:innen nannten den Rückhalt und die aktive Unterstützung der Geschäftsführung bzw. Führungskräfte als Voraussetzung für das Gelingen des Feelgood Managements ebenso wie die Motivation, Bereitschaft und Offenheit seitens der Mitarbeitenden.

Kulturwandel muss also einerseits strategisch gewollt sein und ist andererseits auch zu einem guten Teil abhängig von der Mitgestaltung der Mitarbeitenden.

Natürlich kann es auch die anfängliche Aufgabe des Feelgood Managements sein, zu sensibilisieren, solche Voraussetzungen zu erarbeiten und den Weg für erfolgreiche Maßnahmen zu ebnen. Aber man muss sich dabei bewusst sein, dass ohne die Unterstützung von Führung und Partizipation der Mitarbeitenden Feelgood Management nicht viel ausrichten kann.

Einige der Befragten nannten außerdem als Voraussetzung die Verfügbarkeit von finanziellen Mitteln; Freiheiten und Zeit, Teams zur Durchsetzung von Maßnahmen zu binden; sowie grundsätzlich passende Rahmenbedingungen in Bezug auf Arbeitsgestaltung und Räumlichkeiten. Ganz ohne Budget ist es natürlich schwer, außerordentliche Maßnahmen durchzuführen. Hat das Team nie die Freiheit, am Programm des Feelgood Managements teilzunehmen oder wird eine Haltung vorgelebt, dass dies verlorene Zeit sei, kann Feelgood Management auch nicht sinnvoll eingesetzt werden.

Und natürlich hat Feelgood Management auch seine Grenzen (die wir uns bereits auf S. 111 angesehen haben), wenn die Unzufriedenheit der Mitarbeitenden durch grundsätzliche Arbeitsbedingungen oder räumliche Beeinträchtigungen hervorgerufen wird.

Hier könnte es aber Teil des Feelgood Managements sein, diese Faktoren zu identifizieren und im Verlauf des Prozesses auf eine Veränderung bzw. Verbesserung einzuwirken – sofern dies eben möglich ist.

Gleich schauen wir auf den ersten Prozessschritt, den der Analyse, der erfolgen kann, wenn ein Fundament der Bereitschaft für Feelgood Management besteht.

Zunächst verrät aber Theresa Kultschytzky in ihrem Impulsbeitrag den Dreh- und Angelpunkt und damit die Basis ihrer Arbeit als Feelgood Managerin.

DER WICHTIGSTE RAT IM FEELGOOD MANAGEMENT: LERNE DIE LEUTE KENNEN!

IMPULS VON THERESA KULTSCHYTZKY

Mein wichtigster Rat ist: Lerne die Leute kennen. Bei sehr großen Unternehmen kann man natürlich nicht jede:n persönlich kennen. Aber ich kann die Namen zuordnen (und ich war mit sehr vielen Kolleg:innen schon Kaffee trinken). Diese Mühe würde ich mir wirklich machen. Und wenn du es nicht schaffst, jede:n Einzelne:n kennenzulernen, dann nimm die Schlüsselpersonen.

Ich habe angefangen, die Manager:innen kennenzulernen, mir dann die SCRUM-Master vorgenommen, die Teamleads und dann noch die Mitarbeiter:innen, die entweder super schüchtern oder super laut sind, ganz querbeet. Such' dir Schlüsselfiguren, die dir verraten, wie es so läuft. Lerne die Leute kennen und nimm die Stimmung wahr. Achte darauf, dass du in die Rolle hineinwächst und nicht von außen Feelgood Management aufstülpst, sondern von innen heraus entwickelst.

THERESA KULTSCHYTZKY (28 Jahre, München) wünscht jedem Menschen einen Arbeitsplatz, an dem er so sein kann, wie er möchte, und sich damit pudelwohl fühlt. Seit 2018 ist sie als Feelgood Managerin tätig und hat es sich zum Ziel gesetzt, die vielen internationalen Kolleg:innen, die an den verschiedensten Projekten arbeiten, zusammenzubringen und mit ihnen einen solchen Arbeitsplatz aufzubauen. Durch Wertschätzung und Teamgeist kreiert Theresa eine offene und kreative Arbeitsatmosphäre, die Fokus, Leidenschaft und vor allem das eigene Wohlbefinden fördert. Als sie mit diesem ambitionierten Projekt startete, musste sie die nötigen Maßnahmen von Grund auf neu entwickeln, doch sie merkte gleich, dass die Kolleg:innen ihre neue Rolle dankbar annahmen und sie auf ganzer Linie unterstützten. Dank Theresas empathischen, offenen Wesens entwickelte sie sich schnell zur Vertrauensperson. Ihr Background in den Bereichen Marketing und Kommunikation hilft ihr, eine Idee nach der anderen zu verwirklichen und immer genau die Maßnahme auf die Beine zu stellen, die es gerade braucht.

PROZESSSCHRITT 1: DIE ANALYSE

- Beobachten & Hospitieren
- Gespräche & Interviews: Kennenlernen & Zuhören
- Umfrage, Bestandsaufnahme, Bedarfsanalyse
- Verbündete suchen, Vertrauen & Akzeptanz aufbauen
- Vision und Ziele mit der Führungskraft definieren

„Als erstes gibt es eine Phase der Bestandsaufnahme. Das sind persönlichen Gespräche über die Ist-Situation, die Ist-Analyse."

„Die erste Maßnahme ist, bei den Mitarbeitenden Informationen abzuholen als Grundgerüst: Was machen die Leute und welche Aufgaben gehören dazu? Was macht das Team, was macht das Unternehmen? Genauso muss man auch bei den Chef:innen nachfragen, was in den letzten Jahren schon umgesetzt wurde und was der Hauptfokus war. Und dann einzelne Gespräche mit den Teams führen, was die Mitarbeitenden gern anders hätten bzw. was das ganze Team will. Um abzuklopfen, was eigentlich gewünscht und gebraucht wird, um dann die weiteren Maßnahmen einleiten zu können."

„Als ersten Schritt geht es um Kontakt: Sowohl die Führungskräfte kennenlernen als auch alle Abteilungen und Menschen, die das Unternehmen beinhaltet. Sich mit der Geschichte des Unternehmens auseinandersetzen. Persönliche Gespräche mit den Abteilungsleiter:innen führen und den Kontakt zu den Mitarbeitenden herstellen. Und dabei auch gar nicht groß mit irgendwelchen Maßnahmen daherkommen, sondern sich nur ein Gefühl von der Arbeitswelt verschaffen, auch durch Hospitation: Dass die bzw. der Feelgood Manager:in auch mit derselben Arbeitskleidung und zur selben Uhrzeit dasteht, sodass man wirklich miterlebt, was die Mitarbeitenden Tag für Tag leisten. Da kriegt man ein Gefühl dafür, warum gewisse Maßnahmen wie z.B. ein Tanzkurs nach der Arbeit nicht angemessen sind, wenn man selbst erlebt, wie viel die Mitarbeitenden z.B. jeden Tag rumrennen müssen"

„Es geht darum, Plattformen zu schaffen und den Mitarbeitenden den Raum zu geben, äußern zu können, was sie stört. Nach dem Kennenlernprozess ist die Aufgabe, herauszufinden, was die Punkte sind, die sich verbessern müssen im Unternehmen: Was sind die Störfaktoren für die Mitarbeiter? Was macht sie

unzufrieden? Man kann mit den Mitarbeitenden erst über Zufriedenheit sprechen, wenn sie auch ihre Unzufriedenheit äußern durften. Luft lassen. Erstmal muss das raus, was stört, und dann kann man über Gutes sprechen.“

„Ich mache als erstes eine Bestandsaufnahme, um zu gucken, wo das Unternehmen überhaupt steht. Dafür setze ich mich als erstes mit den Führungskräften zusammen, um bestimmte Grundwerte rauszufinden. Zunächst die Seite der Führungskraft, aber dann auch die Seite der Mitarbeitenden. Dazu mache ich eine Mitarbeiterumfrage, bisher immer anonym. Manchmal mache ich auch Einzelinterviews mit denen, die Lust darauf haben und offen dafür sind. Da geht man nochmal mehr in die Tiefe, als wenn man nur irgendwas ankreuzt.“

„Ich starte mit einem Analysemodul, indem ich Mitarbeitende und Führungskräfte interviewe und schaue, wie aktuell der Stand ist.“

Ist ein unterstützendes Fundament gegeben und grundsätzlich eine Bereitschaft zur Veränderung vorhanden, kann der Prozess in die erste Phase „Analyse“ gehen.

In den Interviews war eine starke Gemeinsamkeit in Bezug auf die erste Analysephase zu finden: Die Feelgood Manager:innen sprachen davon, zunächst zu beobachten, zu hospitieren und durch Gespräche und Interviews die Mitarbeitenden kennenzulernen und ihnen zuzuhören. Dabei ging es auch darum, Verbündete in der Mitarbeiterschaft zu finden sowie Vertrauen und Akzeptanz aufzubauen. Die Analysephase wurde auch durch Umfragen zur Bestandsaufnahme oder Bedarfsanalyse gekennzeichnet. Außerdem führten einige Feelgood Manager:innen an dieser Stelle Vorgespräche mit den Führungskräften durch, um die Vision und Ziele seitens des Unternehmens zu definieren.

Als Maßnahmen bzw. Tätigkeitsschwerpunkte in diesem Prozessschritt wurden folgende Punkte ihrer Relevanz nach geordnet genannt: „Befragungen & Ist-Analyse“, „Beobachten & Kennenlernen“, „Vertrauensperson“, „Unterstützung der Führungskräfte“ sowie „Entwicklung der Unternehmensvision“.

Befragungen & Ist-Analyse

„Wenn ich in die Unternehmen gehe, befrage ich zuerst die Mitarbeitenden. Die Ist-Analyse ist die Basis für meine Arbeit, für meine weitere Tätigkeit. Du machst schon Feelgood Management, indem du die Mitarbeitenden überhaupt mal fragst: 'Was läuft gut auf der einen Seite und wo ist noch Luft nach oben auf der anderen Seite?' Schon allein, dass du sie miteinbeziehst, ist schon eine Art von Wertschätzung."

„Ich führe immer Interviews durch als Ist-Analyse. Als allererstes spreche ich mit den Führungskräften, weil ich aus Sicht der Führung wissen möchte, wo aktuell der Bedarf ist: Was stimmt nicht aus der Sicht der Führung? Ich möchte erfahren, wie das Unternehmen strategisch ausgerichtet ist und ob es eine Vision gibt."

„Ich bringe als erstes in Erfahrung, was genau die Bedürfnisse der Mitarbeitenden sind und welche Fragen sie haben."

„Wir stehen noch ganz am Anfang. Ich möchte gerne für die Zukunft eine Zufriedenheitsumfrage mit den Mitarbeitenden vornehmen. Damit man transparenter arbeiten und besser messen kann, was genau im Feelgood Management gemacht und erreicht wurde."

Um Maßnahmen entwickeln zu können, führen die Feelgood Manager:innen zunächst eine Ist-Analyse durch, um Bedürfnisse und Veränderungsbedarfe festzustellen. Einige Feelgood Manager:innen schalten dem zunächst eine Befragung der Führungskräfte vor, um wichtige strategische Informationen zu erhalten und zu erfahren, wo aus der Sicht der Führung der aktuelle Wandelbedarf liegt.

Die Ist-Analyse erfolgt dann je nach Unternehmen in verschiedenen Formen: Von Interviews auf Basis definierter Fragenkataloge, über Zufriedenheitsumfragen bis hin zu lockeren Gesprächen auf dem Gang. Das Ziel ist, in den persönlichen Austausch mit den Mitarbeitenden zu kommen, ein reales Stimmungsbild zu erhalten und Verbesserungsmöglichkeiten zu identifizieren. Die Mitarbeitenden nach ihrer Meinung zu fragen und sie bereits zu Beginn aktiv in den Veränderungsprozess mit einzubinden ist bereits ein eigener Akt der Wertschätzung und könnte auch als Maßnahme an und für sich verstanden werden.

„Wenn wir am Anfang des Prozesses sind, dann besteht mein Tag daraus, mit den Leuten zu sprechen und sie zu fragen, in welchen Bereichen es schon gut läuft, worauf sie stolz sind im Unternehmen und welche Bereiche noch optimiert werden können. Also viel mit den Menschen sprechen."

„Am Anfang bin ich in jeden einzelnen Bereich gegangen und habe mich dort vorgestellt. Damit mich alle Mitarbeitenden kennenlernen können, auch mal ein Gesicht sehen und dass wir darüber sprechen, was eigentlich meine Aufgabe ist und der Sinn dahinter, dass es eine Feelgood Managerin gibt."

„Ich treffe mich immer mit allen neuen Mitarbeitenden nach den ersten Wochen. Es gibt einen Starter-Lunch, wozu wir alle Neuen einladen, um sich zu vernetzen, bevor sie sich nur mit ihrem Team zusammen hocken. Und oft gehe ich nochmal mit ihnen einzeln Kaffee trinken und frage: ‘Wie war dein Start, wie war dein Onboarding, was können wir besser machen? Was hast du für einen Eindruck, wie ist die Stimmung, wie ist dein Gefühl?’ Das ist wahnsinnig hilfreich. Und man checkt dabei ab, ob das die Kandidat:innen sind, die uns in der Probezeit wieder abspringen oder nicht. Und genauso gehe ich hin und frage, wenn jemand kündigt: ‘Ich weiß, es gibt ein offizielles Exit-Gespräch mit HR, aber trotzdem: Willst du mit mir einen Kaffee trinken gehen und mir Dinge erzählen, die du HR nicht erzählen würdest?’ Da bekommt man viel mehr Einsichten."

„Zunächst schaue ich viel zu und in vielen Unternehmen hospitiere ich auch, aber eher im Hintergrund. Dabei schaue ich mir an, wie die Leute arbeiten. Sie erklären mir auch teilweise die Kommunikationswege, die Prozesse. Ich kriege dann viel Hintergrundwissen. Es ist sehr entscheidend für meine Arbeit, zu gucken, wie die Leute miteinander umgehen."

„Ich bin als Feelgood Managerin immer up to date, wie die Stimmungslage ist und welche Muster man erkennen kann. Was ich als wahnsinnigen Vorteil sehe: Ich kann fachlich nicht beurteilen, wie die Kolleg:innen arbeiten. Das heißt, mit mir können sie immer auf menschlicher Ebene kommunizieren und müssen bei mir nie Angst haben, dass ich sie irgendwie bewerte, weil ich das gar nicht kann. Deshalb bin ich einfach die Zuhörerin. Und das mag ich auch am meisten. Das könnte jede:r nebenbei machen, aber ich bekomme offiziell die Zeit, Kaffee trinken zu gehen und zuzuhören. Weil es einfach wichtig ist, dass die Mitarbeitenden da jemanden haben."

„Ich finde es wichtig, die Arbeit der Mitarbeitenden mitzumachen. Ich habe am Anfang in jeder Abteilung hospitiert, um alle Bereiche kennen zu lernen. Das war die beste Möglichkeit, einen Draht zu den Leuten zu bekommen und Vertrauen aufzubauen, damit gewisse Themen mit mir besprochen werden.“

Einige der Feelgood Manager:innen erzählten, dass sie ihre Arbeit ganz zu Beginn durch eine Hospitation starteten. Dabei ging es zum einen darum, zu beobachten, wie die Leute tatsächlich arbeiten, und zum anderen einfach ums Zuhören. Das übergeordnete Ziel war, die Kommunikationswege im Unternehmen, den Umgang der Mitarbeitenden untereinander und die allgemeinen Arbeitsprozesse zu verstehen, um ein internes Wissen über das Unternehmen aufzubauen und Unstimmigkeiten aufzudecken. Hospitation wurde als guter Weg gesehen, alle Bereiche und Personen kennenzulernen und die Arbeitswelt zu verstehen, auf die man als Feelgood Manager:in einwirken möchte. Dieser Überblick hilft enorm dabei, keine Maßnahmen an den Bedürfnissen der Mitarbeitenden vorbei einzuführen. Die Aufgabe der Feelgood Managerin bzw. des Feelgood Managers ist in dieser Beziehung, den roten Faden darin zu erkennen, was die Mitarbeitenden bewegt, wo sie sich Veränderung wünschen, und erkannte Muster an die Verantwortlichen zu vermitteln.

Vertrauensperson

„Ich habe mir am Anfang viel Mühe gegeben, so viele Leute wie möglich persönlich kennen zu lernen. Dadurch haben viele Kolleg:innen auch Vertrauen zu mir aufgebaut.“

„Regelmäßig fallen bei mir Gespräche über allerlei Themen an, über persönliche Belange bis hin zu sensiblen Themen. Und die bzw. der Mitarbeiter:in entscheidet dann, was mit der Information geschieht. Manchmal wünschen sie sich einfach jemanden, der zuhört oder Rat geben kann. Manchmal sagen sie aber auch: ‘Das können Sie gern weitertragen’“

„Natürlich muss ein Feelgood Manager auch eine gewisse Vertrauensperson sein, man muss loyal sein.“

„Meine Aufgabe ist es, jede:n einzelne:n Mitarbeiter:in wahrzunehmen: Nicht nur begrüßen, sondern auch auf dem

Schirm zu haben, wann Geburtstage sind. Es geht darum, die Mitarbeitenden wahrzunehmen und ihnen Wertschätzung entgegenzubringen. Dass die Mitarbeitenden wissen, sie werden gesehen.“

„Es kann ein:e Mitarbeiter:in zu mir kommen und sagen: ‚Mir geht’s gar nicht gut, ich habe private Probleme‘. Bei so einem Vorfall kann man als Feelgood Manager:in zur Seite stehen: ‚Ich versuche dir zu helfen oder für dich da zu sein‘. Einfach als Vertrauensperson.“

Ein:e Feelgood Manager:in gilt als Vertrauensperson. Sie bzw. er ist dafür verantwortlich, das Vertrauen und den Zugang zu den Mitarbeitenden zu gewinnen, wobei eine sympathische und loyale Art ausschlaggebend ist. Das Vertrauen wird vor allem durch Gespräche mit den Mitarbeitenden aufgebaut und dadurch, dass die bzw. der Feelgood Manager:in keine Einsicht in sensible Personaldaten hat oder Personalentscheidungen trifft, sodass die Mitarbeitenden ohne Angst vor Bewertung frei kommunizieren können. Ein weiterer Punkt ist auch die persönliche Vorstellung und Erklärung von Feelgood Management, um die Mitarbeitenden zu informieren und direkt anzusprechen. Sollte eine Stelle als Feelgood Manager:in neu geschaffen werden, eignet sich dafür laut der Interviewten ein:e langjährige:r Mitarbeiter:in, welche:r bereits das Vertrauen der Kolleg:innen genießt, am besten.

Unterstützung der Führungskräfte

„Die Aufgabe von Feelgood Management in Richtung Führungskraft ist es, der Sparringspartner:in und Ansprechpartner:in zu sein. Es geht natürlich nicht immer nur um die Bedürfnisse der Mitarbeitenden, sondern um alle Menschen im Unternehmen. Es werden also auch die Bedürfnisse der Geschäftsleitung gehört und aufgenommen. Was eine Führungskraft für die Mitarbeitenden oftmals nicht übernehmen kann, ist es, die Vertrauensperson in Konfliktsituationen zu sein, weil die Neutralität oder Unvoreingenommenheit nicht gewährleistet ist. Und dass die Mitarbeitenden auch auf eine:n geschulte:n, unabhängige:n Berater:in zurückgreifen können. Das kann Feelgood Management zusätzlich zur Führungskraft leisten. Was die bzw. der Feelgood

Manager:in nicht kann – nicht vom Können her, sondern weil es nicht sinnvoll wäre – ist, die Mitarbeitenden zu führen. Das muss weiterhin die Führungskraft machen, auch wenn man sich da wieder streiten kann, was das genau heißt. Jedenfalls ist das nicht Aufgabe der Feelgood Managerin bzw. des Feelgood Managers. Man kann die Führungskraft allerdings dabei unterstützen, wie man die Mitarbeitenden führt."

„Als Feelgood Manager bin ich generell die Schnittstelle zwischen Geschäftsführung und Team."

„Die Geschäftsführung hat für vieles keine Zeit, was sie auch nicht haben muss, denn die Geschäfte müssen laufen und viele, ‚wichtigere' Dinge müssen getan werden. Deswegen ist es so wichtig, dass die bzw. der Feelgood Manager:in Zeit dafür hat, Kleinigkeiten zu erledigen oder zu besorgen."

„Manchmal kommen die Leute mit absurden Dingen zu mir und ich muss sagen: Das musst du mit deiner Führungskraft besprechen. Das Vertrauen wird oft eher mir entgegengebracht, weil man weiß: Es hat keine Konsequenzen. Ich sag immer: 'ich bin die Schweiz, ich bin neutral'. Aber wenn ich glaube, dass ein Thema an die Führungskraft weitergegeben werden sollte, dann frage ich, ob ich es weitergeben darf. Wenn es ein Thema ist, das ich nicht lösen kann, aber jemand anderes."

„Die Grenzen von Feelgood Management liegen bei allem Fachlichen. Natürlich kann ich mit einer Führungskraft sprechen und sagen, wenn Mitarbeitende mit ihrem Aufgabenbereich nicht zufrieden sind. Ich kann das weitergeben, aber ich kann es nicht beurteilen. Und das ist auch gut so."

„Ich habe viele Vorbesprechungen mit den Führungskräften der Teams. Da sagen die Führungskräfte, welche Themen angesprochen werden müssen oder wo noch Unterstützung gebraucht wird."

„Ob ein Team funktioniert oder nicht bzw. harmonisch läuft, hat sehr viel mit der Führungskraft zu tun. Sie kann da ganz viel Einfluss nehmen mit der Art, wie sie Kommunikation vorlebt, das Weitergeben von Information, die Gestaltung von Austausch und das Zugehen auf die Menschen. Was eine einzelne Führungskraft aber nicht leisten kann, ist, das Unternehmen über verschiedene Ebenen hinweg zusammenzubringen. Da kann das Feelgood Management unterstützen."

„Einige Bereiche sind nach wie vor Aufgabe der Führungskraft, zum Beispiel die Aufgabenverteilung. Oder zu gucken, was ein:e Mitarbeiter:in gut kann, wo man die Person stärken kann, das ist

schon Aufgabe der Führungskraft. Aber darin zu unterstützen, herauszufinden, was die eigenen Stärken sind, das könnte wiederrum auch Aufgabe des Feelgood Managers sein. Aber das OK muss auf jeden Fall von der Führungskraft kommen."

„Feelgood Management ist ein Zeichen an die Mitarbeitenden, dass sie wertgeschätzt werden. Dass die Geschäftsführung nicht abgeschottet in der dritten Etage sitzt, sondern dass sie jemanden an ihrer Seite haben, der ihre Nöte und alles, was sie auf dem Herzen haben, auffängt. Und das dann mit der Geschäftsführung zusammen bespricht und gemeinsam eine Lösung findet. Ich bin nah an den Mitarbeitenden dran, habe ein offenes Ohr und weiß, was die Mitarbeitenden sich wünschen. Und ich kann das Stimmungsbild viel besser rüberbringen an die Geschäftsführung, als wenn jede:r Mitarbeiter:in einzeln hingeht und sagt: 'Ich will dies und jenes'. Dafür hat die Geschäftsführung meistens auch gar keine Zeit. Die wünschen sich jemanden, der am Puls der Zeit ist."

„Ich arbeite ganz eng mit den Führungskräften zusammen. Wir schauen gemeinsam, was wir weiter machen können, wie die Arbeitsstrukturen sind und was man verändern sollte."

„Ein:e Feelgood Manager:in ist das Sprachrohr zwischen Führungskraft und Mitarbeitenden, eine Mittel-, eine Stabstelle. Ein:e Feelgood Manager:in ist deshalb immer in engem Kontakt zur Führungskraft. Für mich unterstützt die bzw. der Feelgood Manager:in die Führungskräfte insbesondere in den menschlicheren, sozialeren Belangen, was Empathie angeht oder Einfühlungsvermögen."

„Das Feelgood Management muss Strukturen schaffen, die den Infor-mationsfluss im Unternehmen ermöglichen oder verbessern. Es muss ganz klar aufgestellt sein, wer wofür zuständig ist. Auch, an wen sich die Mitarbeitenden wenden können, wenn irgendwas ist. Als Feelgood Manager:in muss man die Führungskräfte mit ins Boot holen und gucken, dass man ein gemeinsames „Wir" hat. Da muss man auch erstmal ein Miteinander schaffen. Auch das Leitbild muss sich gemeinsam mit den Führungskräften angeschaut werden: Für was stehen wir als Unternehmen?"

Feelgood Manager:innen bekleiden oft eine Stabstelle angegliedert direkt an der Geschäftsführung, sodass sie in engem Kontakt und Zusammenarbeit mit der Führung stehen. In diesem Sinne ist die Unterstützung der Führungskräfte eine wichtige Funktion des Feelgood Managements. Alle befragten Feelgood

Manager:innen verstehen sich als Sprachrohr, Schnittstelle und Verbindungsperson zwischen Führungskraft bzw. Leitung und den Mitarbeitenden. Als ihre maßgebliche Funktion wird die Verbindung der Unternehmensmitglieder genannt sowie die Verbesserung des Informationsflusses und des Bezugs zwischen Führung und Mitarbeitenden, sodass ein gemeinsames Wir-Gefühl entsteht.

Feelgood Manager:innen helfen den Führungskräften dabei, ein Verständnis über die Bedürfnisse der Mitarbeitenden zu bilden, und können unter Einverständnis der Mitarbeitenden Probleme und Informationen „nach oben" weitergeben sowie Verbesserungsvorschläge spiegeln. Damit ist die bzw. der Feelgood Manager:in jemand, der Bedürfnisse und Sorgen gesammelt an die Leitung kommunizieren kann, um dadurch passende Lösungen zu finden. Sie bzw. er unterstützt die Mitarbeitenden als Vertrauensperson in Konfliktsituationen oder Gesprächen und erfährt Dinge, die einer Führungskraft gegenüber gar nicht geäußert werden. Feelgood Manager:innen unterstützten bei Zeit- und Kapazitätsmangel seitens der Führung durch Steuerung und Deeskalation und fühlen am Puls der Mitarbeitenden.

Dabei dürfen nicht einfach alle emotionalen Themen auf die bzw. den Feelgood Manager:in abgeladen werden: Führen bleibt Sache der Führungskraft; das Feelgood Management spricht lediglich Probleme an und unterstützt die Führungskraft dabei, wie man Mitarbeitende in ihrem Wohlbefinden stärken kann. In Bezug darauf wurde auch die Schulung von Führungskräften in Sachen New Work Mindset, wertschätzendes Verhalten und Entwicklung von Führungs-Skills wie Kommunikation als möglicher Aufgabenbereich des Feelgood Managements genannt.

Entwicklung der Unternehmensvision

„Auf einer Managementtagung haben die Führungskräfte meines Unternehmens ein Leitbild entwickelt: ‚Das sind wir, das sind die Werte, für die wir stehen und die unseren Entwicklungsweg aufzeigen.' Das nennt sich auch werteorientierte Unternehmensführung. Anschließend war es die Idee der Geschäftsführung, eine Feelgood Managerin einzustellen, um die werteorientierte Unternehmensführung auch an die Basis zu bringen. Ursprünglich wurde dieses Leitbild einfach nur in den Bereichen aufgehängt, aber dann

wurden wieder dieselben Probleme festgestellt, weil sich nicht viel im Miteinander verändert hat. Und da war dann die Erkenntnis da, dass man auch mit der Mitarbeiterschaft an diesen Themen arbeiten muss. Die Feelgood Management Stelle wurde gegründet, um als Werteprojekt die Mitarbeiterschaft für die Werte des Unternehmens zu sensibilisieren und tiefer in die Thematik einzusteigen. Dabei geht es auch um die persönliche Ebene: ‚Was sind denn Werte überhaupt und was ist mir persönlich wichtig?‘ Und von dort zu überlegen: ‚Warum macht es Sinn, sich als Unternehmen an Werten zu orientieren, was denkt ihr?‘ Es ist wichtig, dass man dazu die Mitarbeitenden mit ins Boot holt, sie selbst die Sinnhaftigkeit dessen erkennen und für sich beschließen, wie sie diese Werte im Arbeitsalltag mehr zum Leben bringen wollen."

„Man braucht ein ‚Warum‘, eine Vision, die sich jede:r auf die Fahne schreiben kann und mit der man sich identifiziert, die man unterstützt, die man mitgeht. Niemand trägt etwas mit, wenn es nur darum geht, mehr Geld zu verdienen."

„Ganz wichtig ist das Thema Sinn: Kennen alle die Vision des Unternehmens? Es ist wichtig, jede:n mit ins Boot zu holen und mit auf die Reise zu nehmen."

„Ich bin auch verantwortlich als Hüterin der Werte, der Firmenphilosophie. Ich gebe den Hinweis, das Augenmerk wieder darauf zu richten: 'Hey Leute, das sind unsere Werte'. Wenn mal etwas ganz klar nicht in diesem Sinne läuft, dann spreche ich das an oder erinnere immer wieder an die Werte."

„Es geht oft darum, dass eine Firma schon sehr lange besteht, aber bis auf den Leitsatz noch nie eine Vision ausgearbeitet oder ihre Werte ange-schaut hat. Dann arbeiten wir die Vision aus, um erstmal das ‚Warum‘ der Firma zu klären; also der Purpose, die Leidenschaft, der Sinn. Dabei arbeite ich mit den Mitarbeitenden oder Führungskräften als konkrete Maßnahme z.B. ein Vision-board aus. Und wenn es so etwas wie ein Leitbild schon in den Firmen gibt, dann gucke ich mir an, ob das in Stein gemeißelt oder flexibel ist. Das Ganze ist ein flexibler, agiler, lebhafter und lebendiger Prozess, den man auch mitgestalten kann."

Einige der Feelgood Manager:innen arbeiten intensiv daran, gemeinsam mit den Führungskräften und den Mitarbeitenden das Leitbild und die Philosophie des Unternehmens zu entwickeln. Dazu werden zunächst die Führungskräfte befragt, wie das Unternehmen strategisch ausgerichtet ist und welche Vision und Werte dahinterstehen – sofern diese bereits ausgearbeitet wurden. Besteht schon ein ausformuliertes Leitbild, wird seine Aktualität überprüft und in Zusammenarbeit mit den Führungskräften herausgefunden, welche Kultur das Unternehmen hat und haben will. Dabei beschäftigt man sich mit Fragen nach dem „Warum" und dem Sinn des Unternehmens, was für das Unternehmen wichtig ist und nach welchen Werten agiert werden soll; wofür das Unternehmen steht. Doch laut den Feelgood Manager:innen nützt es nichts, lediglich ein Leitbild auszuarbeiten und ins Unternehmen zu hängen – wenn sich das Miteinander nicht verändert, bleiben die Probleme dieselben. Daher ist es wichtig, die Mitarbeitenden zur weiteren Entwicklung einer geteilten Unternehmensvision miteinzubeziehen.

JURGEN APPELO, DER CREATIVE NETWORKER UND GRÜNDER VON AGILITY SCALES – EINER PLATTFORM FÜR CROWDSOURCED BUSINESS WORKFLOWS – HAT EIN SPIELKARTENSET ENTWICKELT, IN DEM ZEHN VON IHM DEFINIERTE, INTRINSISCHE MOTIVATOREN ABGEBILDET SIND. DIESE HELFEN, EIGENE WERTE ZU IDENTIFIZIEREN UND NACH EIGENEM STELLENWERT ZU PRIORISIEREN. SEINE METHODE IST NACH DEN ANFANGSBUCHSTABEN SEINER MOTIVATOREN BENANNT, WELCHE ZUSAMMENGESETZT DIE WORTE „CHAMP FROGS" ERGEBEN.

Als konkrete Maßnahme kann dazu beispielsweise ein Visionboard ausgearbeitet werden, an dem wichtige Werte visuell festgehalten werden. Mit Tools wie „CHAMP FROGS" von Jurgen Appelo können die eigenen Werte kennengelernt und so besser verstanden werden, was einen antreibt. Auf diese Art lernen die Mitarbeitenden, sich und andere besser zu verstehen, und gehen im besten Fall wertschätzender miteinander um.

Ausgehend von der persönlichen Werteebene erfolgt anschließend der Transfer, inwiefern es ebenso Sinn ergibt, sich als Unternehmen an Werten zu orientieren und wie das konkret aussehen kann.

Wichtig ist, dass die Mitarbeitenden den Sinn der Unternehmensvision erkennen, um deren Werte im Arbeitsalltag mehr zum Leben zu erwecken. Das Orientieren an gemeinsamen Werten prägt ganz stark die Atmosphäre und steigert das Wir-Gefühl, die Gemeinschaft und den Zusammenhalt.

Das Feelgood Management fungiert dabei in der Funktion als Hüter:in der Werte und der Firmenphilosophie, die sie oder er zwar nicht durchsetzen muss, aber auf die sie bzw. er immer wieder hinweist und hinwirkt, um sie im Gedächtnis zu halten. Das Ziel ist dabei für das Feelgood Management die Förderung und der Aufbau einer wertschätzenden Unternehmenskultur, bei der der Mensch im Mittelpunkt steht.

Nach dem ersten Prozessschritt der Analyse geht es als nächstes an die Auswertung und Präsentation der Analyseergebnisse.

PROZESSSCHRITT 2: AUSWERTUNG & PRÄSENTATION

- Auswertung von Bedürfnissen, Zufriedenheit & Stimmung
- Ergebnisse präsentieren
- Schwerpunkte fokussieren & Themen priorisieren
- Transparenz schaffen
- Notwendigkeit für Veränderungen darlegen & Sinnbezug herstellen

„Der nächste Schritt ist die Auswertung der Bestandsaufnahme und deren Präsentation vor den Mitarbeitenden. Man stellt fest, wo das Unternehmen gerade steht und in welche Richtung es gehen könnte."

„Als nächstes geht es um die Offenlegung der Ergebnisse und daran anknüpfend um das gemeinsame Fokussieren von Themen."

„Der nächste Schritt ist, zu schauen, wo aktuell die Schwerpunkte liegen: Was kristallisiert sich im Unternehmen heraus, was den Mitarbeitenden wichtig ist? Oft Themen wie Kommunikation oder Events."

Als zweiter Schritt wurde im Vergleich aller Interviews eine Phase der „Auswertung und Präsentation" der Analyseergebnisse beschrieben, in welcher die gesammelten Informationen über Bedürfnisse, Zufriedenheit und Stimmung der Mitarbeitenden ausgewertet und offen präsentiert werden. Damit soll Transparenz geschaffen sowie die Notwendigkeit und der Sinn der Veränderung dargelegt werden. Teil der Auswertung ist es dabei auch, Schwerpunkte zu fokussieren und Themen nach Relevanz und Zeitaufwand zu priorisieren.

Als Maßnahmen bzw. Tätigkeitsschwerpunkte in diesem Prozessschritt wurden folgende zwei Punkte genannt: „Impulsgeber:in & Impulsvorträge" sowie „Präsentation von Ergebnissen".

Impulsgeber:in & Impulsvorträge

„Man ist als Feelgood Manager:in so ein Initiator, eine Zündung, eine Initialzündung. Da kann man sich unheimlich vieler toller Ideen bedienen.“

„Ich bin die Initiatorin, ich kann Inspiration geben, ich kann Dinge anstoßen. Aber sobald ich anfange, zu sagen: ‘Ihr müsst das jetzt so und so machen’ wird es nicht funktionieren. Es geht immer darum, was den Mitarbeitenden fehlt und was sie brauchen.“

„Als Feelgood Manager:in kannst du Menschen natürlich nicht ändern. Du kannst nur Inspiration und Ideen geben und aktiv Dinge anstoßen. Und versuchen, dass dann vielleicht ein Umdenken stattfindet. Es gibt aber immer „Sturköpfe“ und es gibt eben auch Menschen, die einfach nicht dafür offen sind. Wir Menschen sind unterschiedlich. Ich habe das schon oft mit Unternehmen besprochen, die auf ihrer Kulturreise auch Mitarbeitende verloren haben, weil die einfach gesagt haben: ‘Nein, das ist nicht mein Ding, da habe ich keinen Bock drauf’. Da muss man die Führungskraft unterstützen, zu sagen: ‘Dann passen wir einfach nicht mehr zusammen’, und sich eben auch von Mitarbeitenden verabschieden, ganz klar.“

„Die Gestaltung der Unternehmenskultur passiert durch alle, nicht nur durch die bzw. den Feelgood Manager:in. Diese:r gibt die Impulse raus, ist das Zugpferd in dem Bereich. Aber letzten Endes wirken alle daran mit, man regt nur dazu an.“

„Ich stelle mich und das Thema Feelgood Management dem Unternehmen vor und mache einen Impulsvortrag, sodass die Mitarbeitenden mich kennenlernen können.“

Die meisten Feelgood Manager:innen verstehen ihre Rolle als Initiator:in und Impulsgeber:in, welche:r inspiriert und Dinge anstößt. Dabei dient die bzw. der Feelgood Manager:in als Vorbild oder Zugpferd, um Maßnahmen anzuregen. Die Idee ist dabei die einer Initialzündung, welche anschließend zum Selbstläufer wird, sofern die Impulse aufgenommen werden. Inhaltlich geht es dabei um die Übertragung von wertschätzendem Verhalten an jede:n Mitarbeitende:n und Unterstützung in der Erkenntnis, dass die eigenen Lösungen und die Positivität des „Feelgoods“ bereits in den Menschen stecken, entdeckt und entwickelt werden können.

Im folgenden Impulsbeitrag vertieft Rafaela Schmitt diesen Gedanken und knüpft eine Verbindung zum Gesetz der Resonanz im Feelgood Management und wie dieses in Zusammenhang mit der individuellen Zufriedenheit von Mitarbeitenden steht.

DAS GESETZ DER RESONANZ IM FEELGOOD MANAGEMENT

IMPULS VON RAFAELA SCHMITT

In zahlreichen Berichten, Blogs oder Zeitungsartikeln zum Thema Feelgood Management lesen wir immer wieder: Der zentrale Auftrag ist es, die Zufriedenheit der Mitarbeiter:innen zu fördern. Denn eine zufriedene und glückliche Grundeinstellung kann so manches im Leben verbessern. Immer mehr Arbeitgeber sind sich dessen bewusst. Zufriedene Arbeitnehmer:innen sind in der Regel produktiver und leistungsstärker, weisen weniger Krankheitstage auf und haben weniger Konflikte während der Arbeit. Wer mit seinem Arbeitgeber zufrieden ist, strahlt das auch nach außen aus und das Miteinander mit den Kolleg:innen gestaltet sich positiv und respektvoll.

Doch der so oft genannte zentrale Auftrag des Feelgood Managements schafft oft eine unmögliche Erwartung: Die Mitarbeitenden glücklich zu machen. Vielleicht gelingt es hier und da, den einen oder die andere mit einer bestimmten Maßnahme oder Boni zufriedenzustellen, aber das hält meist nur für kurze Zeit. Was also sollte die bzw. der Feelgood Manager:in in jedem Falle bedenken, wenn ihre bzw. seine Aufgabe in Sachen unerfüllte Mitarbeiterbedürfnisse und -wünsche nicht zu einem Lauf im Hamsterrad werden soll? Und welche Konsequenzen lassen sich daraus für ihren bzw. seinen Auftrag ableiten?

Ich möchte zu Beginn die Behauptung aufstellen, dass es gar nicht möglich ist, andere Menschen zufrieden oder gar glücklich zu machen, wenn sie es nicht schon sind. In anderen Worten: Für Mitarbeitende, die mit ihrem Arbeitsumfeld generell unzufrieden sind, ist die Chance gering, dass positive Impulse, die ihnen seitens des Arbeitsgebers oder des Feelgood Managements entgegengebracht werden, auch als positiv und gewinnbringend für sie selbst erkannt werden. Bei (generell) unzufriedenen Menschen ist meist das Gegenteil der Fall: Sie werden stets eine Argumentation finden, die in das eigene (Denk-)Schema passt, und im Bruchteil einer Sekunde ein „halb volles Glas" auf ein „halb leeres Glas" reduzieren. In der Psychologie spricht man dabei von „selektiver Wahrnehmung", also dem Vorgang, bei dem wir nur jene Informationen und Impulse aus unserer Umgebung registrieren. die unseren eigenen Vorstellungen, Erwartungen, Bedürfnissen und Erfahrungen entsprechen. Das Bild, das dadurch für uns selbst entsteht, ist demnach immer nur eine individuell kreierte Version der Wirklichkeit und bestätigt bereits bekannte Muster.

In der modernen Lebensberatung und dem Erfolgscoaching hat man wissenschaftliche Erkenntnisse aus der Neuropsychologie und der Quantenphysik auf einen lebenspraktischen Ansatz adaptiert, der unter dem Namen „Gesetz der Resonanz" bekannt geworden ist. Ziel dieses Erklärungsansatzes ist es, Menschen in ihren ganz individuellen Lebenskrisen, Herausforderungen oder auch Zielerfüllungen ein Modell an die Hand zu geben, das sie in ihrer Eigenverantwortlichkeit stärkt. Das Gesetz der Resonanz besagt, dass wir all das in Widerhall – in Resonanz – mit uns bringen, was wir selbst durch Gedanken, Gefühle, Worte und Handlungen aussenden. Haben wir zum Beispiel die Tendenz, uns über Dinge oder Menschen mächtig aufzuregen, „passieren" uns scheinbar immer wieder Situationen, über die wir uns unglaublich ärgern können. Sind wir generell unzufrieden mit uns selbst und unserem Leben, können wir am schönsten Strand liegen oder den besten, wertschätzendsten Arbeitgeber haben, wir werden dennoch Gründe suchen und finden, die uns die Stimmung vermiesen.

Schauen wir uns diesen Sachverhalt nochmals am Beispiel des „halb leeren" und „halb vollen" Glases etwas genauer an: Ein Mensch, der sich darauf konzentriert, seine Gedanken und Gefühle auf die positiven Aspekte seiner selbst und seines Lebens zu lenken, betrachtet das Glas eher als halb voll. Eine Person, die ihre Gedanken und Gefühle im Inneren wie im Äußeren vorzugsweise auf die vielen großen und kleinen Mängel lenkt und auf Dinge fokussiert, die sie stören oder die sie als ein Problem ansieht, wird das Glas dementsprechend als halb leer betrachten.

Ironischerweise befinden sich beide Charaktere aus ihrer eigenen Perspektive im Recht, denn: Unsere Wahrnehmungsmuster, Überzeugungen und Erwartungshaltungen rufen in unserem Gegenüber meist genau jene Verhaltensweisen hervor, die wir erwartet haben. Dieses Phänomen nennt man in der Psychologie „Selbsterfüllende Prophezeiung". Deswegen können beide auch stets sagen: „Siehst du, ich hatte recht, das Glas ist halb leer (oder halb voll)!" Aber: Es geht im Grunde nicht darum, im Recht zu sein, sondern es geht um die Tag für Tag gelebte Realität und deren erlebte Qualität. Ich denke, Personen, die das Glas halb voll sehen – oder anders ausgedrückt: Diejenigen, die sich dafür entscheiden, das Glas halb voll zu sehen – haben die besseren Voraussetzungen gefunden, ein zufriedenes Leben zu führen.

Warum? „Halb-leer-Seher:innen“ neigen dazu, die Ursache für ihr Unbehagen oder die schlechten Lebensumstände, in denen sie sich vielleicht befinden, der Außenwelt zuzuschreiben. Es gibt immer Schuldige für ihre privaten oder beruflichen Missstände. Dies ärgert und frustriert sie enorm, denn sie begeben sich mit diesen Zuschreibungen in die Opferrolle. Sie sagen sich dann: „Wenn nur das oder jenes nicht so wäre, dann würde ich zufrieden/glücklich sein!“. „Halb-voll-Seher:innen“ hingehen sind sich bewusst, dass die Bewertung äußerer Ereignisse in ihrer eigenen Verantwortung liegt, und da sie das wissen, entscheiden sie sich dafür, in den Dingen das halb volle Glas zu sehen. Warum tun sie das? Ganz einfach, weil sie sich mit dieser Haltung besser fühlen. Es ist eben dieser Unterschied in der Gefühlslage, der maßgeblich bestimmt, wie wir durchs Leben gehen und wie wir uns den Schwierigkeiten und Herausforderungen stellen.

Wenn wir nun von Resonanz sprechen, meinen wir damit „Gleiches zieht Gleiches an“. Das klingt kompliziert, ist aber im Kern ganz einfach – ungefähr so, wie das oft belächelte Sprichwort: „Was du aussendest, das empfängst du.“ Hinter diesem Sprichwort stehen die Erkenntnisse der Neuropsychologie und der modernen Quantenphysik.

Was bedeutet das Gesetz der Resonanz in Bezug auf die Arbeitswelt? Und welche Rolle spielt dabei das Feelgood Management?

In jedem Unternehmen sind Menschen mit beiden Haltungen oder Sichtweisen mehr oder weniger vertreten. Man sollte sich als Feelgood Manager:in darüber bewusst sein, dass jede:r ihre bzw. seine ganz eigene Bewertung über die Arbeit des Feelgood Managements abgeben wird. Jedes Feedback – sei es positiv oder negativ – wird auch viele Informationen über die Person beinhalten, die es abgegeben hat. Unter diesem Aspekt lernen wir die Menschen, mit denen wir arbeiten, mehr und mehr kennen und können effektiver werden. Hierbei ist es jedoch nicht möglich, die Mitarbeitenden davon zu überzeugen, die Dinge ausschließlich positiver zu sehen. Natürlich dürfen Impulse gegeben werden, damit die Dinge aus unterschiedlichen Perspektiven betrachtet werden können. Das primäre Ziel sollte aber nicht sein, alle glücklich machen zu wollen, denn – wie wir zuvor erörtert haben – ist dies gar nicht möglich. Alle Menschen, mit denen wir zusammenarbeiten, stehen an einem anderen Punkt in ihrer ganz individuellen Entwicklung. Stellen wir uns ein Spinnennetz vor: Jede Kreuzung der einzelnen Spinnweben stellt einen Punkt dar, an dem jeweils ein:e Mitarbeiter:in steht. Alle stehen im selben Netz, aber jede:r hat von ihrem bzw. seinem Punkt aus eine andere Sicht auf die Dinge oder Ereignisse. Ziel ist es, jede:n an genau dem Punkt abzuholen, an dem sie oder er gerade steht, und von dort aus Unterstützung für den nächstmöglichen Schritt anzubieten. Was aber ist der nächstmögliche Schritt? Es ist immer genau der, den dein Gegenüber für sich selbst erkennen und formulieren kann.

Erfolgreich gearbeitet haben wir im Feelgood Management – um bei dem Bild des Spinnennetzes zu bleiben – wenn wir es schaffen, möglichst viele Mitarbeitende auf eine Reise zu unterschiedlichen Punkten (Perspektiven, Sichtweisen, Haltungen, Gedanken, Gefühlen) mitzunehmen. Innerhalb dieses Entwicklungsprozesses geht es zum einen darum, zu lernen, den eigenen Blickwinkel zu erweitern: Je mehr die bzw. der Einzelne gelernt hat, sich auch mal vom eigenen Punkt wegzubewegen und sich auf andere Perspektiven einzulassen, desto toleranter kann sie bzw. er mit sich und ihren bzw. seinen Mitmenschen umgehen. Zum anderen unterstützen wir Feelgood Manager:innen unsere Mitarbeitenden darin, ihren eigenen Anteil oder Beitrag an der „Ist-Situation" oder an ihrem „Sich-so-oder-so-fühlen" zu erkennen, um dann in einem nächsten Schritt persönliche Ressourcen zu aktivieren, die sich bis dato im „Schlummer-Modus" befunden haben. In anderen Worten: Den nächsten, ganz individuellen Entwicklungsschritt in Richtung „feel good" zu gehen.

Dies kann bei einem Menschen bedeuten, dass er sich ein Herz fasst und zum ersten Mal den Mut aufbringt, mit seiner Führungskraft zu reden, um bestehende Mängel anzusprechen. Eine andere hat vielleicht mit der direkten Ansprache von Mängeln keine Probleme, könnte aber lernen, sich hier und da in ihrer Impulsivität zurückzunehmen. Beim Nächsten wiederum könnte ein Schritt in Richtung „feel good" bedeuten, sich neben dem tagtäglichen Ärgern drei Dinge aufzuschreiben, die er an diesem Tag gut fand. Seine Wahrnehmung der Realität beginnt sich damit zu weiten und er beginnt, seine Aufmerksamkeit auf Dinge zu lenken, die vielleicht schon immer da waren, die er aber zuvor nicht bemerkt hatte, weil er mit dem „sich Ärgern" beschäftigt war.

Nach zwei Jahren in der Tätigkeit als Feelgood Managerin kann ich bestätigen, dass jeder Entwicklungsschritt, der von einem einzelnen Individuum beschritten worden ist, nicht nur die bzw. den Mitarbeiter:in selbst vorangebracht hat, sondern auch das Unternehmen als Ganzes. Dort, wo Selbstwirksamkeit gelebt wird und gelebt werden darf, entsteht unweigerlich Entwicklung. Mit Selbstwirksamkeit meine ich die gesunde innere Überzeugung, dass jede:r mit ihrem bzw.

seinem ganz speziellen „So-Sein“ einen wichtigen Beitrag leisten kann und auch darf. Und dabei ist es eben nicht egal, ob etwas angesprochen wird, was einen bedrückt, damit es geklärt werden kann, oder ob es im Stillen heruntergeschluckt wird, wo es den Nährboden für Unmut und Unzufriedenheit schafft. Ebenso ist es für die persönliche Entwicklung der bzw. des Einzelnen sowie für die Entwicklung des Ganzen ein Unterschied, ob ich mich den alltäglichen Herausforderungen stelle, indem ich ihnen aktiv, wirksam und mit Taten gegenübertrete oder ob ich mich zurückziehe und das Gefühl in mir nähre „ja eh nichts ändern zu können“, mit der Folge, dass die Umstände eben so bleiben wie sie sind. Und: Das „Selbst-aktiv-werden“ bringt es unweigerlich mit sich, dass wir uns emotional positiver fühlen, was wiederum unsere individuelle Zufriedenheit stärkt.

Dies sind meiner Meinung nach Grundlagen, die jede:r Feelgood Manager:in wissen muss und auch gerne selbst beherzigen darf. Diese Grundlagen lassen sich zwar recht locker beschreiben, im wahren Leben aber bedeutet es, Lernprozesse zu durchlaufen, die sich über Jahre hinwegziehen können. Es geht um Veränderungen, die ihre Zeit brauchen, denn sie müssen in unserem Bewusstsein ihren Anfang nehmen, bevor sie sich in unseren wahren Gefühlen und in authentischem Handeln widerspiegeln können. In diesem Sinne ist „Feel Good“ für mich kein (Ziel-) Zustand, der erreicht werden kann, sondern es ist ein Weg, ein immerwährender Prozess des Sich-Weiterentwickelns.

RAFAELA SCHMITT (36 Jahre, Mannheim) ist Feelgood Managerin bei avendi Senioren Service GmbH & Co.KG, einem privaten Seniorendienstleister mit Sitz in Mannheim. Ihre berufliche, wie auch persönliche Leidenschaft ist die Weiterentwicklung von Menschen als Individuen und Teams. Als Feelgood Managerin ist sie (mit)verantwortlich für die Teamentwicklung und die Sensibilisierung für die Werte des Unternehmensbildes zur Unterstützung eines werteorientierten Miteinanders. Sie ist überzeugt, durch diesen gelebten Perspektivwechsel als sinnstiftendes und mitarbeiterorientiertes Unternehmen einen bedeutenden Beitrag als attraktiver Arbeitgeber in der Pflegebranche leisten zu können.

Weitere Infos auf:
www.avendi-senioren.de/Feelgood Management

Präsentation von Ergebnissen

„Als nächstes werden die Ergebnisse für das ganze Unternehmen offengelegt, sowohl die positiven als auch die nicht so guten Ergebnisse. Dann werden die Themen, die dabei rauskamen, priorisiert und man entscheidet: ‘Das ist das wichtigste Thema für uns momentan, das das zweitwichtigste. Bei dem Thema können wir schnelle Erfolge erzielen, da müssen wir nicht viel Zeit investieren, das ist ein schneller Erfolg. Das wären dann Quickwins‘“

„Wenn man festgestellt hat, in welchen Bereichen noch Luft nach oben ist, dann werden die Ergebnisse auch schonungslos offengelegt.“

„Wenn du ein Konzept entwickelst: Mach es so transparent wie möglich! Und auch nicht nur aufs Menschliche gucken, sondern zeigen, was das für das Unternehmen an Effekte oder Profit bedeutet. Zum Beispiel schnelleres Arbeiten oder bessere Vernetzung, die dann zu einem schnelleren und reibungsloseren Arbeiten führt. Das muss intern wirklich deutlich gemacht werden. Da würde ich mit Effizienz und auf Zahlenebene argumentieren.“

„Dann arbeite ich die Ergebnisse auf und präsentiere sie vor den Mitarbeitenden. Es soll alles sehr offen und transparent sein.“

Einige Feelgood Manager:innen wiesen explizit auf die Präsentation ihrer Analyseergebnisse vor den Mitarbeitenden hin, um so Transparenz und Offenheit im Prozess und eine gemeinsame Gesprächsgrundlage zu schaffen, aufgrund der die Themen gut sortiert und priorisiert werden können.

PROZESSSCHRITT 3: KONZEPTION & PARTIZIPATION

- An den Bedürfnissen der Mitarbeitenden ausgerichtete Maßnahmen & Implementierungsschritte ableiten
- Gemeinsam individuelle Maßnahmen entwickeln (Workshops)
- Partizipation fördern
- Verzahnung von Mitarbeitenden & Führungskräften

„Als nächstes geht es dann darum, Handlungsmaßnahmen zu überlegen und zu prüfen, was überhaupt umgesetzt werden kann.“

„Für ein gutes Feelgood Management müssen alle mit ins Boot geholt werden: Alle Mitarbeitenden, Führungskräfte, HR und Feelgood Management. Für mich sind alle daran beteiligt.“

„Wenn man sich Maßnahmen überlegt, würde ich immer gucken: Passen die individuell auf die Leute, die da vor mir sitzen? Man kann z.B. keinen Meditationsworkshops mit allen Leuten machen. Wir arbeiten daran, das einzubauen, aber pass deine Maßnahmen an die Zielgruppe an. Schau, was die Leute brauchen und wie der Spirit ist.“

„Um Maßnahmen zu bestimmen, beziehe ich alle Mitarbeitenden mit ein, z.B. in einem Workshop, in dem die Mitarbeitenden die Maßnahmen selbst erarbeiten. Ich stelle mich als Feelgood Managerin nicht hin und sage: ‚Wir machen das jetzt so und so‘. Das wäre kontraproduktiv, weil die Feelgood-Kultur davon lebt, dass die Mitarbeitenden selbst mitbestimmen und mitwirken können.“

In der Phase „Konzeption und Partizipation“ ist insbesondere die Partizipation der Mitarbeitenden gefragt, um an ihren Bedürfnissen ausgerichtete Maßnahmen und Implementierungsschritte abzuleiten. Dabei sollte das Mitwirken der Mitarbeitenden besonders gefördert und konkrete, passende Maßnahmen durch sie selbst z.B. in Form von Workshops erarbeitet werden. Ebenso ist hierbei die Verzahnung von Mitarbeitenden und Führungskräften zentral. Als Maßnahmen bzw. Tätigkeitsschwerpunkte wurden folgende Punkte genannt: „Konzepterarbeitung“, „Partizipation der Mitarbeitenden“ sowie „Ansprechpartner:in“.

Konzepterarbeitung

„Meistens kommen die Unternehmen auf mich zu, weil gerade ein großer Schmerz da ist; wenn es zum Beispiel eine große Kündigungswelle gab. Oft braucht da die Geschäftsführung meine Unterstützung, weil sie nicht weiß, woran das liegt. Da helfe ich als Selbstständige, dass wir ein gutes Feelgood Management Konzept zusammenstellen."

Die Entwicklung von Konzepten und Maßnahmen wurde als wichtiges Aufgabenfeld des Feelgood Managements genannt. Dazu ist viel Nachforschung, Vorarbeit und Vorbereitung konkreter Maßnahmen notwendig sowie eine kontinuierliche Prozessausgestaltung. Konkret fällt darunter die Ausarbeitung von Workshops, die Aufbereitung deren Ergebnisse sowie die Auswertung von Gesprächen. Teilweise werden auch Prozesse des Arbeitsalltags dokumentiert und Checklisten zur Prozessverbesserung erstellt, wie zum Beispiel in Bezug auf das Onboarding neuer Mitarbeitender, um ihnen schon am ersten Tag „eine kleine Wohlfühloase präsentieren" zu können. Ziel der Konzepterarbeitung ist es, sicherzustellen, dass die geäußerten Wünsche der Mitarbeitenden auch nachgehalten und wenn möglich umgesetzt werden.

Partizipation der Mitarbeitenden

„Wenn du im Feelgood Management Maßnahmen einsetzt und mit dem Team arbeitest, dann kommt natürlich auch ein unbewusster Prozess in Gang, der automatisch das Wir-Gefühl erhöht, die emotionale Verbundenheit zum Unternehmen und die zwischenmenschlichen Beziehungen stärkt. Das läuft eher so im Unbewussten ab, das geht ein-fach damit einher, dass du dich viel mit dem Team beschäftigst oder das Team sich mit sich selbst beschäftigt, z.B. in Teamworkshops."

„Das coole ist, dass ich eigentlich gar nicht selbst die ganzen Ideen haben muss. Ich treffe mich regelmäßig mit den Leuten und höre ihnen zu. Sie haben schon immer selbst ziemlich viele Ideen. Einmal die Woche bespreche ich das dann mit meiner Chefin und wir gucken, was wir davon umsetzen können."

„Feelgood Management bedeutet gemeinsames Arbeiten und ist ein Ansatz von Hilfe zur Selbsthilfe: Die Lösung kommt von den Leuten selbst. Und von mir wird es nur noch durch Impulse oder durch ein paar Ideen ergänzt."

„Dann steht die gemeinsame Erarbeitung von Lösungsmöglichkeiten an und zwar unter Einbezug aller, des ganzen Teams. Dabei kommt es darauf an, wie groß das Unternehmen ist. Man kann aber auch in Form von Peergroups und Vertreter:innen arbeiten, sodass das ganze Team gut repräsentiert ist."

„Wir wollen uns als Unternehmen bottom-up weiterentwickeln, also die Mitarbeitenden einbeziehen und nicht ‚hier oben' irgendwelche Maßnahmen austüfteln, die dann am Ende gar nicht gewollt sind und auch nicht getragen werden von der Mitarbeiterschaft."

„Von der Geschäftsführung über die Buchhaltung bis hin zur Technik müssen alle Mitarbeitenden am Feelgood Management beteiligt sein. Am besten müssen alle mit dran arbeiten und jede:r sollte mit einbezogen werden."

„Ich sehe mich als Feelgood Managerin nicht verantwortlich für die Mitarbeiterzufriedenheit, obwohl das ja gemeinhin unter Feelgood Management verstanden wird. Aber mir geht es eher darum, die Verantwortlichkeit und Selbstwirksamkeit jeder und jedes Einzelnen zu stärken. Und dazu gehört für mich, zu erkennen, dass ich als Individuum selbst für meine Zufriedenheit zuständig bin und das nicht von äußeren Faktoren abhängig machen kann."

„Feelgood Management ist ein Motor für permanente Unternehmens- und Organisationsentwicklung, sowohl bottom-up als auch top-down. Wenn man es schafft, im Unternehmen die Themen aus den Ebenen nach oben oder unten zu bringen und so einen Kreislauf herzustellen, dann geht es permanent voran und man entwickelt sich ständig weiter. Und so stellt man auch sicher, dass die untere Belegschaft das Unternehmen mitgestaltet, sich als Teil des Unternehmens sieht und sich damit identifiziert."

„Ich gestalte die Unternehmenskultur mit den Mitarbeitenden zusammen: Nicht alleine, sondern zusammen."

„Es müssen alle Mitarbeitenden an Bord sein. Natürlich gibt es immer Mitarbeiter:innen, die da überhaupt keinen Bock drauf haben und dazu nur 'Larifari' sagen. Aber im Prinzip versucht man, wirklich ganz viele vom Feelgood Management zu überzeugen und so Anhänger:innen zu bekommen, die dann auch selbstständig Aufgaben weiterführen. Manche Mitarbeitende sind eher zurückhaltend, und gerade da ist es auch wichtig, dass man die catched und fragt: 'Hast du nicht Lust, mitzumachen?'"

Besonders häufig wurde die aktive Teilhabe und Mitgestaltung des Feelgood Managements durch die Mitarbeitenden betont. Alle Feelgood Manager:innen gaben an, dass jedes Unternehmensmitglied mit ins Boot geholt werden und das Gefühl haben muss, Teil der Entwicklung zu sein. Wichtig ist dabei, dass keine Fremdbestimmung durch externe Vorgaben vorgenommen werden soll, sondern die Mitgestaltung der Unternehmenskultur durch die Mitarbeitenden zentral ist: Jede:r Mitarbeitende soll einbezogen, aktiviert, motiviert und mitgenommen werden, damit die Kultur nicht aufgestülpt, sondern gemeinsam bottom-up entwickelt wird. Wenn jede:r Mitarbeitende sich selbst, eigene Gedanken und Ideen einbringt, dann wird die Kulturentwicklung – so die Idee – zum „Selbstläufer", sodass Feelgood Management auch als Hilfe zur Selbsthilfe verstanden werden kann. Wichtig ist dabei auch, dass nicht allein die bzw. der Feelgood Manager:in dafür verantwortlich ist, dass die Maßnahmen umgesetzt werden, da jede:r im Unternehmen die Kultur vorantreibt und ein Teil davon ist.

Ansprechpartner:in

„Ich bin die Ansprechpartnerin für die Mitarbeitenden, auch um ihnen das Gefühl zu geben: ‚Ihr seid uns hier wichtig'"

„Ich vermittle den Kolleg:innen dieses Gefühl, dass da jemand ist, dem sie nicht auf die Nerven gehen, wenn sie etwas fragen. Es gibt immer nette Leute im Team, die helfen, aber die haben eigentlich keine Zeit dafür. Und das ist bei mir nicht so. Genau diese Zeit habe ich; ich werde dafür bezahlt, dass ich mir für die Mitarbeitenden Zeit nehme."

„Ich bin Ansprechpartnerin für alles. Für Themen, die die Arbeit betreffen und das Team, z.B.: ‚Wir haben im Team ein Problem', ‚Ich komme mit meiner Führungskraft nicht klar' oder ‚Ich hab um eine Beförderung gebeten und sie nicht gekriegt'"

„‚Ein offenes Ohr haben' trägt schon viel zum Feelgood bei. Wir senden firmenseitig schon das Signal: ‚Wir kümmern uns um euch'"

„Als Feelgood Manager:in sollte man immer eine offene Tür haben für Anregung. Man ist Schnittstelle zum Personalbereich, sodass man eine Anlaufstelle für die Mitarbeitenden bildet und diese nicht nur dasitzen und harren, welches Angebot da kommt, sondern selbst aktiv werden können."

„Ich bin eingestellt worden, um eine Ansprechpartnerin zu sein für die Mitarbeitenden: Für sämtliche Fra-gen, Belange, Unsicherheiten. Die Idee ist, dass sie jemanden haben, der an das Unternehmen angebunden ist, aber dennoch eine neutrale Position einnimmt, als Stabstelle und neutrale Verbindungstelle. Eine meiner Hauptaufgabe ist deshalb die Begleitung der Mitarbeitenden, also ganz persönlich ansprechbar sein."

„Ich führe ganz viele Gespräche. Das müssen nicht immer Interviews sein. Das kann auch einfach auf dem Gang sein."

„Ich habe feste Präsenzzeiten in den verschiedenen Bereichen. Da können die Mitarbeitenden mit mir reden, wenn sie Bedarf haben. Ich laufe dann durch den Bereich oder organisiere ein Frühstück und man bespricht, was gerade ansteht. Oder ich sitze mit den Führungskräften zusammen und bespreche die Situation im Haus. Es geht darum, den direkten Kontakt herzustellen."

Die meisten Feelgood Manager:innen sahen sich als Ansprechpartner:in für alle Belange der Mitarbeitenden von Fragen über Probleme bis hin zu privaten Themen. Wichtig ist dabei, dass die Mitarbeitenden ein gutes Gefühl dadurch bekommen, dass sie eine konkrete Anlaufstelle haben. Das Gefühl, dass jemand für sie da ist und sie jemanden an ihrer Seite haben, der alles auffängt, was sie auf dem Herzen haben. Jemand, der an das Unternehmen gebunden ist, aber dennoch eine neutrale Position einnimmt. Eine Person, die zuhört, Rat geben kann und Lösungen findet; die die Bedürfnisse der Mitarbeitenden kennt und bei der auch sensible Themen wie Unzufriedenheiten oder Probleme im Team angesprochen werden können.

Zur Veranschaulichung und Konkretisierung, wie die Konzeption und Implementierung von Feelgood Maßnahmen im Unternehmen aussehen können, beschreibt Conny Harlinghausen in ihrem Impulsbeitrag am Ende dieser Phase ein umfangreiches Beispiel aus ihrer praktischen Erfahrung als Feelgood Managerin.

FEELGOOD MANAGEMENT IN DER PRAXIS – EIN MAẞNAHMENBEISPIEL

IMPULS VON CONNY HARLINGHAUSEN

Ausgangslage:

Im Sommer 2019 war ich in meiner Tätigkeit als Feelgood Managerin bei einer Performance Agentur mit ca. 50 Mitarbeitenden im Einsatz. Da die Agentur in den letzten beiden Jahren stark gewachsen ist, war den beiden Geschäftsführern sehr wohl bewusst, dass einige relevante Informationen nicht mehr bis zur Geschäftsleitung durchdringen und umgekehrt. Um Klarheit über die Bedürfnisse der Mitarbeitenden zu bekommen, sollte der Ansatz von Feelgood Management weiterhelfen. Denn eins ist klar: Nur Mitarbeitende, die sich wohlfühlen und Spaß an der Arbeit haben, können in einem anspruchsvollen Umfeld beste Leistungen bringen. Und wo sich Mitarbeitende wohlfühlen, da bleiben sie auch lieber. Auch das hatten die beiden Geschäftsführer im Hinterkopf, denn einige Mitarbeitende hatten das Unternehmen gerade verlassen und es war schwierig, gute Talente zu finden. Die Einführung in das Thema Feelgood Management wurde als Chance gesehen, sowohl das Unternehmen als auch die Mitarbeitenden positiv weiterzuentwickeln, ganz nach dem Motto: „If you take care of your workers, they'll take care of your business“ (Richard Branson, britischer Businessmagnat).

Die Basis:

Um herauszufinden, was die tatsächlichen Bedürfnisse der Mitarbeitenden sind, habe ich eine Kultur- und Mitarbeiterbedürfnis-Analyse gestartet. Diese Analyse ist als Herz des Feelgood Managements ein probates Mittel, um herauszufinden, was die Mitarbeitenden brauchen, um einen guten Job zu machen, aber auch um herauszuarbeiten, was bereits richtig gut läuft. Fast alle Mitarbeitenden waren sich einig, dass es Spaß macht, in der Agentur zu arbeiten, und dass das Verhältnis zu den Kolleg:innen einfach toll ist. Die beiden Geschäftsführer taten auch einiges dafür: Besondere Firmenevents, bei denen auch Familienmitglieder eingeladen waren, ein neuer Grill für die Mittagspause, Sportevents, Tischkicker, Massagen und und und... Es zeigte sich jedoch, dass in den Bereichen Kommunikation und

Zusammenarbeit noch Luft nach oben war. Es gab Teams in der Agentur, die teilweise gar nicht wussten, was die anderen machten: Das klassische Silo-Problem von wachsenden Unternehmen mit diversen Disziplinen. Kommunikation und Zusammenarbeit waren also die Themen, mit denen wir uns näher beschäftigen würden.

Eingrooven ins Feelgood Management – so begann alles:

Wir haben uns nach Feierabend bei Bier und Pizza den Film „Die stille Revolution" angeschaut. In dem Film von Kristian Gründling geht es um den Kulturwandel in unserer Arbeitswelt, der gerade stattfindet. Bodo Janssen, Geschäftsführer der Hotelkette Upstalsboom, zeigt in diesem Film den Wandel einer ganz neuen Führung und Entwicklung von Unternehmenswerten. Der Film rüttelt gnadenlos wach, ist sehr inspirierend und stößt Diskussionen an. So auch bei den Mitarbeitenden. Wir haben bis spät abends diskutiert und einige der Mitarbeitenden erzählten mir, dass sie das Thema auch noch nachts beschäftigt hat. Wir waren nun ganz automatisch in dem Thema „Kulturwandel" drin und sehr positiv gestimmt. Was für ein toller und fruchtvoller Einstieg!

Next Steps:

Im nächsten Schritt habe ich mit den Mitarbeitenden einen Kommunikationsworkshop durchgeführt. Es ging um die Kommunikation intern (zu den Kolleg:innen), extern (zu Kund:innen & Partner:innen) und zu den Vorgesetzten. In Kleingruppen wurden Lösungen und weitergehende Maßnahmen erarbeitet, die wir später mit den beiden Geschäftsführern und Teamleiter:innen nochmals diskutiert haben. Dabei kamen wir unter anderem zu folgenden Ergebnissen:

Feelgood-Maßnahmen:

1. Agency Friday

› Maßnahmenbeschreibung: Alle zwei Wochen findet ein Agency Friday von 14-16 Uhr statt. Die einzelnen Teams berichten dabei z.B. von ihrem aktuellem Projektstand, Herausforderungen etc. Die Geschäftsführer informieren über aktuelle Themen. Es sollen auch externe Speaker:innen eingeladen werden, die über ein spezielles Thema berichten. Die einzelnen Agendapunkte sollen bis Donnerstag 15 Uhr bei einer bzw. einem verantwortlichen Mitarbeiter:in (abwechselnd) oder Feelgood Manager:in eingereicht werden. Es soll ausreichend Zeit für Diskussion bleiben. Die Veranstaltung findet in einem lockeren Rahmen statt, z.B. mit Feierabendbier oder „Pizza for everyone". Die Teilnahme ist freiwillig.

- Zielsetzung: Der Agency Friday ist ein Weg, Wissen weiterzugeben und Neues auszuprobieren, aber auch Feedback zu geben und zu erhalten. Die einzelnen Mitarbeitenden können sich Hilfe suchen und Entscheidungen treffen. Es wird Transparenz geschaffen und die Kommunikation und Zusammenarbeit wird so teamübergreifend gestärkt.
- Next Steps: Beginn des Agency Friday ab Oktober 2019 bis Ende des Jahres. Die Termine wurden schon festgelegt und kommuniziert (6 Termine = überschaubar). Anfang 2020 wurde eine Umfrage gemacht und entschieden, den Agency Friday auch in Zukunft beizubehalten.
- Was hat sich positiv verändert? Die Teams sind wieder mehr zusammengewachsen. Die Mitarbeitenden sind offener und bringen Ideen und Anregungen ein. Das Verständnis füreinander ist gewachsen und die Kommunikation insgesamt achtsamer geworden. Die Mitarbeitenden haben angefangen, freitags gemeinsam ihre Erfolge zu feiern, was vorher in der Form nicht stattgefunden hat. Dies führte zu einem neuen Stolz und Identifikation mit dem Unternehmen. Der Agency Friday macht einfach Spaß, da er in lockerer Atmosphäre stattfindet.

2. Open Talk/ Open Walk

- Maßnahmenbeschreibung: Immer donnerstags von 15-15.30 Uhr findet ein „Open Talk" oder „Open Walk" für die Mitarbeitenden mit dem Geschäftsführer statt. Dies kann z.B. ein Spaziergang am nahegelegenen See sein oder bei schlechtem Wetter eine „Kaminstunde" (animiertes Feuer am Bildschirm). Der Talk oder Walk findet abwechselnd mit einem der beiden Geschäftsführer statt. Die Mitarbeitenden können sich aussuchen, mit wem sie sprechen möchten.
- Zielsetzung: Die Mitarbeitenden bekommen die Chance, auch einmal individuelle Anliegen oder Ideen anzusprechen. Es entsteht ein zweiseitiger Dialog zwischen Mitarbeitenden und Geschäftsführern. Mitreden und mitbestimmen dürfen bedeutet, wertgeschätzt zu werden. Die Vertrauensbasis zwischen Geschäftsführer und Mitarbeitenden wird aufgebaut

und gestärkt. Dies kann zu einer höheren Motivation bei den Mitarbeitenden führen. Durch die Regelmäßigkeit bekommen die Mitarbeitenden ein Gefühl der Wichtigkeit für die Geschäftsführer.

› Next Steps: Anlegen eines Kalenders, in dem sich die Mitarbeitenden bis Ende des Jahres eintragen können. Anfang 2020 wurde geschaut, wie das Angebot angenommen wurde und ob die „Sprechstunde" weitergeführt wird oder ob es reicht, „Open Door" anzubieten.
› Was hat sich positiv verändert? Anfangs forderte der Open Talk eine Umstellung in den Köpfen, besonders wegen der investierten Zeit. Zunächst forderte es Mut, sich in den Kalender einzutragen. Aber nachdem ein paar Mutige positiv davon berichteten, kam der Stein ins Rollen und mittlerweile ist es zu einer Institution geworden und wird deshalb beibehalten. Das Vertrauensverhältnis zwischen Geschäftsführern und Mitarbeitenden ist stark gewachsen. Die Mitarbeitenden fühlen sich verstanden und spüren eine ganz neue Wertschätzung, was sie wiederum zu mehr Leidenschaft im Job antreibt. Durch den Spaziergang am See oder das Schauen ins Feuer wird eine räumliche Distanz zum Arbeitsumfeld geschaffen und Probleme und Herausforderungen werden wesentlich emotionsfreier diskutiert.

3. Videobotschaft von den Geschäftsführern

› Maßnahmenbeschreibung: Jeden Montagmorgen finden die Mitarbeitenden zur Begrüßung und für einen guten Start in die Woche eine kurze Videobotschaft (max. 5 Minuten) der Geschäftsführer auf ihrem Laptop/ Smartphone. Inhaltlich können die Geschäftsführer z.B. folgende Themen verkünden: News; aktuelle Vorhaben; Challenges, die diese Woche anstehen; Bekanntgabe von Erfolgen (welche Person/ welches Team steht dahinter); Worte zur Motivation oder Anerkennung der Mitarbeitenden.
› Zielsetzung: Die beiden Geschäftsführer sind dienstlich viel unterwegs. Einer der beiden Geschäftsführer wohnt nicht in der Nähe der Agentur und ist somit nur zwei Mal in der Woche im Office. Dies führte zu einer Distanz zu den Mitarbeitenden. Die Geschäftsführer haben sich mit dem Video bei der gesamten Belegschaft „Gehör" verschafft. Die Mitarbeitenden sind alle auf dem gleichen Wissensstand. Das Gemeinschaftsgefühl und die Nähe zu den Geschäftsführern wird gestärkt und führt zu einer besseren Zusammenarbeit.

- Next Steps: Anfang 2020 wurde eine Umfrage gemacht und entschieden, nicht mehr regelmäßig montags ein Video zu verschicken, sondern einfach nach Bedarf. Dies funktioniert sehr gut. Besonders während der Corona-Krise kam dieses Medium verstärkt zum Einsatz.
- Was hat sich positiv verändert? Die Mitarbeitenden fühlen sich näher den Geschäftsführern, aber auch dem Unternehmen verbunden. Einige Mitarbeitende reagierten auf die Videobotschaft ebenfalls mit einem kurzen Video, was wiederum zu mehr Verbundenheit unter allen geführt hat, aber auch eine lockere Stimmung erzeugte.

Blick in die Zukunft:

Feelgood Management ist mittlerweile ein fester Bestandteil in der Agentur. Allerdings lebt die Unternehmenskultur und muss gepflegt werden wie eine Pflanze, damit sie groß und stark werden kann. Das bedeutet, dass Maßnahmen ständig hinterfragt und diskutiert werden und so gut wie kein Prozess unangetastet bleibt. Die Feelgood-Reise hat begonnen und ist noch lange nicht beendet.

CONNY HARLINGHAUSEN (47 Jahre, München) ist mehrfach zertifizierte Feelgood Managerin und hat lange internationale Erfahrung im Vertrieb und Marketing sowie als Trainerin. Für sie ist es wichtig, den Menschen im Mittelpunkt seiner Arbeit zu sehen. Daher ist Feelgood Management Connys Herzensangelegenheit: Sie unterstützt Unternehmen, eine positive Unternehmenskultur zu entwickeln und nachhaltig zu implementieren. Conny ist begeisterte Netzwerkerin, Speakerin und organisiert Feelgood-Meetups in München, um das Thema „Positive Unternehmenskultur" weiter zu verbreiten.

PROZESSSCHRITT 4: IMPLEMENTIERUNG

› Freiwillige Verantwortliche für die Umsetzung finden
› Maßnahmen sukzessive ausrollen
› Implementierungsschritte steuern

„Der nächste Punkt wäre dann das Umsetzen von entsprechenden Maßnahmen, die daran ansetzen, was man herausgefunden hat: Was ist der rote Faden? Was sind die Hauptthemen? Bei uns ist das ganz klar die Kommunikation, das Miteinander, die Teamführung und allgemein das Führungsverhalten. Diese Themen werden aufgenommen und entsprechende Maßnahmen zusammenschneidert; sei es zum Beispiel in Form von Coachings, thematischen Managementtagungen oder Schulungen."

„Wo können wir noch etwas verbessern? Das nehme ich ins Protokoll auf und spreche mit den Verantwortlichen, damit das, was die Mitarbeitenden gesagt haben, auch Früchte tragen kann und das Feelgood Management seine Wirkung entfalten kann. Das Schlimmste, was man tun kann, ist zu sagen: 'Sagt uns eure Meinung' und dann geschieht nichts weiter."

„Es darum, mit den Leuten gemeinsam Lösungen zu erarbeiten."

„Die Bereiche, in denen sich die meisten Probleme herauskristallisieren, sind in der Kommunikation, im Thema Stressbewältigung, Stressmanagement und Mindset."

Als nächste Phase ging es in allen Interviews um die sukzessive „Implementierung" von Maßnahmen, bei der einzelne Umsetzungsschritte angestoßen und gesteuert werden müssen. Dies kann entweder im Verantwortungsbereich der Feelgood Managerin bzw. des Feelgood Managers selbst liegen oder es werden freiwillige Verantwortliche gesucht, die die Maßnahmen nachhalten (zum Beispiel, wenn ein:e externe:r Feelgood Manager:in ein Unternehmen nur temporär begleitet und nicht langfristig präsent in der Organisation tätig ist, aber auch, um herauszustellen, dass Kulturwandel ein Thema ist, dass alle gemeinsam antreiben und verantworten müssen).

Als Maßnahmen bzw. Tätigkeitsschwerpunkte in diesem Prozessschritt wurden folgende Punkte genannt: „Allgemeine Aufgaben (Grundsätzliches und Situatives)“, „Organisation & Administration“, „Wohlfühlatmosphäre schaffen“, „Kommunikation“, „Teambuilding & Events“, „Workshops“, „Räumliche Maßnahmen“, „Leibliches Wohl“, „Arbeitsprozessoptimierung & Dokumentation“ sowie „Weitere einzelne Beispiele“.

Allgemeine Aufgaben (Grundsätzliches und Situatives)

„Mein Tag als Feelgood Managerin sieht immer anders aus und das mag ich daran sehr gerne. Es ist wirklich jeden Tag unterschiedlich, aber man kann schon sagen, das Daily Business ist es, ganz viele Fragen zu beantworten und Probleme zu lösen.“

„Ich arbeite eher nach meinem Bauchgefühl. Mein Chef sagt nicht: ‚Handeln Sie nach einem Programm‘ sondern: ‚Machen Sie, was Sie denken, solange der Laden läuft.‘“

„Es geht einfach darum, diese Rahmenbedingungen zu schaffen. Das ist super bunt gemischt und macht total viel Spaß.“

„Bei mir sieht jeder Tag anders aus. An einem Tag gibt es einen Workshop, zum Beispiel in einer externen Location, wo wir sehr kreativ arbeiten können. An einem anderen Tag bereite ich ein Meetup vor, dass ich dann abends leite. Am nächsten Tag arbeite ich ein Feelgood Konzept aus, wobei ich viel am Computer sitze. Das variiert also stark. Es gibt auch Tage, an denen ich mich mit Kooperationspartner:innen treffe, viel netzwerke oder auf Veranstaltungen gehe, um das Thema präsent zu machen.“

„Ich bin für ganz verschiedene Dinge verantwortlich: Ich baue Möbel auf, ich organisiere die Teamevents, ich kommuniziere mit den Mitarbeitenden. Ich spreche ohnehin viel mit den Mitarbeitenden. Ich behalte das BGM im Auge, dass die Mitarbeitenden zum Beispiel ordentlich sitzen oder bessere Bürostühle kriegen. Ich bin für alles zuständig, was anfällt. Da gibt es auch kein Richtig oder Falsch. Man muss ausprobieren, was der richtige Weg ist und was verbessert werden kann.“

„Manchmal kommen die Mitarbeitenden gezielt auf mich zu: ‘Ich hätte gerne xy’. Angefangen mit ganz einfachen Dingen wie 'Ich brauche noch dieses oder jenes Möbelstück’ oder: ‘Morgen

muss ein Business- oder Teamfrühstück stattfinden, wie können wir das koordinieren?' Einen klassischen Tag gibt es in dem Sinne nicht. Das ist ja das Gute und das Spannende am Feelgood Management: Du weißt nie, was am Tag passiert. Es kommen Mitarbeitende mit kleinen Anfragen zu dir. Fünf Minuten später kommt das Marketing und sagt: 'Wir brauchen noch etwas für den Newsletter'. Man weiß nie, was gerade um die Ecke kommt."

Alle Feelgood Manager:innen betonten, wie unterschiedlich, variabel und situativ ihre täglichen Aufgaben sind und dass es deshalb schwer ist, sie konkret und umfassend zu benennen. Es ist Spontanität und Flexibilität notwendig, um auf Unvorhergesehenes eingehen zu können. Die meisten Feelgood Manager:innen erwähnten, dass vieles einfach ausprobiert werden muss, da es zu Beginn ihres Tuns teilweise noch gar keine klare Ziel- oder Aufgabenstellung gab: Es wurde einfach ausprobiert und dann fortgeführt, was gut funktioniert hat. Der Arbeitsalltag der Feelgood Manager:innen ist nach ihren Berichten sehr geprägt von aktuell anstehenden Anforderungen, wobei das große Ganze – die Entwicklung einer wertschätzenden Unternehmenskultur – nicht aus den Augen verloren werden darf.

Organisation & Administration

„Je nachdem, welche Maßnahmen ansteht, organisiere ich auch externe Unterstützung. Die Feelgood Manager:in muss nicht immer alles selbst anleiten."

„Ich habe viele organisatorische und administrative Aufgaben, insbesondere mit der Eventplanung."

Insbesondere die angestellten Feelgood Manager:innen berichteten eine Reihe administrativer Aufgaben wie organisieren, Dinge bestellen, bezahlen und abrechnen sowie Buchhaltung und Planung. Im Hintergrund wird vieles ins Rollen gebracht und mit den Zuständigen besprochen, damit die Wünsche der Mitarbeitenden auch tatsächlich umgesetzt werden können. Dabei kommen im Tagesgeschäft immer spontane, individuelle Anfragen der Mitarbeitenden rein. Werden die geplanten Maßnahmen nicht durch die bzw. den Feelgood Manager:in selbst durchgeführt, ist es ihre bzw. seine Aufgabe, jemand Externes dafür zu engagieren. Ferner fallen Messearbeit, Organisation von Sprachkursen oder Zuarbeit für den Newsletter an. Bei den Selbstständigen spielt außerdem der tägliche Kund:innenkontakt eine große Rolle.

Wohlfühlatmosphäre schaffen

„Ich möchte diese besondere Wohlfühlatmosphäre schaffen, weil das mein persönlicher Antrieb ist."

„Zum Thema Stimmung und Mindset hilft nur, mit gutem Bei-spiel voranzugehen. So eine lockere Leichtigkeit, so eine angstfreie Atmosphäre, in der man das Gefühl hat, jede:r kann sich einbringen."

„Dann gibt es auch noch ganz individuellen Belange, wenn z.B. jemand sagt: ‚Ich bin kein Morgenmensch, aber wir müssen jeden Tag um acht hier sein'. Das könnte ein Aufgabengebiet zwischen Feelgood Management und Personalabteilung sein, sich gemeinsam zu überleg, ob man vielleicht flexiblere Arbeitszeiten anbieten kann. Aber es ist auch möglich, dass das Feelgood Management da gar nicht mit in der Entscheidung drinsteckt, wenn die Personalabteilung dagegen stimmt und sagt, dass die Arbeitszeiten so bleiben müssen. Da kann man sich als Feelgood Manager:in überlegen, wie man morgens um acht im Büro eine ganz besondere Atmosphäre schaffen kann. Da wiederum kann das Feelgood Management eingreifen."

„Es geht im Feelgood Management darum, für ein gutes Klima zu sorgen, ein gutes Betriebsklima."

„Feelgood Management wirkt sich direkt auf das Bewusstsein am Arbeitsplatz aus, also dass man sich wohlfühlt und gerne zur Arbeit kommt, weil dort Feelgood Management gelebt wird und auch alle anderen mitziehen."

„Feelgood Management ist wie ein Stimmungsbarometer auf der Arbeit. Und es geht darum, das Bewusstsein für das Wohlfühlen am Arbeitsplatz zu schärfen."

Alle Feelgood Manager:innen beschrieben ihre Aufgabe damit, Rahmenbedingungen zu schaffen, unter denen die Mitarbeitenden gerne ins Büro kommen, weil sie sich dort wohl fühlen. Die Rede war dabei von einem angst- und konfliktfreien Arbeitsumfeld, von einer positiven Atmosphäre der Zusammenarbeit und Motivation sowie von einem guten Betriebsklima. Dabei geht es in erster Linie nicht darum, einfach nur Spaß zu haben, sondern vor allem um den Rahmen, in dem die Mitarbeitenden einen guten Job machen und sich auf ihre Arbeit fokussieren können. Dazu soll das alltägliche Leben im Büro schöner, einfacher und lockerer gemacht und die Stimmung verbessert werden. Ziel dabei ist, dass die Mitarbeitenden mit einem Gefühl der Freude auf die Arbeit kommen, anstatt ihren „Gehaltsscheck als Schmerzensgeld" zu empfinden. Feelgood Management soll dabei ein Statement des Unternehmens sein, dass die Mitarbeitenden wertgeschätzt werden und jemanden haben, der sich um ihre Belange kümmert, weil sie dem Unternehmen wichtig sind. Unzufriedenheiten werden aufgefangen und Probleme aus dem Weg geräumt, damit sich die Mitarbeitenden auf ihren Job konzentrieren können.

Über den Stellenwert von Wohlfühlen und Wertschätzung im Unternehmen berichtet Maike Wildeboer im nächsten Impulsbeitrag.

DIE KLEINEN GESTEN MACHEN DEN UNTERSCHIED – WERTSCHÄTZUNG UND WOHLFÜHLEN IM UNTERNEHMEN

IMPULS VON MAIKE WILDEBOER

Als mein persönliches Ziel steht für mich die Wertschätzung der Mitarbeitenden durch die Führungskräfte ganz oben: Es geht darum, die individuellen Personen wirklich wahrzunehmen und ihnen zu vermitteln, dass sie gesehen werden.

Ihre Anwesenheit und ihr Mitwirken ist gewünscht und erforderlich, um die Unternehmensziele zu erreichen und die Kund;innen zufrieden zu stellen. Daher sollte die Arbeitszeit (und damit ist die berufsbedingte Abwesenheit vom eigenen Schutz- und Versorgungsraum, dem Zuhause, gemeint) im Rahmen aller Möglichkeiten des Unternehmens angenehm gestaltet werden.

Schon mit kleinen Gesten der Wertschätzung kann mehr als nur ein wertvoller Beitrag zur Bindung der Mitarbeitenden an das Unternehmen geleistet werden, denn die Angestellten geben dieses positive Mindset auch weiter, sowohl untereinander im Team als auch an die Kund:innen. Die eigenen Mitarbeitenden also so zu behandeln, wie den besten Auftraggeber der Firma, ist ein guter Gedanke. Man stelle sich vor:

Die beste Kundin ohne Schirm in den Regen verabschieden? Sicher nicht! Warum dann nicht auch den Angestellten für die Mittagspause oder einen unerwarteten Regenguss zur Feierabendzeit einen Schirm zur Verfügung stellen? Den besten Kunden trotz Verabredung warten lassen? Die Kundin nach Projektabschluss ohne ein Wort ziehen lassen? Natürlich nicht! Die kleinen, oftmals zwischenmenschlichen Alltäglichkeiten machen den Unterschied.

Dieses Mitdenken von Kleinigkeiten im Büroalltag ist eine Möglichkeit, die Erwartungen vieler Angestellter zu übertreffen, die positive Grundhaltung zur Arbeit zu unterstützen und ein motivierendes Umfeld zu schaffen. Damit setzt das

Unternehmen ein Zeichen: „Du bist wichtig für die Firma, wir kümmern uns um dich. Wir nehmen dich wahr und unterstützen dich - auch in den kleinen Dingen."

In Bezug auf solche kleinen oder auch großen Gesten der Wertschätzung und insgesamt auf das Wohlfühlen der Mitarbeitenden im Unternehmen kann Feelgood Management wie eine Initialzündung wirken, durch die sich diese positive Grundstimmung immer weiter ausbreitet.

MAIKE WILDEBOER (30 Jahre, Hamburg) ist hauptberuflich Stadtplanerin mit zweitem Standbein in Personalentwicklung und Coaching. Sie legt in der Zusammenarbeit mit ihren Kolleg:innen besonderen Wert auf einen wertschätzenden Umgang und hat sich zum Ziel gesetzt, dass mehr Menschen sich bei der Arbeit wahrgenommen fühlen und gerne zur Arbeit gehen. An ihrer Arbeit mag sie besonders, wie der Schneeballeffekt eines „Random Act of Kindness" Einfluss auf die Bürokultur nehmen kann.

„Ein:e Feelgood Manager:in ist jemand, der Gelegenheiten in Form von Veranstaltungen schafft, um die Leute zusammen zu bringen zum freundschaftlichen, aber auch fachlichen Austausch.“

„Wir machen Events, um im Großen alle Mitarbeitenden zusammen zu bringen, damit sie sich austauschen können. Und da geht's auch immer darum, Fortschritte zu präsentieren, also den Leuten eine Bühne zu geben, dass sie sich auch selbst feiern, präsentieren und zeigen können, auch vor dem Vorstand. Dann gibt es Team-Events: Da werde ich von den Manager:innen oder Teamleads beauftragt, Kart-Fahrten, Lasertag oder sogar einen Angelworkshop zu organisieren, alles Mögliche. Dann gibt es auch Meetups: Wenn jemand sagt, er hat Bock, da aktiv zu werden, dann kümmere ich mich darum, dass wir Meetup-Host werden, organisiere das Catering, unterstütze die Speaker:innen bei ihren Präsentationen und kümmere mich um das ganze Setting. Meistens auch um die ganze Kommunikation im Vorfeld und ein bisschen um die Bewerbung der Veranstaltung. Dann gibt es alle Arten von Veranstaltungen, die themenbezogen sind. Eins meiner Lieblingsprojekte ist der Learning-German-Lunch. Da gehen wir zusammen mit den internationalen Kolleg:innen Mittagessen und alle sprechen nur deutsch. Das ist sehr witzig, weil jede:r ein anderes Level hat und alle einander verbessert.“

„Die Veranstaltungen sind ein großer Punkt meiner Arbeit: Menschen zusammenbringen und connecten.“

„Ich gehe jeden Morgen zu den Mitarbeitenden und sage guten Morgen. Und ich verabschiede alle, wenn ich gehe. Das sind so die einfachsten kleinen Dinge. Aber die werden wertgeschätzt von den Mitarbeitern. Und die Idee ist, dass es einen Übertragungseffekt gibt und es an jede:n Mitarbeiter:in und auch an die Führungskräfte weitergegeben wird. Dass die Geschäftsleitung auch mal ‚Guten Morgen‘ sagt; fragt, wie es geht, und ob alles funktioniert.“

„Was man durch das Feelgood Management extrem merkt, ist die bessere Zusammenarbeit untereinander. Wenn du dich einmal beim Biertrinken vorgestellt hast, arbeitet es sich viel leichter zusammen, als wenn du immer nur per Slack oder Skype mit irgendjemandem kommunizierst. Auch die Hemmschwelle wird kleiner, auf andere zuzugehen, wenn man sie schonmal gesehen hat.“

„Als Feelgood Managerin bin ich dafür verantwortlich, den Informationsfluss über alle Ebenen hinweg sicherzustellen, was das Unternehmen im Gesamten betrifft. Meine Erkenntnis ist, dass der Austausch und gemeinsame Treffen der zentrale Punkt ist: Es geht hauptsächlich um Kommunikation. Die muss stimmen und die Strukturen dafür müssen geschaffen werden."

„Ein Wert, den wir uns immer auf die Fahne schreiben, ist Excitement, also diese Begeisterung. Und das ist natürlich etwas, worauf wir ganz klar mit unseren Events abzielen: Emotionale Momente zu schaffen, um damit die Firmenkultur zu verstärken."

„Meine Stellenbeschreibung umfasst zum Beispiel Aufgaben wie Teampflege, Fürsorge und saisonales Teambuilding, je nachdem, was ansteht: Ob es eine Schneeballschlacht oder eine Kanutour ist."

„Ich bin zuständig für Teamsitzungen und wenn es mal im Team kriselt. Dabei geht es um Teamentwicklung und individuelle Persönlichkeitsentwicklung der Teammitglieder und Führungskräfte. Ich führe zentrale Treffen aller Teamleitungen durch, um sich auszutauschen. Damit unterstützen wir den Informationsfluss, den Austausch und das gegenseitige Lernen voneinander. Das ist extrem produktiv auch für meine Arbeit als Feelgood Managerin, weil von der mittleren Führungsebene das meiste Feed-back einzuholen ist, die ja direkt mit den Teams und mit den Mitarbeitenden vor Ort jeden Tag arbeiten. Und sie wissen genau, was die Mitarbeitenden bewegt, was die Unruhepunkte sind und die Unzufriedenheit ausmacht. Aber auch, was die Mitarbeitenden zufrieden macht. Das ist enorm wertvoll für uns geworden."

„In einem Unternehmen war das Thema Kommunikation ein ganz großes Thema. Es wurde sich immer über andere Mitarbeitende und Führungskräfte beschwert, dass Informationen nicht weitergegeben werden. Und die Führungskräfte haben wiederum gesagt: 'Das ist aber gar nicht euer Bereich'. Dabei ging es viel um das Thema, sich in die anderen reinzufühlen. Was wir da gemacht haben, war Job-Rotation: Die Mitarbeitenden, die das wollten, konnten vier Wochen an einen anderen Arbeitsplatz gehen, um sich da in die andere Struktur reinzufühlen. Das war sehr erfolgreich und ergab gutes Feedback. Die Mitarbeitenden waren auch sehr engagiert und offen. Vor allem hat das nicht nur auf der zwischenmenschlichen Ebene weitergeführt, sondern auch auf der fachlichen, weil die Mitarbeitenden vorher teilweise gar nicht wussten, was die Kolleg:innen eigentlich machen."

„Was die Kommunikation angeht schaue ich mir an, ob es Möglichkeiten für Feedback gibt: Kann man zum Beispiel Feedbacktools in den Arbeitsalltag

einbauen? Da gibt es zum Beispiel Feedbackboxen oder Bücher für anonymes Feedback. Das sind so konkrete Maßnahmen aus dem Feelgood Management, wo ich schaue, ob so etwas schon im Unternehmen etabliert ist oder ob man noch etwas einführen muss.“

„Die Kommunikation steht immer an erster Stelle als Stellschraube des Feelgood Managements. Wenn die Kommunikation nicht funktioniert oder nicht stimmt, dann geht es in dem Unternehmen ganz schnell in eine falsche Richtung. Dabei geht es sowohl um die Kommunikation zwischen den Mitarbeitenden, aber natürlich auch zwischen Führungskraft und Mitarbeitenden. Sobald es über 50 Mitarbeitende sind, verliert die Führungskraft auch oftmals den Überblick über die Leute und kriegt nicht mehr so viel mit, wenn nicht gut kommuniziert wird. Kommunikation steht für mich an allererster Stelle: Sobald die Kommunikation nicht mehr funktioniert, kommen Missverständnisse auf und dann kommen die Probleme.“

„Die größten Stellschrauben im Unternehmen sind Kommunikation und Miteinander. Ich schaue, welche Faktoren den Stress treiben und die Menschen auseinander bringen? Gibt es die Möglichkeit im Unternehmen, mehr Begegnung zu schaffen? Im schlimmsten Fall ist es so, dass die Menschen sich gar nicht mehr kennen. Wo die Mitarbeitenden dann ganz unglücklich im Interview sagen: ‚Hier kennt mich gar keiner‘. Oder: ‚Keinen interessiert es wirklich, wer ich bin, obwohl wir Tisch an Tisch arbeiten‘. Da schaffe ich die Möglichkeit, dass sie wieder miteinander sprechen können. Gemeinschaftsmomente. Miteinander.“

„Ganz wichtig und an oberster Stelle sehe ich die Kommunikation. Dabei muss man das Rad aber nicht komplett neu erfinden. Kommunikation in Unternehmen war ja schon immer ein Thema. Nur jetzt geht man tiefer in die Materie rein. Es geht darum, die Kommunikation im Unternehmen grundlegend zu verbessern und Arbeitsprozesse miteinander zu besprechen.“

Von allen Interviewten wurde das große Thema Kommunikation als zentral betrachtet. Darunter wurden die Subthemen der internen Kommunikation, der gesamte Informationsfluss im Unternehmen, allgemeines Teambuilding sowie spezifische Events zum Austausch zusammengefasst, aber auch die Kommunikation zwischen Feelgood Manager:in und Mitarbeitenden. Zur allgemeinen Kommunikationsstruktur in Unternehmen wurde es als wesentlich erachtet, Treffpunkte außerhalb des Schreibtisches einzurichten, um Miteinander, Gemeinschaftsmomente und Austausch unter den Mitarbeitenden zu ermöglichen. Dabei wurde die zwischenmenschliche Verbindung als Fundament des Unternehmenserfolgs verstanden, wobei die Kommunikation zwischen den Mitarbeitenden, aber auch zwischen Mitarbeitenden und Führungskraft eine Schlüsselrolle innehat.

Teilweise wurden Kommunikationsprobleme in Unternehmen durch räumliche Gegebenheiten erzeugt, teilweise lagen die Probleme im zwischenmenschlichen Bereich begründet. Feelgood Management wurde als Instrument verstanden, die Menschen zu verbinden, Konflikte zu lösen und das Team wieder in ein harmonisches Miteinander zusammenzuführen. Konkret werden dazu Maßnahmen wie Meetings, Teamfrühstück oder Businesslunches zum Austausch etabliert. In Workshops werden Kommunikationsstrukturen sowie Stressfaktoren im Unternehmen untersucht und besprochen.

Weitere Maßnahmen sind Intranets, interne Wikis oder Mitarbeiterzeitungen zum Informationsaustausch. Um den Informationsfluss zu verbessern, wird auch in einigen Unternehmen Job-Rotation eingeführt, wobei Mitarbeitende für vier Wochen lang freiwillig an einen anderen Arbeitsplatz gehen, um sich in die andere Arbeitsstruktur einzufühlen und die Kommunikation zwischen den Abteilungen zu verbessern.

Anonyme Feedbackboxen oder -bücher dienen zur Etablierung von Feedbackkultur in den Arbeitsalltag. Besonders charakteristisch sind Teamsitzungen, um sich gegenseitig kennenzulernen, in den direkten Austausch zu kommen, Unzufriedenheiten zu besprechen oder Fragerunden an die Geschäftsleitung durchzuführen.

Die Aufgabe des Feelgood Managements wurde insgesamt darin gesehen, Strukturen für eine freundliche und ehrliche Kommunikation zu etablieren und den Informationsfluss im Unternehmen zu verbessern; Plattformen zu schaffen, um Themen anzusprechen, Veränderungen anzuregen und voneinander zu lernen. Als Möglichkeit der Begegnung werden insbesondere teambildende Events eingesetzt: Von der aktiven Mittagspause und Grillabenden über Diskussions-veranstaltungen, Teamreisen und -ausflüge wie Kanutouren, Lasertag oder Schneeballschlachten, über Weihnachtsfeiern, Tischkicker-, Skat- und Pokerturnieren hin zu Meetups, Townhalls, Hackathons, Afterworkevents und weiter bis zu New Work Wochen, Fachtagungen oder Großevents. Bei diesen Veranstaltungen geht es darum, dass die Mitarbeitenden sich kennenlernen, austauschen und gegenseitig ihre Fortschritte präsentieren können. Nicht zuletzt wurden in Bezug auf die Kommunikation auch immer wieder die Gespräche zwischen Feelgood Manager:in und Mitarbeitenden betont, wobei es viel um Zuhören, Beziehungsaufbau und das Abfragen von Befindlichkeiten seitens der Mitarbeitenden geht.

Workshops

„In Workshops werden Teams wirklich zusammengeschweißt und können konkrete Probleme lösen. Dazu arbeite ich Workshopkonzepte aus, um mehr Wertschätzung füreinander zu lernen.“

„Ich mache ganz viel Workshoparbeit mit den Mitarbeitenden, wo sie dann in Kleingruppen arbeiten, wo sich alle zusammensetzen und gemeinsam Maßnahmen überlegen. Das ist ein ganz großer Bestandteil meiner Arbeit.“

„Ich trainiere mit den Unternehmen in Workshops auch Tools für Feedback. Da gebe ich Ideen, wie man Feedback geben und nehmen kann und wie man besser loben kann.“

„Regelmäßige Aufgaben sind Teamsitzungen und Workshops, speziell Werteworkshops.“

„Bei speziellen Themen schaffe ich die Plattform für die Mitarbeitenden, dass sie überhaupt darüber sprechen können.“

„Anschließend gehen wir in Workshops dann konkret in die Themen rein und schauen, wo die Schmerzpunkte liegen. In solchen Workshops arbeite ich mit verschiedenen Methodiken und Tools.“

Um an spezifischen Themen vertiefend zu arbeiten, werden von den meisten Feelgood Manager:innen Workshops durchgeführt. Diese Maßnahme zielt darauf ab, die Mitarbeitenden aktiv miteinzubeziehen, sie mitbestimmen und mitwirken zu lassen. In Workshops können sich die Mitarbeitenden ganz auf das Team konzentrieren und dem Strudel von Alltag, Stress und Aufgabenerledigung entkommen. Thematisch geht es dabei oft darum, die Schmerzpunkte von Unzufriedenheit zu identifizieren, Wertschätzung füreinander zu lernen, Probleme zu lösen oder Teambuilding zu betreiben. In Motto-Wochen werden an unterschiedlichen, spezifischen Themen wie z.B. Ergonomie im Büro gearbeitet. Workshops können auch dazu dienen, Analyseergebnisse offen zu legen und Probleme gemeinsam und auf Augenhöhe zu diskutieren.

Räumliche Maßnahmen

„Ich bin verantwortlich dafür, dass die Mitarbeitenden gerne in die Räumlichkeiten kommen. Es geht da auch um bürointerne Abwechslung in dem Sinne, auch mal Dinge anders zu machen als sonst. Neue Impulse zu bringen."

„Bei einem Unternehmen stand großes Wachstum an, aber es gab nur eine ganz kleine Küche. Das war für den Austausch der Mitarbeitenden blöd. In der Mittagspause, wenn manche Mitarbeitende etwas zu Essen mitgebracht haben oder etwas kochen wollten, dann hat der Platz nicht für alle gereicht. Und das war dann untragbar, weil das Thema Kommunikation in den Umfragen auch ein großes Thema war und die Frage aufgeworfen hat, was man da ändern könnte. Wir haben dann draußen im Garten eine Fläche geschaffen, wo Bierbänke aufgestellt werden können. Jetzt ist das ein Treffpunkt für die Mittagspause. Das sind manchmal so ganz praktische Sachen, die einfach angestoßen werden müssen."

„Wir haben eine Spaßwand, wo man alle möglichen Motive dran kleben kann, die man lustig oder inspirierend findet. Die Wand kann man sich auch abends noch angucken, wenn man geht. Da muss man mittags nicht dabei sein, wenn das gemeinsam angeklebt wird - auch, wenn da dann immer großes Gelächter ist."

„Eine meiner ersten Aufgaben war die Umgestaltung der Büros in Bezug auf eine neue Tischanordnung. Das ist immer noch ein Prozess, weil jede:r Mitarbeiter:in das so möchte, dass sie bzw. er sich auch wohl fühlt. Was ich dabei versuche einzuhalten, ist das Gesundheitsmanagement in dem Bereich, also die richtige Sitzhaltung und dass wir höhenverstellbare Tische und Stühle haben, sodass jede:r in einer besseren Position sitzt."

„Wir haben zum Beispiel eine Lounge eingerichtet mit ein paar Büchern. Die Lounge kann man auch nutzen, wenn man mal telefonieren möchte oder einfach mal eine andere Sitzposition braucht. Das lockert das Ganze auch etwas auf."

„Ich arbeite viel mit Feedback-Boxen. Schön sind auch Informations- oder Gemeinschaftsboards, die dann für alle Unternehmensmitglieder sichtbar sind."

Die Gestaltung der Büroräume wird in unterschiedlichem Umfang von den meisten Feelgood Manager:innen betrieben. Angefangen bei der Pflege der räumlichen Gegebenheiten durch Aufräumen, Lüften und Blumen hinstellen reichen die Maßnahmen bis hin zur Einrichtung von Lounges mit Büchern, Telefonräumen, Freiflächen mit Bierbänken für die Mittagspause oder eines Prayer & Meditation Rooms für muslimische Kolleg:innen sowie zum Meditieren und Erholen.

Die Gestaltung der Inneneinrichtung in Bezug auf ergonomische Büromöbel und Tischanordnung ist dabei Thema genauso wie das Nutzen der räumlichen Gegebenheiten wie große Terrassen für gemeinsame Pausen. Für kreative Arbeit empfehlen sich auch externe Locations sowie das Verlassen des Büros als aktive Pause. Als konkrete Feelgood Management Maßnahme wurde die Einrichtung einer Spaßwand genannt, an die einfach zur Erheiterung Motive geklebt werden können, sowie Visualisierungs- oder Kanbanboards zur Inspiration oder analogen Projektplanung. Ein Rückzugsbereich oder Einzelbüro für vertrauliche Gespräche mit der bzw. dem Feelgood Manager:in wurde begrüßt. Insgesamt sind sämtliche räumliche Maßnahmen darauf ausgerichtet, ganz konkret für ein angenehmes Arbeitsumfeld zu sorgen.

Leibliches Wohl

„Ich verwöhne die Mitarbeitenden gern, backe einen Kuchen oder bringe selbstgemachte Limonade mit, womit niemand rechnet. Das finde ich fast schöner als einfach Blumen hinzustellen. Oft, finde ich, liegen die Dinge, die man tun kann, auf der Hand."

„Ich habe zum Beispiel ein Frühstücksbuffet eingeführt. Das war ein Wunsch der Mitarbeitenden, weil viele von weiter weg herkamen und dann morgens über eine Stunde fahren mussten. Jetzt wird jeden Morgen gemeinsam gefrühstückt. Am Anfang habe ich das selbst angerichtet, aber dann habe ich ganz schnell zwei Verantwortliche pro Tag dafür zuständig gemacht, dass zum Beispiel bestimmte Müslisorten und Brötchen da sind. Das organisieren sie jetzt selbst reih um."

Einige der Interviewten berichteten auch von Aufgaben in Bezug auf das leibliche Wohl der Mitarbeitenden. Dies reichte vom Organisieren von Teamfrühstücks oder dem Catering für ein Meetup über das Versorgen der Mitarbeitenden mit Süßigkeiten und Pizza in sehr stressigen Phasen, der Zubereitung von Kuchen oder Limonade bis hin zum Bereitstellen von Getränken, Keksen oder Obst bei Besprechungen. Diese Tätigkeit spielt im Feelgood Management eine eher untergeordnete Rolle, ist aber dennoch der Vollständigkeit halber zu erwähnen.

Im nächsten Impulsbeitrag von Kai Mané wird vorgreifend auf den nächsten Punkt der Arbeitsprozessoptimierung noch ein ganz anderer Aspekt beleuchtet, nämlich der Zusammenhang von Feelgood Management und Projektmanagement bzw. inwiefern diese beiden Disziplinen voneinander lernen können.

PROJEKTMANAGEMENT UND FEELGOOD MANAGEMENT – WIE PASST DAS ZUSAMMEN?

IMPULS VON KAI MANÈ

Zum Bereich Feelgood Management:

Die bzw. der Feelgood Manager:in hat eine Schnittstellenfunktion im Unternehmen und arbeitet prinzipiell mit allen Abteilungen zusammen. Sie bzw. er fungiert als Bindeglied zwischen Chef:in und Mitarbeitenden und agiert in vielen Belangen als Ansprechpartner:in für die Mitarbeitenden.

Feelgood Manager:innen sollten unter anderem gute Sozial- und Kommunikationskompetenzen mitbringen, da sie sehr viel im Kontakt mit anderen Menschen stehen. Hier ist Kreativität und Ideenreichtum gefragt. Jede Maßnahme sollte dabei immer damit beginnen, die Bedürfnisse und Ansprüche der Mitarbeitenden kennenzulernen. Feelgood Manager:innen entwickeln sich so zu Vertrauenspersonen im Unternehmen.

Zum Bereich Projektmanagement:

Ein:e Projektmanager:in ist zuständig für die Planung, Umsetzung, Abnahme und Nachbereitung von Projekten. Sie bzw. er ist die Person, die bei einem Projekt im Unternehmen die Fäden in der Hand hält; die Schnittstelle, an der alle Stränge zusammentreffen. Sie bzw. er muss führen, organisieren, mit Budget umgehen und auch großem Druck standhalten können. Dabei darf sie bzw. er den Blick fürs große Ganze nicht verlieren. Das kann zum Beispiel eine Produkteinführung, eine Umstrukturierung im Unternehmen oder ähnliches sein. Dabei geht es im Wesentlichen darum, zu koordinieren und die entsprechenden Aufgaben zu delegieren sowie als Ansprechpartner:in für ganz unterschiedliche Parteien bereitzustehen. In dieser Position muss man auch mit spontan auftreten Problemen souverän umgehen können. Dabei ist es die größte Herausforderung, die perfekte Balance zwischen „so günstig wie möglich“, „so qualitativ hochwertig wie möglich“ und „so schnell wie möglich“ zu finden.

Warum ist Projektmanagement also wichtig?

Ohne Projektmanagement sind Teams und Kund:innen einem chaotischen Management, unklaren Zielen, fehlenden Ressourcen, unrealistischer Planung, hohem Risiko, qualitativ schlechten Ergebnissen und Projekten, die das Budget überschreiten und verspätet geliefert werden, ausgesetzt. Ein hervorragendes Projektmanagement ist wichtig, weil es Erfolg bringt. Projektmanagement schafft und befähigt zufriedene, motivierte Teams, die ihre Arbeitsabläufe kennen und so ihre beste Arbeit leisten.

Parallelen zwischen Feelgood Management und Projektmanagement:

Es zeigen sich einige Parallelen beider Berufsbilder:

- Bindeglied verschiedener Parteien
- Planung und Umsetzung
- Sozial- und Kommunikationskompetenzen
- Kreativität und Ideenreichtum
- Budgetmanagement
- Organisation und Koordination

Das Projektmanagement legt dabei vor allem den Fokus auf die strategische Ausrichtung des Teams, um sicherzustellen, dass am Ende das richtige Produkt geliefert wird. Ein gutes Projektmanagement sorgt dafür, dass die Ziele der Projekte eng mit den strategischen Zielen des Unternehmens übereinstimmen.

Genau wie das Feelgood Management unterstützen Projektmanager:innen das Team, sorgen aber auch für eindeutige Richtlinien in Bezug auf die Verantwortlichkeit. Mit einer bzw. einem Projektmanager:in vor Ort gibt es keine Unklarheiten darüber, wer die Verantwortung trägt und die Kontrolle über das Geschehen in einem Projekt hat. Projektmanager:innen setzen Prozesse durch, koordinieren das Team und tragen letztendlich sie die Verantwortung dafür, ob ein Projekt scheitert oder erfolgreich ist.

Es ist jedoch festzuhalten, dass die Zielsetzung der beiden Berufsbilder eine ganz unterschiedliche ist: Wo es im Feelgood Management vorrangig um die Bedürfnisse der Mitarbeitenden geht, fokussiert das Projektmanagement mehr auf die disziplinierte und genaue Durchführung von Projekten und entsprechende Qualitätssicherung.

Dennoch gibt es gewisse Parallelen und die beiden Disziplinen können in ihrem Vorgehen voneinander lernen, insbesondere was die Funktion als Schnittstelle zwischen verschiedenen Parteien angeht, die Planung und Umsetzung von Maßnahmen und die gute Kommunikationskompetenz, welche in beiden Fällen gefordert ist. Sowohl im Projektmanagement als auch im Feelgood Management kommt es darauf an, gute Gespräche mit verschiedenen Interessensgruppen führen zu können, dabei die Gesamtvision im Auge zu behalten und alle zusammenzubringen, um den richtigen Weg zum Erfolg zu finden.

KAI MANÉ (40 Jahre, Dresden) ist Projektmanager und legt in seiner Arbeit besonderen Wert auf glückliche und zufriedene Kund:innen. Sein Schwerpunkt liegt in der Projektplanung und -steuerung: Ziele, Organisation, Phasen und Ablauf, Ressourcen sowie Geschäftsprozesse und Organisationsstrukturen. In seiner Arbeit achtet Kai außerdem als Teilbeschäftigung auf das Feelgood Management seines Unternehmens. Dabei rückt er vor allem eine ausgeglichene Work-Life-Balance und den Wohlfühlfaktor im Team sowie im gesamten Unternehmen in den Fokus. Sein Ziel ist es, die Identifikation der Mitarbeitenden mit IHREM Unternehmen zu verbessern und so die Attraktivität des Unternehmens für (zukünftige) Mitarbeitende und Kund:innen zu erhöhen.

Arbeitsprozessoptimierung & Dokumentation

„Teil meiner Arbeit ist auch die Prozessoptimierung, was gewisse Arbeitsprozesse angeht. Dabei geht es um gute Dokumentation, sodass man ausfallende Kolleg:innen besser vertreten kann: Wenn mal ein:e Mitarbeiter:in nicht da ist, dass die Vertretung genau nachvollziehen kann, was bereits erledigt und was noch offen ist. Und ich prüfe auch, ob manche Arbeitsprozesse noch vereinfacht werden können. Da frage ich die Mitarbeitenden: 'Warum machst du das so? Gibt es Schritte, die man weglassen könnte, damit der Zeitaufwand geringer ist?'"

„Es geht auch darum, tagtäglich die Arbeitstätigkeit zu verbessern."

„Ich arbeite an einem standardisierten Feelgood Management Prozess. Das geht los bei neuen Mitarbeitenden. Da mache ich mir Gedanken, wie man schon am ersten Tag eine kleine Wohlfühloase präsentieren kann, sodass sie sich von Anfang an geschützt und willkommen fühlen. Dafür habe ich einen Onboarding-prozess erstellt: Was braucht ein:e neue:r Mitarbeiter:in am ersten Tag? Was für Unterlagen müssen wir bereitstellen? Woran muss die Technik denken, was für Software muss aufgespielt werden? Was braucht die Personalabteilung? Das habe ich aufgeschrieben und schleife jetzt an den Feinheiten: Wie kann man es noch besser machen? Das umfasst auch ganz kleine Dinge, wie die Person an der Tür abzuholen und zu begrüßen oder kleine Begrüßungsgeschenke wie Blumen, Stifte, ein Willkommensschild oder eine Tafel Schokolade."

„So würde ich Feelgood Management definieren: Dass jede:r Mitarbeiter:in angehalten ist, den eigenen Arbeitsplatz und Arbeitsprozesse so zu optimieren, dass das Optimale dabei rauskommt."

„Zu meinen Aufgaben gehören auch Prozessverbesserung und -vereinfachung sowie allgemein die Verbesserung der Arbeitsbedingungen."

Einige der Feelgood Manager:innen berichteten von ihrer Tätigkeit in der Arbeitsprozessoptimierung, welche die Dokumentation von Arbeitsschritten und die effizientere Gestaltung von Arbeitsabläufen umfasst, beispielsweise, um das Onboarding von neuen Mitarbeitenden einfacher und schneller zu gestalten.

Weitere einzelne Beispiele

„Wir machen immer eine gemeinsame, aktive Mittagspause. Die ist locker, lustig und entspannt. Da wird viel gelacht und wir albern rum. Und da merkt man, wie wichtig es ist, sich auch außerhalb des Schreibtisches zu treffen. Spaß ist eine gute Medizin."

„Manchmal mache ich Übungen mit den Mitarbeitenden, damit sie wieder mehr zu sich selbst kommen und auch ihre Kolleg:innen wieder mehr wahrnehmen. Ich habe auch angefangen, Meditation anzuleiten."

„In meiner Ausbildung haben wir ganz viele Tools mit an die Hand bekommen. Zum Beispiel starte ich meine Workshops mit einem Stand-Up zum Aufwärmen, bevor ich überhaupt etwas erzähle oder die Agenda erkläre. Da gibt es einen inneren und einen äußeren Kreis und die Teilnehmenden erzählen sich erst einmal, was sie gestern nach Feierabend gemacht haben. Also eine ganz lockere Runde, ein Get-together als Auflockerung. Oder ich mache zum Beispiel eine Übung, die nennt sich einfach ‚Eine Minute Augenkontakt': Da schauen sich je zwei Personen aus dem Team wirklich eine Minute lang in die Augen und dann wird gewechselt. Ich arbeite auch viel mit Meditationsmusik. Ich versuche so eine Sphäre zu schaffen, in der sich die Teilnehmenden auch wirklich auf sich konzentrieren können. Alle sind immer im Strudel des Alltags und im Stress und müssen ihre Aufgaben erledigen – da versuche ich, besondere Momente im Workshop zu erschaffen."

„Beispiele für Feelgood Maßnahmen sind das Team-Weekly oder ein Teamfrühstück, Teamlunch. Ein Check-In am Anfang der Woche und Check-Out am Ende der Woche, wo dann am Anfang der Woche besprochen wird: Was sind die Ziele und Herausforderung der Woche? Was brauche ich als einzelnes Teammitglied noch für Informationen? Und dann am Ende so eine Mini-Retrospektive als Check-Out: Was haben wir erreicht, wo gab es Probleme und was müssen wir besser machen? Oder auch eine Lobrunde. Um für ungestörtes Arbeiten zu sensibilisieren haben wir Noise-Reduction-Kopfhörer gekauft. Wir haben Kanbanboards zur Projektplanung als Visualisierungsboards. Also alles analog anstatt digital. Ein internes Wiki, wo Wissen ausgetauscht werden kann. Es gibt einen Kaffee-klatsch, bei dem man sich informell austauschen kann. Wo jede:r ein Thema reinbringt, worüber sie bzw. er sprechen möchte. Wir sagen: ‚Wir leben lang und können unser Wissen im Unternehmen teilen' Das kann man auch ins Team-Weekly

einbauen und sagen: ‚Das Team-Weekly ist extra dafür da, um 5-10 Minuten über ein bestimmtes Thema zu referieren'. Das kann fachbezogen oder fachfremd sein oder auch was Privates wie Hobbies. Oder wenn ich an die Willkommenskultur denke: Habe ich eine:n Pat:in, die bzw. der dann eine:n neue:n Mitarbeiter:in betreut, im Unternehmen bekanntmacht und an die Hand nimmt? Dann gibt es das Reverse-Mentoring: Da kann ein:e junge:r Kolleg:in einer bzw. einem älteren helfen, die bzw. der vielleicht Probleme hat mit dem technischen Fortschritt und bei der Umsetzung technischer Angelegenheiten. Umgekehrt kann die junge Person dann von den Erfahrungen und dem Netzwerk der bzw. des Älteren profitieren.“

Als Beispiele für einzelne Maßnahmen wurde insgesamt folgendes genannt:

› Organisation bzw. Einführung regelmäßiger Meetings & Weeklys
› Get-together im Daily-Stand-Up: Die Teilnehmer:innen stehen in einem inneren und einem äußeren Kreis und erzählen ihrem Gegenüber etwas zu einer spezifischen Fragestellung (Erfolge, Learnings, auch Persönliches)
› Check-In am Anfang der Woche: Ziele, Herausforderungen und Informationskanäle der kommenden Woche.
› Check-Out am Ende der Woche: Was wurde erreicht, welche Probleme gab es, was muss verbessert werden?
› Kaffeeklatsch als informeller Austausch mit 5-10 Minuten fachbezogenem oder fachfremdem Input durch die Mitarbeitenden
› Informations- oder Gemeinschaftsboards, die für alle sichtbar sind (digital oder analog)
› Tandem- oder Mentoringprogramme
› Patin bzw. Pate, die oder der eine:n neue:n Mitarbeiter:in betreut und im Unternehmen bekannt macht
› Reverse-Mentoring: Ein:e junge:r Kolleg:in hilft einer bzw. einem älteren Kolleg:in im technologischen Fortschritt und bei technischen Fragen. Umgekehrt profitiert die bzw. der junge Kolleg:in von den Erfahrungen und dem Netzwerk der bzw. des Älteren.
› Start-Lunch für neue Mitarbeiter:innen, Frühstücksbuffet, gemeinsame Abendessen

- Saisonale Rituale (Nikolausschokolade, Kleinigkeiten zum kalendarischen Winteranfang, an Ostern Osterkörbchen verteilen)
- Geburtstagsgeschenke und Dankeskarten organisieren
- Feedback- und Lobtrainings
- Interkulturelle Trainings
- Sportprogramme und firmeninternes Fitnessstudio
- Meditation oder Mediationsmusik bei Übungen

Inwiefern auch achtsame Praktiken die Gestaltung der Unternehmenskultur und das Miteinander unterstützen können, beleuchtet Marie Bahnsen in ihrem Exkurs über die Entwicklung einer positiven, inneren Haltung, die auch durch eine durchgeführte Yogapraxis aufgebaut werden kann.

EXKURS: IM HERABSCHAUENDEN HUND ZUR UNTERNEHMENSKULTUR

IMPULS VON MARIE BAHNSEN

Yoga kann sich positiv auf die Unternehmenskultur auswirken und sogar den Prozess des Kulturwandels unterstützen. Um zu beschreiben, inwiefern Yoga eine Wirkung auf die Unternehmenskultur haben kann, ist es vorerst wichtig, die Bedeutung des Wortes „Yoga“ zu verstehen.

Der Begriff Yoga stammt aus dem Sanskrit und bedeutet „Einheit“, „Verbindung“ oder „Integration“. In erster Linie zielt Yoga auf die harmonische Verbindung zwischen Körper, Atem und Geist ab, wodurch ein Gefühl der Verbundenheit mit sich selbst entsteht. Im Kontext von Organisationen kann dieses Gefühl auf zwischenmenschlicher Ebene erweitert werden, wodurch sich die Menschen innerhalb einer Organisation miteinander verbunden fühlen und den gegenseitigen Umgang miteinander – folglich auch ihre Kultur – verändern.

Beginnen wir aber von Anfang an: In dem Moment, in dem beide Füße die Yogamatte berühren, die Augen geschlossen und die Hände in betender Haltung vor dem Herzen zusammengeführt werden, öffnet sich ein Raum der Achtsamkeit und des Mitgefühls. In diesem Raum darf man einfach sein – eine der ersten Lektionen, die jede:r Yoga-Praktizierende lernt. Innehalten, beobachten und hinspüren, ohne sich zu bewerten oder zu verurteilen, sondern eine Haltung vollkommender Akzeptanz sich selbst gegenüber einzunehmen und achtsam auf sich zu hören. Um dies geschehen zu lassen, nimmt die Aufmerksamkeitslenkung sowie -haltung eine große Rolle ein. Der Fokus liegt nur auf einem selbst und soll während der Praxis dort gehalten werden. Dadurch wird die Eigenwahrnehmung geschärft und es fällt zunehmend leichter, sich zu regulieren. Zudem kann durch gezielte Ausführung von Asanas – den verschiedenen Haltungen im Yoga – körperliche Spannung aufgelöst und durch die Atmung der Parasympathikus aktiviert werden, um Stress zu reduzieren und Ruhe zu gewinnen. Zusammenfassend gesagt: Yoga verbessert die Gesundheit, verhilft dabei, die Konzentrationsfähigkeit zu stärken, und lehrt, sanftmütig, liebe- sowie respektvoll mit sich selbst umzugehen.

Um nun den Bogen zur Unternehmenskultur zu schlagen eine Weisheit, die Yogalehrer nur zu gern rezitieren: „What you learn on your Yoga-mat, is what you learn for your life“.

Durch Yoga eine neue Umgangsform mit sich selbst zu erfahren und zu lernen, verändert auch den Umgang mit anderen. Denn sich selbst mit wertschätzenden Augen zu sehen und aus einer mitfühlenden Haltung sich selbst gegenüber heraus zu agieren, verändert ebenfalls die Sichtweise auf unsere Mitmenschen, was sich dann im Umgang mit anderen widerspiegelt. Wir werden achtsamer im Kontakt mit unseren Kolleg:innen, hören besser zu und können die Bedürfnisse der bzw. des anderen leichter erkennen. Wir entwickeln ein höheres Maß an Mitgefühl und Verständnis für unser Gegenüber und handeln aus einem Raum der Akzeptanz heraus. Dies ist maßgeblich, um Vertrauen aufzubauen und längerfristig zu bewahren – eine Qualität, die gerade in Bezug auf die Fehlerkultur elementar ist. Wir akzeptieren Meinungen, die von unseren eigenen abrücken, und verurteilen nicht, wenn jemand einen Fehler begangen hat. Eine Unternehmenskultur ist dann geprägt von gegenseitigem Vertrauen, Akzeptanz sowie Wertfreiheit und gewinnt so an Nähe; gibt aber gleichzeitig viel Raum für einen offenen Geist, um sich zu entfalten.

Zum Abschluss noch ein Reminder: Die genannten positiven Folgen von Yoga für den Geist werden nicht einfach durch die Ausführung der einzelnen Asanas erzielt, sondern entstehen auf dem Weg dorthin. Im Yoga geht es nicht darum, in etwas gut zu sein, sondern darum, gut zu dir selbst zu sein. Diese innere Haltung kann in den Berufsalltag übernommen und um den zwischenmenschlichen Umgang erweitert werden.

MARIE BAHNSEN (25 Jahre, Hamburg) ist Arbeits- und Organisationspsychologin, systemischer Coach und Mindfulness-Trainerin. Sie unterstützt Teams und Einzelpersonen darin, in Kontakt mit sich selbst zu treten, um Klarheit sowie ein besseres Verständnis für sich selbst zu erlangen, und verhilft dabei, in die eigene Gestaltungskraft zu kommen und diese nachzuhalten.

PROZESSSCHRITT 5: EVALUATION & ANPASSUNG

- Ergebnisanalyse
- Erfolge festhalten & feiern
- Nachjustieren der Maßnahmen
- Umgang mit Reaktionen der Mitarbeitenden wie Verunsicherung, Missverständnisse & Erwartungshaltungen

„Meine Arbeit war am Anfang ein bisschen grüne Wiese. Ich habe ein Budget bekommen und meine Chefin hat gesagt: ‚Lies dich mal ein, was es so gibt, und dann Trial and Error'. Einfach mal machen. Wenn es gut ankommt, machen wir es weiter, sonst lassen wir es wieder."

„Manche Maßnahmen muss man nachjustieren. Ich habe am Anfang Formate und Events veranstaltet, die ich jetzt nicht mehr mache, oder wir haben den Turnus geändert. Von wöchentlich auf dreiwöchentlich. Da muss man gucken, dass es passt. Ein bisschen reinspüren."

„Und so muss der Kreislauf dann immer weitergehen: Immer wieder nachfragen. Es kommen ja auch immer wieder neue Mitarbeitende dazu."

„Ich messe meinen Erfolg am Feedback der Führungskräfte. Bei den Mitarbeitenden sehe es in den Gesichtern, an der Freude, an dem Spaß, den sie haben. Besonders, wenn sie nach Workshops sagen: ‚Ach, es war so schön'. Oder einfach, dass sie mir so viel Vertrauen schenken! Ich schaffe eben diese Nähe zueinander und daran messe ich auch meinen Erfolg. Wenn ich nach drei Monaten wieder in dem Unternehmen bin und nachfrage, ob sich etwas zum Positiven verändert hat, bekomme ich auch oft persönliches Feedback – An der Zufriedenheit der Menschen messe ich meinen Erfolg."

„Ich mache viele Umfragen im Unternehmen. Einige Maßnahmen laufen noch, andere sind abgeschlossen. Und jetzt müssen wir gucken, wo die Reise weiter hin geht."

„Den Erfolg des Feelgood Managements spürt man automatisch in Teamsitzungen: Man kriegt Feedback oder Dank von den Führungskräften, von den Mitarbeitenden, im persönlichen Gespräch: 'Seit Sie da waren, ist es bei uns viel besser geworden'. Aber den Erfolg systematisch zu erheben, würde ich nicht machen. Ich finde, dann verliert das Ganze seinen Sinn. Dann wirkt es aufgesetzt und als ob geprüft wird, ob

es Wirkung hat. Ich fand schön, dass hier von Anfang an klar gemacht wurde: Das Feelgood Management ist nicht an irgendwelche Erwartungen geknüpft oder muss irgendwelche Zahlen zeigen, z.B., dass die Fluktuation um so viel Prozent geringer wird. Das finde ich gut, weil das Feelgood Management sonst in so ein statisches Ding gepresst wird, das nicht zu menschlichen, flüssigen Entwicklungsdynamiken, die man schwer fassen kann, passt. Ich glaube aber schon, dass man auf individueller Ebene bereits positive Entwicklungen spürt und dann in zwei, drei Jahren auch auf unternehmensweiter Ebene allgemeinere Rückschlüsse feststellen kann."

„Feelgood Management geht auch nicht von heute auf morgen. Es bedeutet auch, immer wieder eine Session zu machen und zu gucken: Was hat sich verändert, wo können wir weiter gehen?"

„Wir sind mit dem Feelgood Management noch ein Pilotprojekt und man muss sich da ein bisschen ausprobieren. Da gibt es kein Richtig oder Falsch. Am Ende muss das stimmen, was rauskommt und dann kann man es immer noch verbessern. Von daher ist das immer ein Prozess, den wir hier im Unternehmen gemeinsam gestalten."

„Wenn die ersten Ideen umgesetzt wurden, kann man auf Verunsicherung stoßen. Es kommt auf einmal ganz viel Neues und das kann auch zu Missverständnissen führen. Darauf muss man vorbereitet sein."

„Nachdem Maßnahmen umgesetzt wurden, schauen wir nochmal nach drei bis sechs Monaten: Hat sich etwas verändert, ist etwas besser oder schlechter geworden? Müssen wir nochmal etwas verändern, etwas nachjustieren? Dann verändert sich die Kultur Stück für Stück."

„Für mich ist es ein Erfolg, wenn die Maßnahmen, die wir angepeilt haben, dann auch gut umgesetzt wurden. Und wenn ich merke: Hey, da tut sich was in den Köpfen. Es ist eigentlich viel mehr als nur bloße Maßnahmen, sondern ein Umdenken, das man vielleicht nach außen nicht direkt sieht. Das sind eher intrinsische Veränderungen. Und wenn sich in den Einzelnen etwas tut, dann kann man ganz viel bewegen. Und das ist das Schöne dabei und für mich dann auch der Erfolg von Feelgood Management."

Als nächste Phase - nach der Implementierung von Maßnahmen - geht es im Prozess des Feelgood Managements um die „Evaluation und Anpassung" der Maßnahmen. Dabei werden die Ergebnisse der durchgeführten Maßnahmen analysiert und gegebenenfalls angepasst. Dafür sind die Reaktionen der Mitarbeitenden ausschlaggebend sowie der Umgang mit Verunsicherungen, Missverständnissen und speziellen Erwartungshaltungen. Hier werden noch nicht wirksame Maßnahmen nachjustiert und Erfolge festgehalten und gefeiert. An dieser Stelle greift der iterative Charakter des Prozessmodells, nachdem die letzte Phase der Evaluation auch wieder als Ist-Analyse verstanden werden kann, auf die erneut eine Konzeptions- und Implementierungsphase folgt.

Als Maßnahmen bzw. Tätigkeitsschwerpunkte in diesem Prozessschritt wurden folgende zwei Punkte genannt: „Evaluation & Auswertung" sowie „Balance zwischen Arbeit & Spaß".

Evaluation & Auswertung

„Zwischendurch muss man immer wieder evaluieren, z.B. eine Umfrage machen: Wie kommt das Feelgood Management denn an? Ist das überhaupt das, was hier gewünscht ist, oder sollten wir umsatteln? Man muss die Bedürfnisse ganz klar klären."

„Im Hintergrund laufen Auswertungen von Gesprächsrunden und Workshops. Es ist dann meine Aufgabe, alles, was da besprochen wird, zu bündeln, zu systematisieren und aufzuschreiben."

„Wir machen im Team regelmäßige Follow-Ups zur Evaluation. Da überprüfen wir gemeinsam, was wir erreicht haben und was noch nicht: Welche Entscheidungen, die wir getroffen haben, haben sich doch nicht als sinnvoll herausgestellt oder passen nicht zu uns? Und das wird dann in eine andere Richtung gelenkt."

„Ich benutze einen Feedbackbogen, eine Umfrage für die Mitarbeitenden: Wie sehen die das Feelgood Management? Welchen Nutzen hat es? Was gibt es für Verbesserungsvorschläge?"

„Wir haben zur Erfolgsmessung eine Umfrage gemacht unter allen Kolleg:innen, um abzufragen, was sich verbessert hat. Auch in Bezug auf die Frage: ‚Hat sich dadurch die Stimmung verbessert?' Da haben wir Feedback gesammelt, auch in Form von offenen Antworten. Und es wurde auch eine Umfrage

gemacht, bevor das Feelgood Management gestartet ist. Und das war natürlich ein schöner Effekt (nicht nur für uns, sondern auch für den Vorstand), zu sehen: Wow, da hat sich wirklich was getan. Meinen persönlichen Erfolg messe ich auch daran, was die Leute mir erzählen. Wenn Leute zu mir z.B. sagen: 'Ich hab es noch niemandem gesagt, aber dir muss ich es erzählen: Ich werde Papa!' Dann ist das für mich ein Megaerfolg."

Um Feedback über die umgesetzten Maßnahmen zu erhalten, setzen die meisten Feelgood Manager:innen Umfragen ein, in denen erfragt wird, was sich im Positiven wie im Negativen verändert hat. So wird geprüft, ob eine Maßnahme zum gewünschten Ergebnis geführt hat, ob das Vorgehen sinnvoll war und beibehalten werden soll. Durch solche Umfragen soll Transparenz über das Feelgood Management gewährleistet und sein Erfolg gemessen werden. Die einen sammeln Feedback in Form von offenen Antworten auf Fragebögen, einige setzen auf direkte Gespräche und wieder andere führen Workshops durch, um direkt festzulegen, in welche Richtung weiter gelenkt werden soll.

Balance zwischen Arbeit & Spaß

„Ich finde, es ist wichtig, dass Spaß erlaubt ist: Wir arbeiten hier den ganzen Tag und Spaß zu haben gehört auch zum Tagesablauf dazu."

Manche Feelgood Manager:innen sprachen ebenso die Balance zwischen Arbeit und Spaß als Tätigkeitsschwerpunkt an, um sowohl die Effektivität im Unternehmen in Bezug auf Prozesse und Arbeitsabläufe zu gewährleisten als auch menschlichen Bedürfnissen nach flexibler Work-Life-Balance nachzukommen. An diesem Punkt des Prozesses bietet es sich an, diese Balance zu prüfen und gegebenenfalls nachzusteuern.

PROZESSSCHRITT 6: NACHHALTIGKEIT

› Stabilisierung & Verankerung der Maßnahmen
› Systematik entwickeln
› Eigenständigkeit fördern
› Verantwortlichkeiten aufbauen
› Grundstimmung gegenseitiger Unterstützung fördern

„Die größte Kunst im Feelgood Management ist es, dass das Feelgood Management dann auch auf Dauer funktioniert."

„Das ist sozusagen die Erziehungsphase: Die Mitarbeitenden in die Eigenständigkeit bringen. Man will sich ja nicht selbst obsolet machen und schon noch weiter helfen, aber es verbessert einfach nachweislich das Klima, wenn alle gemeinsam aktiv werden und mit einer besseren Grundeinstimmung da ran gehen."

„Es gibt auch so einen Schneeballeffekt, der vom Feelgood Management ausgeht: Wenn die Mitarbeitenden diese positive Grundstimmung auch von sich aus haben. Wenn Aufgaben übernommen werden, weil die Mitarbeitenden wissen, dass das wichtig für alle ist. Und dass sie auf einmal auch eigene Ideen entwickeln und es sich von allein weiterträgt. Dass das Feelgood Management nicht mehr so personen-abhängig ist und man keine ‚Nanny' mehr braucht, die sich darum kümmert, sondern alle das Thema wichtig finden. Dann nehmen sich die Mitarbeitenden auch die Zeit, selbst Maßnahmen zu ergreifen."

„‚Hilfe zur Selbsthilfe' - Das ist mein Motto. Erzieh die Leute dazu, dass sie nicht abhängig von dir werden, weil du auch mal im Urlaub bist. Bring den Leuten bei, sich selbst Informationen zu beschaffen, sich untereinander zu helfen. Sich zu unterstützen, Dinge wertzuschätzen, die ihnen die Firma bietet. Das wäre ein längerfristiges Ziel, aber auch ein wichtiger Schritt."

„Es ist wichtig, am Ende zu schauen, wie das Feelgood Management nachgehalten wird. Sonst ist das am Anfang schön, alle sind motiviert und am Ende verebbt es."

„Ich möchte nicht, wenn ich als Beraterin wieder gehe, dass dann alles wieder einschläft. Ich versuche immer, eine konkrete Maßnahme zu schaffen, die das Thema Feelgood Management nachhaltig am Leben hält. Zum Beispiel gründe ich Kulturnetzwerke. Oder ich

lege der Führungskraft ans Herz, wirklich eine:n interne:n Feelgood Manager:in zu benennen oder neu einzustellen. Es ist immer schön, wenn das ein:e langjährige:r Mitarbeiter:in ist, weil so jemand das Team einfach schon kennt. Das Thema Feelgood Management muss immer wieder gepflegt werden.“

„Als mein persönliches Ziel wünsche ich mir, dass alle Mitarbeitenden diese Inspiration, die ich habe, teilen und diese Leichtigkeit, die ich ins Büro bringe, übernehmen. Dass jede:r Mitarbeiter:in selbst zur bzw. zum Feelgood Manager:in wird, mitmacht, sich einbringt und auch mal sagt: ‘Mensch, ich habe eine coole Idee, wollen wir mal versuchen, das umzusetzen?’ Dass jede:r Mitarbeiter:in mitdenkt, gewisse Dinge auch ausspricht und nicht hinterm Berg hält, sondern offen sagt: ‚So und so hätte ich das gern, können wir da was machen?’ Dass man auch Begeisterung für den Job hat, den man jeden Tag ausübt. Dass man da nicht bloß sagt, ich bin acht Stunden hier und dann bin ich weg. Sondern dass jede:r diesen Wow-Effekt für das Unternehmen lebt.“

Als letzte Phase im Prozess des Feelgood Managements geht es nun um die „Nachhaltigkeit“ – also die Verstetigung und Gewährleistung, dass Veränderungen auch langfristig beibehalten bzw. umgesetzt werden. Dazu müssen getroffene Maßnahmen nachgehalten, stabilisiert und verankert werden, sodass sich Systematiken und Eigenständigkeit im neuen Denken und Handeln entwickeln können. Weiterhin müssen dabei Verantwortlichkeiten aufgebaut werden, um die Mitarbeitenden partizipativ an Bord zu behalten. In dieser Phase wird auch das große Ziel, eine generelle Grundstimmung der gegenseitigen Unterstützung zu fördern, verfolgt.

Als Maßnahmen bzw. Tätigkeitsschwerpunkte in diesem Prozessschritt wurden folgende Punkte genannt: „Nachhaltigkeit & Verantwortlichkeit“, „Networking & Themenplatzierung“, „Psychohygiene“, „Personal- & Führungskräfteentwicklung“.

Nachhaltigkeit & Verantwortlichkeit

„Wenn Lösungen erarbeitet wurden, geht es auch darum, dass sich freiwillige Verantwortliche finden, die den Hut für diese Maßnahme aufhaben, die Umsetzung sicherstellen und sich das auf die Fahne schreiben“

„Ich sag immer: Ich bin nicht diejenige, die das komplett umsetzt. Sondern es ist meine Aufgabe, die Mitarbeitenden zu motivieren, dass sie das intrinsisch aus sich heraus machen. Hilfe zur Selbsthilfe. Es ist ganz wichtig, dass man immer jemanden findet, der den Hut aufbekommt und die Maßnahmen weiterführt.“

„Das ist mein Anliegen: Das Feelgood Management soll zu einem Selbstläufer werden. Die Leute sollen ja nicht abhängig von mir, meinem Input oder meiner Positivität werden oder davon, dass ich immer dranbleibe. Sie sollen erkennen, dass sie diese Positivität, dieses Feelgood selbst in sich haben. Das müssen sie erst einmal entdecken und dann können wir schauen, wie sie sich weiterentwickeln können. Dann wird es meistens ein Selbstläufer.“

„Man kann auch eine Kulturinitiative gründen von freiwilligen Mitarbeitenden, die an gewissen Themen enger arbeiten und dranbleiben wollen, z.B. am nächsten Teamevent oder am Thema Nachhaltigkeit.“

„Ich finde es am besten, jemand langjährig Beschäftigten als Feelgood Manager:in zu bestimmen. Oft gibt es auch schon eine:n Herzlichkeitsbeauftragte:n oder eine Vertrauensperson. Da fände ich es toll, zu sagen: ‚Du bist jetzt unser:e Feelgood Manager:in, denn du hast bereits das Vertrauen der Mitarbeitenden‘“

Die Kunst des Feelgood Managements besteht darin, dass es auf Dauer funktionieren soll. Daher erwähnten einige Feelgood Manager:innen zum einen das Thema der Nachhaltigkeit, bei dem es darum geht, die Ideen der Mitarbeitenden nicht nur aufzunehmen, sondern auch ihre Umsetzung durch einen systematischen Prozess sicherzustellen. Zum anderen sprachen sie den Bereich der Verantwortlichkeit an, wobei es sinnvoll ist, eine oder mehrere Personen zu benennen, welche sich für die Umsetzung spezieller Maßnahmen verantwortlich fühlen und gezielt weiter an ihnen arbeiten. Dazu kann auch ein:e langjähriger:e Mitarbeiter:in zum oder zur Feelgood Manager:in benannt werden (falls es noch keine:n angestellte:n Feelgood Manager:in gibt), es können Kulturinitiativen oder Kulturnetzwerke von freiwilligen Mitarbeitenden gegründet werden, um bestimmte Themen weiter zu verfolgen, oder kleine Gruppen bzw. Verantwortliche für einzelne Aufgaben gefunden werden.

Networking & Themenplatzierung

„Bei uns gibt es eine Mitarbeiterzeitung, in der erklärt und beleuchtet wird, dass Feelgood Management eine ernsthafte Aufgabe ist, die die Führung übertragen hat. Ich hoffe, dass die Mitarbeitenden darüber für das Thema sensibilisiert werden.“

„Es ist auch unsere Aufgabe als Feelgood Manager:innen, z.B. auf Meetups nach außen zu transportieren, was Feelgood Management überhaupt ist. Viele verbinden damit die Person, die den Obstkorb oder einen Tischkicker organisiert und guckt, dass es den Mitarbeitenden gut geht. Das kann ein:e Feelgood Manager:in auch sein, aber es geht eigentlich viel tiefer. Um da zu einem öffentlichen Bewusstsein zu kommen, ist es noch ein gutes Stück Arbeit.“

„Mit meiner Selbstständigkeit ist mein Ziel, wirklich etwas Größeres zu bewirken und viele Unternehmen zu erreichen. Das Thema nach außen zu transportieren, Impulse zu geben und zu begeistern. Ich brenne für das Thema und liebe, was ich tue.“

Einige der Feelgood Manager:innen – insbesondere die Selbstständigen – empfanden es außerdem als ihre Aufgabe, für das Thema Feelgood Management in Unternehmen und der Öffentlichkeit zu sensibilisieren, es sichtbar zu machen und Kooperationspartner:innen zu gewinnen. Dabei geht es um die Aufklärung, was Feelgood Management will, um die Bekanntmachung der Berufsbranche und die allgemeine Vertretung des Themas in der Arbeitswelt.

Psychohygiene

„Ich brauche auch immer mal einen Tag, um mein eigenes ‚Feelgood Management' auf Vordermann zu bringen. Ich muss auch auf mich selbst aufpassen. Gerade bei dem Thema musst du ‚Feelgood' ja auch selbst ausstrahlen, sonst nimmt dich niemand ernst."

„Es geht als Feelgood Manager:in auch darum, selbst ein Vorbild zu sein."

Das Thema der eigenen Psychohygiene wurde von manchen in Bezug auf das persönliche „Feelgood Management" angesprochen. Zum einen ging es dabei darum, in einem Job, in dem man den ganzen Tag nur gibt, gut auf sich selbst zu achten. Zum anderen wird ein:e Feelgood Manger:in auch schnell zum Vorbild genommen und sollte deshalb auch Vorreiter:in in Sachen persönlichem „Feelgood" sein.

Personal- und Führungskräfteentwicklung

„Indirekt wirkt Feelgood Management auf die Gedanken Einzelner. Dass sie selbst auf Ideen kommen, was Arbeitswelt ist, was sie sein könnte und was ein Arbeitgeber bieten sollte. Dass die Leute auch ins Denken kommen und infrage stellen, ob die Dinge tatsächlich weiterhin so sein müssen, nur weil sie seit 40 Jahre so gemacht wurden"

„Ich führe auch ein Führungskräfteentwicklungsprogramm durch. Das ist ein Programm zur Förderung talentierter Mitarbeitender, das ich in Zusammenarbeit mit der Personal-leitung anbiete. Das Programm geht ein ganzes Jahr lang mit 15-20 Teilnehmer:innen. Da werden die Grundlagen an Menschenführung, Kommunikation und Konfliktmanagement vermittelt. Es geht auch viel um Selbstreflexion und darum, sich selbst besser kennenzulernen, um dann in eine höhere Position rutschen zu können."

„Viele Führungskräfte führen noch mit viel Kontrolle. Da arbeite ich mit den Führungskräften dran, weil das nicht mehr das ist, womit man seine Mitarbeitenden hält; das ist ein ganz, ganz altes Denken. Da ist es die größte Herausforderung für mich, diesen Übergang zu schaffen vom alten Denken, dem alten Unternehmen, und der neuen Arbeits-

welt, die eben mehr auf Vertrauen basiert und auf Augenhöhe passiert."

„Wenn in einem Team eine starke Neidkultur herrscht, dann liegt es natürlich auch an jeder und jedem Einzelnen, zu hinterfragen, welchen Anteil ich zu dieser Situation beitrage; da geht es auch um Persönlichkeitsentwicklung."

„Man hat teilweise mit Persönlichkeiten zu tun, die z.B. in der Kommunikation nicht sehr kooperativ sind. Die eingeschnappt sind oder sich in ihrem Ego verletzt fühlen, weil man sie nicht genug beachtet. Oder es gibt auch viele, die persönliche Probleme und Herausforderungen haben. Ich kann aber als Feelgood Managerin nicht immer nur den Fokus auf einzelne Mitarbeitende legen. Wenn es so einen speziellen Fall gibt, muss ich schauen, ob für diese:n eine:n Mitarbeiter:in etwas anderes in Erwägung gezogen werden muss, wie z.B. ein Coaching. Ich kann nicht meine ganze Energie und Aufmerksamkeit nur der einen schwierigen Person widmen."

„Viele Führungskräfte denken, sie müssen sich Respekt verschaffen, indem sie unnahbar sind und Distanz schaffen: ‚Ich sitze höher; mein Büro sieht besser aus, als das der Mitarbeiter'. Es gibt auch viele positive Beispiele, aber da ist noch viel diese alte Denke von ‚Ich vertraue nicht. Ich kontrolliere nach'"

In einzelnen Interviews wurde außerdem das Thema Personal- und Führungskräfteentwicklung als Aufgabenbereich thematisiert sowie das Empowerment und die Persönlichkeitsentwicklung der Mitarbeitenden. Ein großer Punkt war dabei die Entwicklung hin zu einem modernen, positiven und wertschätzenden Denken über die Arbeitswelt und die Beziehung zwischen Mitarbeitenden und Führungskraft. In Bezug auf die Führungskräfte ging es vor allem um ein neues Verständnis der eigenen Führungsrolle und in Bezug auf die Mitarbeitenden eher um die Bereitschaft zu persönlicher Entwicklung hin zu mehr Kooperation und proaktiver Gestaltung des eigenen Wohlfühlraums. Die Personal- und Führungskräfteentwicklung kann also in unterschiedlichem Ausmaß ebenfalls in den Aufgabenbereich des Feelgood Managements fallen, dann aber oft in Zusammenarbeit mit der Personalabteilung oder externen Coaches.

05

Schlussbetrachtung

Was bleibt noch zu sagen, um die Ergebnisse der Interviews einzuordnen?

Wo liegen die Grenzen der in diesem Buch vorgestellten Untersuchung?

Welchen Anspruch hat dieses Buch und zu welchem Schluss kommt es?

05 SCHLUSSBETRACHTUNG

BEANTWORTUNG DER FORSCHUNGSFRAGEN

„Einen Maßnahmenkatalog finde ich super. Viele Feelgood Manager:innen machen etwas komplett Unterschiedliches. Mir hat da der Austausch sehr gefehlt. Aktuell muss man sich alles für den Beruf zusammen sammeln: Persönlichkeitsentwicklung, Führungskräftetrainings, Teambuilding, Motivationsbereiche, Deutschlerndidaktik, ...“

„Ich finde es hilfreich, einen Maßnahmenkatalog zu haben, um sich neue Ideen zu holen. Bloß auch immer mit dem Gedanken, dass die Maßnahmen nicht eins zu eins übertragbar sind. Die Bedürfnisse der Leute sind unterschiedlich und es gibt maximal Good Practices. Man kann Maßnahmen ausprobieren und muss sie immer an das Unternehmen selbst anpassen.“

„Ich bin immer neugierig und würde gern mehr sehen, was andere so machen.“

Zu Beginn dieses Buches nannte ich als leitende Forschungsfragen zu den Maßnahmen im Feelgood Management folgendes:

- Welche Maßnahmen werden im Rahmen des Feelgood Managements eingesetzt?
- Inwiefern unterscheiden sich die Maßnahmen von Unternehmen zu Unternehmen?

Die vorgestellten Ergebnisse der Interviews zeigen, dass im Feelgood Management vielseitige Maßnahmen eingesetzt werden, um die Unternehmenskultur in einer positiven und wertschätzenden Weise zu gestalten. Dabei werden viele individuelle Einzelmaßnahmen durchgeführt, welche sich von Unternehmen zu Unternehmen sehr unterschiedlich gestalten. Viele Maßnahmen konnten aber zu übergreifenden Themen zusammengefasst und den einzelnen Prozessschritten zugeordnet werden.

Auf die Teilfrage, inwiefern sich die Maßnahmen von Unternehmen zu Unternehmen unterscheiden, wurde eine klare Antwort gefunden: Alle befragten Feelgood Manager:innen wiesen darauf hin, dass Maßnahmen nicht einfach von einem Unternehmen zum anderen Unternehmen übertragen werden können, da sie von den Bedürfnissen der Mitarbeitenden abgeleitet werden müssen. In diesem Sinne kann ein Maßnahmenkatalog zwar dazu dienen, Inspiration und Beispiele für die Arbeit als Feelgood Manager:in zu gewinnen, er kann aber nicht eins zu eins übernommen werden.

EINBETTUNG DER ERGEBNISSE IN DIE THEORIE

Nun haben wir uns sehr umfassend die Ergebnisse der Interviews zum Prozess und den Maßnahmen des Feelgood Managements angesehen. Mit Blick auf die wissenschaftliche Literatur aus dem ersten Teil des Buches stelle ich nun noch einmal einen Rückbezug zu den dort vorgestellten Modellen her.

Mein Ziel war es, ein Prozessmodell zu erarbeiten, welches sich an bewährten, wissenschaftlich fundierten Phasenmodellen für Wandel in Organisationen orientiert und welches dann mit konkreten Inhalten aus der Praxis gefüllt wird. Im ersten Teil des Buches habe ich dir dazu drei der bekanntesten Modelle aus der Forschung vorgestellt: Lewins Drei-Phasen-Modell, Krügers 5-Stufen-Modell und Königswiesers Modell der Systemisch-Komplementären Schleife. Wir werfen nun einen Blick darauf, welche Teile aus diesen Modellen ich konkret für mein Prozessmodell des Feelgood Managements verwendet habe.

Zur Einordnung von Lewins Drei-Phasen-Modell des geplanten Wandels fällt auf, dass der Punkt „Kontrakt“ in seiner ersten Phase des „Auftauens“ meist schon abgeschlossen ist, wenn Feelgood Management eingesetzt wird: Die Geschäftsführung hat dann bereits einen Veränderungsbedarf identifiziert und stellt durch das Feelgood Management Ressourcen zur Veränderung bereit. Vorgespräche mit den Führungskräften fallen bei den befragten Feelgood Manager:innen dann mit in die Analysephase. Diese ist für alle Feelgood Manager:innen neben der Implementierung von Maßnahmen mit die wichtigste Phase, welche insbesondere auch die Punkte „Datenerhebung“, „Akzeptanz schaffen“, „Wiederstände abbauen“, „Koalitionen aufbauen“ und „Sinnbezug herstellen“ von Lewin aufgreift.

Auch in Lewins zweitem Schritt der „Veränderung" finden sich deutliche Überschneidungen mit den Angaben der Feelgood Manager:innen, was die Zieldefinition und die Konzeption sowie Implementierung von Maßnahmen angeht. Ebenfalls sehen die Feelgood Manager:innen ähnliche Aufgaben in Lewins drittem Schritt der „Stabilisierung" in Bezug auf Evaluation und Verankerung von Veränderungen. Doch insbesondere die suggerierte Linearität wird – wie in der Beschreibung dazu schon angedeutet – in der Praxis so nicht gefunden: Die Feelgood Manager:innen berichten eher von sich wiederholenden Phasen des Testens und Nachjustierens, was so bei Lewin nicht ersichtlich ist. Insbesondere diesen Punkt habe ich bei der Erarbeitung meines Prozessmodells für Feelgood Management berücksichtigt.

In Bezug auf das 5-Stufen-Modell von Krüger zeigt sich zu Beginn des Prozesses ein ähnliches Bild: Seine Phase der „Initialisierung" ist dem Einsetzen einer Feelgood Managerin bzw. eines Feelgood Managers vorgeschaltet. Darüber hinaus startet Krüger weiter mit einer „Konzipierungsphase", in der Ziele und Maßnahmen festgelegt werden. Erst danach werden in der Phase der „Mobilisierung" Konzepte kommuniziert und Wandlungsbereitschaft geschaffen. Dagegen haben sich sämtliche Feelgood Manager:innen ausgesprochen: Nach ihrer Expertise muss zunächst die Bereitschaft und das Vertrauen der Mitarbeitenden vorliegen, mit denen anschließend gemeinsam Maßnahmen entwickelt werden. In den weiteren Punkten von „Umsetzung" und „Verstetigung" finden sich dann wieder Gemeinsamkeiten. Die genannten Unterschiede genauso wie den eben schon erwähnten, nicht-linearen Charakter dieses Modells habe ich bei der Erstellung des Feelgood Management Prozesses beachtet.

Das Modell der Systemisch-Komplementären Schleife von Königswieser kann als Grundlage zur Konzipierung eines iterativen, nicht-linearen Phasenmodells dienen. Dabei ist die Wiederholung der vier Phasen „Informationen sammeln", „Hypothesen bilden", „Interventionen planen" und „Intervenieren" sehr allgemeiner Natur und musste für das Modell des Feelgood Managements konkretisiert werden. Die vier Phasen können allerdings als grobe Schablone über das Prozessmodell des Feelgood Managements gelegt werden.

Herget und Strobl abstrahieren all diese Modellansätze in Veränderungsprozessen auf die Diagnose eines Ist-Zustands, die Definition eines Soll-Zustands und das Schaffen kulturbildender Rahmenbedingungen, innerhalb derer Interventionen durchgeführt werden können. Auch dieser grundsätzliche Denkansatz floss bei meiner Entwicklung in das Modell des Feelgood Management Prozesses ein.

Diese Rückschau diente dazu, noch einmal genau aufzuzeigen, welche Aspekte der wissenschaftlichen Modelle sich in meinem Prozess zur Etablierung von Feelgood Management in diesem Buch wiederfinden und von welchen es eher Abstand nimmt.

Nach diesem Rückbezug zu den Modellen aus der Grundlagenliteratur bleiben noch einige weitere Punkte zu nennen, damit du die Ergebnisse auch richtig einordnen kannst. Das schauen wir uns auf den nächsten Seiten an.

NOCH EIN PAAR WORTE ZU DEN ERGEBNISSEN

Bei der Analyse der Interviews fiel mir direkt auf, dass eine sehr große Übereinstimmung der Antworten herrschte, obwohl ich bei der Auswahl der befragten Feelgood Manager:innen bewusst darauf geachtet habe, dass sie in unterschiedlichen Branchen arbeiten und verschiedene berufliche Werdegänge haben: Einige meiner Interviewpartner:innen sind selbstständige Feelgood Manager:innen mit verschiedenen Unternehmen als Kunden, andere sind in Voll- oder Teilzeit angestellte Feelgood Manager:innen. Einige haben eine Zusatzausbildung gemacht, andere (bewusst) nicht. Einige arbeiten mit „nur“ 20 Angestellten, andere mit mehreren hundert.

Die im Interview gestellten Fragen zielten teilweise sehr konkret auf Inhalte wie Tätigkeitsbeschreibung und Arbeitsinhalte ab (z.B. „Welche Aufgaben umfasst deine Stellenbeschreibung?“), andere waren bewusst offengehalten (z.B. „Wie sieht ein Tag in deinem Berufsleben als Feelgood Manager:in aus?“). Die Tatsache, dass es eine sehr hohe Übereinstimmung in den Antworten gab und dass viele Merkmale auffällig oft genannt wurden (u.a. „Impulsgeber:in“, „Kommunikation“, „Partizipation“, „Vertrauensperson“) spricht für eine hohe Qualität der Ergebnisse und dass es – obwohl die befragten Feelgood Manager:innen aus ganz unterschiedlichen Kontexten stammten – große Übereinstimmung in der Gesamtarbeit und der Zielrichtung von Feelgood Management gibt.

Die Feelgood Manager:innen erwähnten dabei interessanterweise, dass sie davon ausgehen, dass viele ihrer Angaben nur für ihren speziellen Fall gelten, da die einzelnen Maßnahmen immer wieder individuell angepasst werden müssen. Umso stärker zeigt sich darin ein klares Ergebnisbild, da sich dennoch ein deutlicher roter Faden finden ließ.

Obwohl einige einzelne, konkrete Maßnahmen genannt wurden und es auch möglich war, viele Maßnahmen zu bestimmten Kategorien zusammenzufassen, betonten sämtliche Interviewpartner:innen, dass man dabei nicht stur einem Maßnahmenkatalog folgend vorgehen kann, sondern die besondere Fähigkeit einer Feelgood Managerin bzw. eines Feelgood Managers darin liegt, die Maßnahmen individuell anpassen zu können. Viele der befragten Feelgood Manager:innen meinten außerdem, dass die Maßnahmen am besten als Vorschläge von den Mitarbeitenden selbst in Workshops erarbeitet und weniger von der bzw. dem Feelgood Manager:in allein konzipiert werden sollten. Dennoch äußerten sich alle Interviewpartner:innen sehr positiv auf die Frage, ob ihnen ein Maßnahmenkatalog nützen würde, in dem Sinne, den eigenen Horizont zu erweitern und von anderen zu lernen, und weniger, um Maßnahmen dann systematisch abzuarbeiten.

Insgesamt beschrieben die Feelgood Manager:innen eher allgemeine Bedarfsbereiche ihrer Arbeit („Kommunikation“, „Motivation“) und taten sich schwer damit, konkrete Maßnahmen innerhalb dieser Bereiche zu beschreiben. Ausschlaggebend war oftmals eher das Einfühlen in den Prozess an und für sich, der Austausch mit den Mitarbeitenden und Führungspersonen sowie das Eingehen auf individuelle Bedürfnisse.

In Bezug auf den Prozess zeigte sich, dass – obwohl sowohl Unternehmen als auch Kontexte der Feelgood Manager:innen selbst so unterschiedlich waren – grundsätzliche Schritte in den meisten Fällen vergleichbar durchgeführt werden. Dabei muss wie nun schon oft erwähnt beachtet werden, dass die einzelnen Prozessphasen inhaltlich an die Gegebenheiten des Unternehmens und die Bedürfnisse der Mitarbeitenden angepasst werden müssen. Aber ein Muster der grundsätzlichen Vorgehensweise ließ sich sehr gut erkennen. Sogar im Vergleich zwischen selbstständigen und angestellten Feelgood Manager:innen zeigten sich starke Ähnlichkeiten: Die Voraussetzung, erst Vertrauen aufzubauen und das Arbeitsumfeld kennenzulernen, war dieselbe, ebenso wie die partizipative Erarbeitung von Maßnahmen und deren Implementation. Vor allem in Bezug auf die Nachhaltigkeit müssen aber natürlich unterschiedliche Wege bestritten werden, da im Fall der Selbstständigen keine so überdauernde Präsenz oder Begleitung möglich ist wie bei einer bzw. einem angestellten Feelgood Manager:in. In beiden Fällen wurde der Punkt aber dennoch als wichtig erachtet.

DER KRITISCHE BLICK

Nun werfen wir zum Abschluss noch einen kritischen Blick darauf, welche Relevanz die Ergebnisse nun für die praktische Arbeit im Feelgood Management haben und welche kritischen Stimmen noch nicht gehört wurden. Oder etwas ketzerisch ausgedrückt: Aus welchen Gründen könnten meine Studie und dieses Buch vollkommen nutzlos sein?

Relevanz der Ergebnisse und Nutzbarkeit der entwickelten Hilfsmittel (Prozessmodell & Maßnahmenkatalog):

In meinen Interviews stellte ich den Feelgood Manager:innen zum Abschluss die Frage, inwiefern ihnen ein Prozessmodell oder ein Maßnahmenkatalog für das Feelgood Management hilfreich und sinnvoll erscheint. In Bezug auf ein Prozessmodell war die Grundstimmung der befragten Feelgood Manager:innen zwar interessiert, aber es wurde eher für Anfänger:innen als hilfreich eingestuft. Mit wachsendem Erfahrungsschatz würden die Feelgood Manager:innen nicht extra ein Modell zurate ziehen, um zu prüfen, in welcher Phase sie sich gerade befinden, oder bevor sie eine Maßnahme umsetzen, die ihnen an dieser Stelle sinnvoll erscheint.

Ein Maßnahmenkatalog wurde als hilfreiche Inspirationsquelle eingestuft, die – wie schon oft gesagt – aber individuell angepasst werden muss.

Es ist also festzuhalten, dass ein Modell als Ausgangssituation eine Orientierungshilfe sein kann und Feelgood Management auch davon lebt, immer wieder neue Impulse und Anregungen zu erfahren. Aber die Qualität der Arbeit einer Feelgood Managerin bzw. eines Feelgood Managers zeichnet sich durch die Fähigkeit aus, situativ Bedürfnisse und Möglichkeiten zu erkennen, und nicht durch das systematische Durchlaufen vorformulierter Prozessphasen und Maßnahmen von A bis Z. In diesem Sinne kann ein Prozessmodell nicht allumfassend, sondern nur richtungsweisend sein, und ein Maßnahmenkatalog darf als Ideenstütze dienen, aber nicht als abzuarbeitendes Schema verstanden werden. Insofern kann dieses Buch auch nicht mehr wollen, als ein solches Werkzeug für Orientierung und Inspiration zu sein.

Homogenität der Probandengruppe

„Homogenität der Probandengruppe" – so hieß ein weiterer, selbstgetroffener Kritikpunkt im abschließenden Diskussionsteil meiner Studie. Was ist damit gemeint? Die befragten Feelgood Manager:innen können zwar innerhalb ihres eigenen Feldes durchaus als sehr unterschiedlich angesehen werden, weil sie in ganz unterschiedlichen Branchen und mit verschieden großen Unternehmen arbeiten: Einige arbeiten selbstständig, andere angestellt, einige haben eine Ausbildung extra für Feelgood Management absolviert, andere arbeiten nach dem Prinzip der „grünen Wiese", es waren sowohl Männer als auch Frauen in einem relativ großen Altersrange dabei. Dennoch wurden innerhalb meiner Studie nur Personen interviewt, welche sich selbst als Feelgood Manager:in deklarierten. Dies war sogar Voraussetzung, um der wissenschaftlichen Definition von „Expert:inneninterviews" gerecht zu werden.

Vielleicht haben aber noch ganz andere Personen, welche ich mit meinem Aufruf gar nicht erreicht habe, auch noch gewinnbringende Ansätze und ganz andere Ideen in Bezug auf eine positive Kulturgestaltung. Tatsächlich lehnten bei meiner Akquise auch einige interessant erscheinende, kontaktierte Fachkräfte im Bereich der Kulturentwicklung ab, da sie sich bewusst vom Begriff des Feelgood Managements distanzierten.

Ein weiterer Punkt ist, dass es auch interessant sein könnte, die dazugehörigen Führungskräfte und Mitarbeitenden der interviewten Feelgood Manager:innen zu befragen, um einen umfassenderen Blick zu erhalten, wie das Feelgood Management aus deren Sicht erlebt wird. In diesem Sinne kann dieses Buch nur eine Perspektive bieten, eben die Sicht von Personen, die sich zumindest soweit mit dem Begriff des Feelgood Managements identifizieren, dass sie Lust hatten, dazu ein Interview zu geben. Darauf möchte ich auch im nächsten Punkt noch einmal explizit eingehen.

Positiv gefärbte Meinung über Feelgood Management:

Innerhalb meiner Studie wurden nur Personen befragt, welche grundsätzlich positiv auf die Akquise von Feelgood Manager:innen reagierten. Obwohl auch bei den Befragten überaus kritisch über den Begriff des „Feelgood" Managements reflektiert wurde, ist anzunehmen, dass eher positive Aspekte hervorgehoben wurden. Wirft man einen Blick auf die weite Bandbreite an Artikeln über Feelgood Management an und für sich, werden auch viele negative Stimmen laut. Diese verstehen Feelgood Management teilweise als bloße Modeerscheinung oder sogar als lächerliche Spielerei. Andere finden, dass Feelgood Management rein vom Konzept oder Grundgedanken bereits in vielen Unternehmen betrieben wird, ohne einen solchen „fancy" Namen zu brauchen. Besonders kritisch wird auch der Blick auf die Manipulation von Emotionen auf der Arbeit geworfen, was von einigen Parteien auch als Übergriff empfunden wird: Die zunehmende Vermischung von Arbeits- und Privatperson wird dabei als überaus kritisch eingestuft.

Die befragten Feelgood Manager:innen betonten in den Interviews dahingehend immer wieder, wie wichtig die Freiwilligkeit und Bereitschaft der Mitarbeitenden als notwendige Voraussetzung für Feelgood Management ist. In diesem Sinne ist Manipulation schon ein hartes Wort gegenüber feinfühliger Kulturgestaltung, die per Definition etwas Gutes für die Menschen und deren Produktivität im Sinn hat.

Nichtsdestotrotz haben solche kritischen Stimmen ihre Berechtigung und können nicht einfach ignoriert werden. Es ist also weiter zu beobachten, in welcher Form und inwieweit Feelgood Management gut, angebracht und unterstützend ist und wo sein Geltungsbereich auch enden muss. Dieses Buch bietet eine positive Sicht auf das Ganze aus der tiefen Überzeugung heraus, mit Feelgood Management etwas Gutes für Arbeit und Mensch zu schaffen.

Methodische Grenzen der Studie:

In diesem Buch werden lediglich Ergebnisse dargestellt, wie Feelgood Management in Unternehmen etabliert wird. Ob die Maßnahmen tatsächlich effektiv und wirksam sind, wurde aber nicht geprüft! Ob das entwickelte Prozessmodell allgemein gilt, kann nicht einfach so angenommen, sondern müsste getestet werden. Auch könnte man mit Fug und Recht behaupten, dass es bei einzelnen Themenfeldern einer Konkretisierung bedarf und dass globale Maßnahmen wie die „Verbesserung der Kommunikation" nicht besonders eindeutig oder exakt sind. Hier könnte noch weiter verfeinert und definiert werden. Auch wäre eine quantitative Erhebung, in wie vielen Unternehmen welche Maßnahmen nun genau angewendet werden, interessant. So gesehen kann dieses Buch nur einen ersten Einblick in das noch relativ neue Feld des Feelgood Managements bieten, welches noch viel Freiheit und Raum für weitere Betrachtungen eröffnet.

AUF EINEN BLICK

- Feelgood Management entwickelt vielseitige Maßnahmen zur Gestaltung einer wertschätzenden Unternehmenskultur sowohl in Bezug auf das zwischenmenschliche Miteinander als auch zur Entfaltung individueller Produktivität.
- Die Maßnahmen im Feelgood Management müssen immer individuell auf die Bedürfnisse des Unternehmens bzw. der Organisationsmitglieder angepasst werden.
- Die Schwerpunkte im Feelgood Management liegen...
- ...bei Phase 1 (Analyse) im Befragen, Beobachten und Kennenlernen der Mitarbeitenden als Vertrauensperson, in der Unterstützung der Führungskräfte sowie der Definition der Unternehmensvision.
- ...bei Phase 2 (Auswertung & Präsentation) in der Präsentation der Analyseergebnisse und der Funktion als Impulsgeber:in.
- ...bei Phase 3 (Konzeption & Partizipation) in der Konzepterarbeitung unter Partizipation der Mitarbeitenden und der Rolle der Ansprechpartnerin bzw. des Ansprechpartners.
- ...bei Phase 4 (Implementierung) in allgemeinen Aufgaben wie Organisation sowie dem Schaffen einer Wohlfühlatmosphäre; in vielzähligen Kommunikationsmaßnahmen wie Teambuilding, Events und Workshops; weiter in räumlichen Maßnahmen und Sorgen für das leibliche Wohl der Mitarbeitenden; und nicht zuletzt auch in der Arbeitsprozessoptimierung und Dokumentation des Feelgood Managements.
- ...bei Phase 5 (Evaluation & Anpassung) in der Auswertung der durchgeführten Maßnahmen und entsprechender Nachjustierung im Sinne einer guten Balance zwischen Arbeit und Spaß.

- …bei Phase 6 (Nachhaltigkeit) im Schaffen von Verantwortlichkeiten zur langfristigen Festigung des Feelgood Managements und ferner im Networken, Platzieren des Themas und der Personalentwicklung; sowie nicht zuletzt in der eigenen Psychohygiene.
- Im Sinne der unternehmensspezifischen Anpassung kann ein Prozessmodell und die aufgezählten Maßnahmen als Inspiration dienen, aber nicht eins zu eins „abgearbeitet“ werden.

Für dich zum Nachdenken

- Welche neuen Ideen hast du für dein Vorgehen in der wertschätzenden Kulturgestaltung gewonnen?
- Inwieweit kann dir das Prozessmodell für Feelgood Management, das ich in meiner Studie entwickelt und dir in diesem Kapitel vorgestellt habe, helfen, deine eigene Arbeit zu strukturieren und auszurichten?
- Welche Inspiration hast du aus den Maßnahmenbeispielen gewonnen, die du auch für dein eigenes Unternehmen anpassen und einsetzen kannst?

EIN NACHTRAG: CORONA – UND JETZT?

Dieses Buch und die wissenschaftliche Grundlage dazu entstanden maßgeblich „in der Zeit vor Corona“. Tatsächlich wirkt sich die aktuelle Krisensituation sehr intensiv insbesondere auf den Bereich des Feelgood Managements aus: Viele angestellte Feelgood Manager:innen sind derzeit in Kurzarbeit oder bangen um ihre Stelle. Die Selbstständigen haben Leerlauf und stehen vor der Ungewissheit, wie es nun weitergehen soll. Die Frage, die jede:n beschäftigt, ist: Wie soll ich in Zeiten von Social Distancing arbeiten, wenn mein Job darin besteht, Menschen in Kontakt zu bringen?

Diese Ergänzung schreibe ich im Mai 2020. Niemand weiß, wie sich die Dinge entwickeln werden: Die Menschen drängt es zurück auf die Straßen und zurück in die „Normalität“ – die einen besorgniserregend leichtsinnig, die anderen sorgenvoll zurückhaltend. Tatsache ist: Was „Normalität“ in der Zeit nach Corona bedeutet, können wir jetzt noch gar nicht absehen. Und erst recht nicht, wann diese Zeit überhaupt sein wird. Genauso, wie es „früher“ war, wird es nicht mehr werden.

In meinem Organisationsentwicklungs-Kosmos sprechen wir liebevoll von der „Normalität 2.0“: Wir versuchen, das Positive zu sehen und die Gunst der Stunde zu nutzen, ohne dabei den Blick dafür zu verlieren, dass die Situation für viele in erster Linie schlimm und auch existenzbedrohend ist. Die Welt verändert sich in einer Dynamik der Gegensätze: Veränderungen vollziehen sich in rasantem Tempo und bringen uns gleichzeitig dazu, auf Pause zu drücken: Durchatmen, Systemreset, Neuorientierung. Das notwendig gewordene Social Distancing eröffnet neue Möglichkeiten, gerade jetzt Kontakt herzustellen oder wiederaufzubauen – wenn auch digital. Es ist eine Zeit der Reflexion und Besinnung auf das Wesentliche: Welche Learnings nehmen wir mit aus der Krise und welche Kompetenzen müssen wir entwickeln, um in eine gute Zukunft aufzubrechen?

Transformation bedeutet, dass sich etwas in unserem Innern, an unserer inneren Haltung verändert. Ein neuer Gedanke nimmt Form an und verändert unser Erleben und Verhalten. Dies ist der Beginn der Zukunft, so entsteht das Neue aus dem, was gerade noch ist. Die Corona-Krise kann uns dazu bringen, über unser Leben noch einmal aus einer ganz neuen Perspektive nachzudenken. Aus der Perspektive des Homeoffice, der Entschleunigung und der Relativierung unserer alltäglichen Herausforderungen. Was in der Welt geschieht, ist für uns neu und zunächst unbequem und ungewohnt. Tiefgreifende Veränderungen bringen Ängste und Sorgen mit sich, Verunsicherung vor dem Ungreifbaren, das die Zukunft bereithält. Doch die Form, die unsere Zukunft annimmt, bildet sich gerade im Hier und Jetzt: In unseren Gedanken, unserer Haltung und unseren Ideen, mit der Gegenwart umzugehen. Unsere größte Zukunftskompetenz ist es laut Zukunftsforscher Matthias Horx, in der Lage zu sein, auf Herausforderungen Antworten zu finden. Diese Kompetenz ist sicherlich auch in Bezug auf das Feelgood Management von morgen notwendig.

MATTHIAS HORX (*1955) IST TREND- UND ZUKUNFTSFORSCHER, PUBLIZIST UND VISIONÄR UND BLOGGT ÜBER AKTUELLE ENTWICKLUNGEN IN GESELLSCHAFT UND ARBEITSWELT AUF WWW.HORX.COM.

Dabei eröffnen sich zwei Fragen: Wie gehen Feelgood Manager:innen mit der Krise im Hier und Jetzt um? Und wie kann Feelgood Management in Zukunft gestaltet sein?

In der aktuellen Situation ist es nicht leicht, als Feelgood Manager:in tätig zu sein. Gerade steht das bloße Überleben vieler Unternehmen auf dem Spiel, Ausgaben werden auf das Nötigste reduziert und Worte wie „Systemrelevanz“ hinterlassen ein Echo, dass viele, die für wertschätzende Kulturen und Miteinander ihr Herzblut vergießen, bekommen zurücklässt. Feelgood Management ist oft ein Luxus, den Unternehmen sich leisten können müssen. Ein Luxus, der im Krisenmodus oft eingespart wird. Das ist aus wirtschaftlicher Sicht verständlich. Doch nach wie vor wirft dies eine Frage auf, die sich auch in aktuellen gesellschaftspolitischen Diskussionen lesen lässt: Dient die Wirtschaft dem Menschen oder der Mensch der Wirtschaft?

Im Feelgood Management geht es darum, den Menschen ins Zentrum zu stellen und Rahmenbedingungen zu schaffen, unter denen Menschen ihr Potenzial bestmöglich entfalten und einbringen können. Doch wenn keine Mitarbeitenden mehr ins Büro kommen und keine Gespräche und Workshops wie gewohnt stattfinden können, wie soll das Feelgood Management da überhaupt wirksam sein?

Gerade in dieser Zeit der Veränderung und der Orientierungslosigkeit ist es jedoch wichtiger denn je, dass Mitarbeitende eine Ansprechperson haben und ein Statement der Wertschätzung seitens der (Geschäfts-)Führung erfahren. Neue Wege der Kommunikation und Vernetzung sind das absolute Stichwort. Digitalisierung ist die (notwendige) Antwort auf viele Fragen und – wer hätte das noch vor ein paar Monaten gedacht – vieles funktioniert tatsächlich digital: Meetings werden effizienter und Ressourcen um den gesamten Globus geschont. Auch die Welt der Workshops erfährt neue virtuelle Räume und Möglichkeiten. Das Thema „Lernen aus der Krise“ und die Gestaltung der Unternehmen von morgen ist präsenter denn je. Dies kann auch eine Chance für das Feelgood Management sein, sich neu auszurichten und in diesem Prozess der Transformation zu unterstützen. Wenn es um die Entwicklung eines modernen, aufgeschlossenen und potenzialbejahenden Mindset geht, wer wäre da geeigneter als ein:e Feelgood Manager:in?

Das Leben zeigt: Es geht immer irgendwie weiter. Es wird eine Zeit nach Corona geben oder zumindest eine Zeit mit Corona. Die Menschen werden früher oder später wieder Kontakt, Austausch und Gemeinschaft suchen. Gerade findet ein Umdenken über die Rahmenbedingungen von Arbeit in den Köpfen der Menschen statt und das wird langfristig nicht unbemerkt bleiben. Auch in Zukunft werden die Vorzüge des Homeoffice uns begleiten und die Offenheit für New Work Themen wird weiter steigen. Das bedeutet einerseits, dass sich Feelgood Manager:innen jetzt gut darauf einstellen sollten, wie sie auch in Zukunft unterstützen und Menschen verbinden können. Und es bedeutet auch, dass es eine Zeit der Wiederbegegnung geben wird, die gefeiert werden will. Dies ist ein Gestaltungsspielraum, der sich insbesondere für Feelgood Manager:innen auftut: Den Menschen den Ausblick und die Hoffnung auf ein gutes Miteinander im Hier und Jetzt und in der Zukunft zu geben.

Eigentlich ist es ironisch, dass ausgerechnet in dem Moment, wo sich die Unternehmenskultur maßgeblich verändert, die Expert:innen in Sachen Kulturgestaltung im wahrsten Sinne des Wortes nach Hause geschickt werden. Aber ich glaube fest daran, dass der Punkt kommt, an dem sich dieses Blatt wieder wendet und der Nutzen von Feelgood Management und anderer kulturgestaltender Maßnahmen in Unternehmen wieder hochgeschätzt und umso gefragter sein wird. Entscheidend ist, wie du dich jetzt in dieser Zeit ausrichten und für die Zukunft einbringen kannst. Dazu habe ich ein paar Überlegungen, die ich zum Abschluss noch mit dir teilen möchte:

- Wie sahen deine Aufgaben bisher als Feelgood Manager:in konkret aus und welche davon kannst du wie ins Digitale adaptieren?
- Wo siehst du in deinem Unternehmen besonderen Bedarf (seitens der Mitarbeitenden, Führungskräfte, ...)? Welche Lücken tun sich in der

Kommunikation auf und was fehlt den Organisationsmitgliedern gerade, was vorher durch Kontakt in Präsenz gegeben war?

- Welche Routinen könnt ihr gemeinsam etablieren, um ein Gefühl der Gemeinschaft zu bewahren (z.B. wöchentliche oder tägliche Check-Ins, Coffee Calls, Herzlichkeits-Chats, ...)?
- Auf welche Zukunftsthemen müsst ihr euch als Unternehmen vorbereiten und was kann dein Beitrag dazu sein?
- Welche Kompetenzen kannst du selbst gerade weiterentwickeln (z.B. virtuelle Meetings moderieren, digitale Workshopformate entdecken, neue Themen in virtuellen Meetups kennenlernen, ...)?
- Wie kannst du die Zeit gut nutzen (z.B. aufarbeiten, was liegen geblieben ist; Projekte anstoßen, für die bisher keine Zeit war; Resümieren, was tatsächlich erfolgreiches Feelgood Management ausmacht, ...)?
- Wie kannst du das Thema Feelgood Management gerade nach außen positionieren und Unternehmen dafür sensibilisieren, wie wichtig es gerade jetzt und in Zukunft sein wird?

Diese Gedanken sind eine kleine Inspiration, der Krise zu begegnen, ohne dabei ungewürdigt zu lassen, dass die Zeiten nicht für jede:n leicht sind.

EIN ZWEITES NACHWORT, NOVEMBER 2022

Wie unfassbar spannend, noch einmal zu lesen, wo wir vor über zwei Jahren standen – und zu reflektieren, was sich seitdem in der Arbeitswelt und auch persönlich getan hat. Ich möchte dich einladen, dir jetzt einen kurzen Augenblick zu nehmen und selbst einmal eine kleine Rückschau für dich zu halten:

› Wo standest du noch vor ein oder zwei Jahren in Bezug auf das Thema Feelgood Management?
› Welchen Weg bist du seither gegangen, welche Schritte, Meilensteine und Erfolge gibt es zu würdigen und zu feiern?
› Was ist dir leichtgefallen und was waren deine Challenges?
› Wo stehst du jetzt und was ist deine Vision für deine persönliche Entwicklung im Feelgood Management?

Wenn es dir hilft, solche Fragen für dich zu bewegen, kann ich dir mein Workbook „Feelgood Management: Das Workbook“ (2021) sehr ans Herz legen. Dort findest du viele Reflexionsfragen für dein eigenes Wirken und Tun als Feelgood Manager:in sowie weitere kreative Ideen und Inspiration für Methoden und Maßnahmen im Feelgood Management.

Wenn ich selbst auf die letzten 2,5 Jahre zurückschaue, liegt da eine ganz andere Welt, zu arbeiten und Menschen zu erreichen und zu verbinden – mit sich selbst und ihren Themen. Wir haben Workshoparbeit in den digitalen Raum verschoben und viele Erfahrungswerte damit gemacht: Von einfachen digitalen Meetings via Microsoft Teams, Slack, Zoom & co, über das interaktive Arbeiten mit digitalen Tools wie Beispielsweise Miro-Boards oder das Umfrage-Tool Mentimeter bis hin zu komplett digitalen Festival- und Konferenzplattformen wie den Virtual Workspace Wonder – die Möglichkeiten sind breit gestreut und es ist absolut machbar, im digitalen Raum eine Wirkung zu entfalten, die Menschen zu berühren und zu begleiten. Natürlich kann der Aspekt der zwischenmenschlichen Begegnung dabei trotz aller Bemühungen nicht eins zu eins so abgebildet werden, wie es in der „echten“, präsenten Interaktion der Fall ist. Trotz virtueller Coffeebreaks kommen Menschen hier in einer ganz anderen Art zusammen und kommunizieren anders, als wenn man tatsächlich in der Kaffeeküche die Köpfe zusammensteckt und mal nachfragt, wie es mit den Kindern tatsächlich läuft, oder warum es beim letzten Meeting so eine seltsame Stimmung gab. Das wir im Digitalen anders miteinander reden, als in Präsenz ist einfach eine Gegebenheit und auch ok so. Als Feelgood Manager:innen können wir auf beides achten: Wie gestalten wir unsere digitale Kommunikation und wie eröffnen wir auch wieder Räume im echten physischen Miteinander.

Dies ist eine wichtige Aufgabe, die sich in nun flächendeckend in den Unternehmen zeigt: Wie können wir auch hybrid weiter miteinander arbeiten? Wie gestalten wir unsere Prozesse? Was behalten wir aus der digitalen Zeit bei und wo wollen wir uns anders begegnen? Hier zeigt sich gerade im Bereich der Führung nach wie vor eine große Unsicherheit in Bezug auf das hybride Führen, was eine Unterstützung seitens des Feelgood Managements notwendig macht. Dies ist also ein Thema, dass unbedingt in deinem Repertoire als Feelgood Manager:in Beachtung finden sollte.

Ein Trend, den ich aktuell auf dem Arbeitsmarkt beobachte, ist die zunehmende Anstellung von Organisationsentwickler:innen, Coaches und Kulturgestalter:innen, also das Schaffen von festen Stellen für diese Themen in den Unternehmen selbst, weniger von Extern. Hier steht sicherlich das Bedürfnis im Vordergrund, das Wissen über kulturelle Themen und Entwicklung in der Organisation zu bündeln und zu halten, aber ebenfalls die zunehmende Relevanz von Kulturwandel. Unsere krisengebündelte Zeit bringt die Themen und Schwierigkeiten deutlich auf den Tisch. Man spricht dabei auch von der Wirkung einer Krise wie ein Brennglas für gesellschaftliche und arbeitsrelevante Missstände. Und diese Themen müssen Beachtung finden und behandelt werden. Hier sehe ich viel Potenzial im Konzept des Feelgood Managements, mit dem Fokus Mensch auf die Herausforderungen zu schauen, und Lösungen zu entwickeln, die wirklich dem guten Miteinander und der guten Zusammenarbeit dienen.

Feelgood Management eignet sich gut, um die Phase des „neuen Normals“ zu begleiten. Es geht darum, hybride Arbeitsräume zu schaffen, neue Bürokonzepte auszugestalten beispielsweise mit Desk Sharing oder eher flexiblen Co-Working-Areas. Aber es geht auch darum, eine gute Balance zu schaffen zwischen dem digitalen Arbeiten und dem vor Ort.

Gerade das Momentum des Zusammenkommens wird vielfach als Aufatmen wahrgenommen und als „einfach schön“, sich wieder zu versammeln und gemeinsam an einem Tisch zu sitzen. Dieses Wohlgefühl kann sehr gut durch das Feelgood Management hervorgehoben und konkret geplant werden: Welche Formate brauchen wir jetzt für welche Themen und in welcher Taktung, um in

Präsenz miteinander zu reden? Wie gestalten wir das „Wieder Aufeinandertreffen“? Brauchen wir das überhaupt noch oder haben wir uns auch daran gewöhnt, von zu Hause zu arbeiten? Für welche Anliegen wählen wir welchen Modus?

Für viele Menschen ist die Möglichkeit und Flexibilität des Home Office gar nicht mehr wegzudenken. Viele Unternehmen haben die Erfahrung gemacht, dass es so doch geht oder sogar effizienter und kostensparender als mit großen Büroflächen. Das Home Office bietet für viele Menschen eine bessere Vereinbarkeit von Arbeit und Familienleben.

Und gleichzeitig erleben wir große Herausforderungen auf der anderen Seite der Medaille, wo die hohe Vermischung von Arbeit und Privatleben nur auf den ersten Blick eine Vereinbarkeit simuliert, aber in Wirklichkeit zur Doppelbelastung beispielsweise zwischen Jobstress und Kinderbetreuung wird. Oder die Tatsache, dass man die Arbeit nicht mehr „auf der Arbeit“ lassen kann, sondern nur der Laptop aufgeklappt oder die Teams-App auf dem Handy geöffnet werden muss, um verfügbar und „on“ zu sein. Ein ganz großes Thema, das uns auch in Zukunft weiter begleiten wird, ist daher das Thema Abgrenzung, welches sicherlich insbesondere auch für das Feelgood Management eine wichtige Ergänzung sein kann, um Zufriedenheit im Sinne von Wohlergehen der Mitarbeitenden zu fördern.

In diesem Bereich finden sich auch vielzählige weitere Unterthemen, die mit den Entwicklungen von Arbeit und Gesellschaft in den letzten zwei bis drei Jahren zusammenhängen: Menschen haben sich aufgrund des flexiblen oder remote Arbeitens neue Realitäten geschaffen und sind beispielsweise zunehmend aufs Land gezogen. Was bedeutet das auch in Bezug auf die Gestaltung und Machbarkeit von Präsenzterminen? Und sind die Lösungen wirklich immer zum Besten auch nicht nur in Bezug auf Menschen in einem alltäglichen Familienleben – wie geht es beispielsweise auch Singles damit, einen Raum zwischenmenschlicher Interaktion im Büro verloren zu haben bzw. mit dieser Veränderung umzugehen? Arbeit hat in diesem Sinne nicht nur eine wirtschaftliche Komponente, sondern ebenso eine soziale. Wie gehen die Menschen auch mit Einsamkeit um oder mit der neuen, effizienteren Art zu Arbeiten ohne Kaffeepausen mit der bzw. dem Kolleg:in von nebenan? Hier sollte man im Feelgood Management eine Sensibilität für individuelle Probleme entwickeln, welche sich auch auf die unternehmensweite Realität und Kultur auswirken können.

In diesem Zusammenhang finde ich besonders wichtig das Konzept der psychologischen Sicherheit: Wie kann ich Menschen darin unterstützen, sich angstfrei äußern zu können, und einen vertrauensvollen Rahmen zu schaffen? Hier bewegen wir uns auf einem schmalen Grat, da ich mich unbedingt dafür aussprechen möchte, im Feelgood Management im professionellen Rahmen zu bleiben und auf keinen Fall zum Therapie-Ersatz zu werden. Dennoch spielt das Thema der psychologischen Sicherheit eine ganz wichtige Rolle in Unternehmen, wenn es um Begegnung, Kultur und Kommunikation geht: Kann ich hier wirklich sagen, was ich denke? Werde ich hier als Person angenommen und wertgeschätzt? Weiß ich, dass meine Kritikpunkte oder Sorgen hier gut aufgehoben sind?

Gerade in Zeiten von allgegenwärtigen Krisen und Unsicherheiten auf dem gesamten Globus nehmen existentielle Sorgen und Nöte spürbar zu. Fast jedes Unternehmen, dass derzeit mit einem Beratungsanliegen auf uns zu kommt, thematisiert hohe Belastungen im Team, vermehrte stressbedingte Krankheitsausfälle und die hohe Arbeitslast aufgrund gestiegener Komplexität im Workaround. Das sind Arbeitsbedingungen, denen die Unternehmen und die Menschen darin immer mehr gegenüberstehen und die eine Beantwortung bzw. einen hilfreichen Umgang fordern. Auch hierin sehe ich im Feelgood Management einen wertvollen Ansatz, um wirklich auf unternehmensweiter Ebene Belastungen und Unzufriedenheiten anzuschauen: Was steckt in dem jeweiligen System, das es leicht macht, überfordert zu sein? Denn wenn wir Krankheitsfälle und Überlastung als ein rein individuelles Thema behandeln, birgt dies das Risiko, die Verantwortung auf die Privatpersonen umzumünzen, obwohl es Sache des Unternehmens ist, „gesunde" Arbeitsplätze zu schaffen und diese Herausforderung systematisch anzugehen.

Diese Impulse möchte ich dir sehr gerne mit auf den Weg geben, da sich aus meiner Sicht wirklich vielfältige Themen in der Welt auftun, die eine Antwort fordern. Ich möchte dich bitten, diese Fragen in deiner Feinfühligkeit als Feelgood Manager:in gut zu prüfen und zu schauen, wo du unterstützen kannst, was du davon in deinem Aufgabenbereich siehst, und was auch nicht. Hier ist klare Kommunikation und Definition deines Wirkungsbereichs mit deinem Arbeit- bzw. Auftraggeber ganz wichtig, damit du als Feelgood Manager:in einen wesentlichen Unterschied machen kannst, ohne die Verantwortung allein auf dich zu laden. Wenn ich dir etwas wünschen würde, dann wäre es, für dich in eine Haltung der Leichtigkeit und Freude in deinem Tun als Feelgood Manager:in zu kommen, um diesen durchaus tiefen und ernsten Themen würdigend, aber auch entlastend zu begegnen. Es geht hier auch darum, selbst als Feelgood Manager:in in innerer und äußerer Balance zu sein und so mehr „Feelgood“ in die Unternehmen zu bringen.

Abschließen möchte ich diesen Nachtrag sehr gerne mit der Einladung, das Wissen aus diesem Buch weiter zu vertiefen. Wie ich anfangs bereits erwähnte, bringe ich 2023 meinen eigenen Onlinekurs zu Feelgood Management auf den Markt. Es ist mir wirklich ein persönliches Anliegen, meine Erkenntnisse und meine Erfahrung im Kulturwandel mit vielen Menschen zu teilen und dazu zu befähigen, selbst aktiv zu werden. Ich stelle mir während der Erstellung meines Onlinekurses vor, was für eine Wirkungskraft das haben wird, wenn immer mehr Feelgood-Expert:innen in den Unternehmen tätig sind und wir so gemeinsam einen richtig großen Unterschied machen und die Arbeitswelt von morgen gestalten. Ich würde mich sehr freuen, wenn du dir den Kurs einmal anschaust, ob er vielleicht das richtige für dich ist.

Zum einen wird es im Kurs einen Wissenspfad über 8 inhaltliche Module geben, in denen du geballtes Wissen, Fundierung und Impulse rund um Feelgood Management und praktische Expertise für Kulturgestaltung bekommst – noch einmal umfänglicher, als das in einem Buch überhaupt möglich ist. Hier als erste Übersicht:

› Modul 1: Das Berufsbild Feelgood Management
› Modul 2: Empathie und Beziehungsgestaltung im Business
› Modul 3: Kulturwandel durch Feelgood Management
› Modul 4: Zufriedenheit fördern durch Feelgood Management
› Modul 5: Voraussetzungen und Grenzen im Feelgood Management
› Modul 6: Prozess und Maßnahmen des Feelgood Management
› Modul 7: Feelgood Management und Kommunikation
› Modul 8: Feelgood Management und Konflikte

Und zum anderen beinhaltet der Kurs einen Coachingpfad, der dich darin unterstütz, in dein Selbstverständnis und deine Rolle als Feelgood Manager:in zu kommen. Dies ist mir besonders wichtig, weil es letztendlich darum geht, dich zu unterstützen und zu bestärken, damit du als Feelgood Manager:in in deiner Power bist.

Alle Infos dazu findest du auf meiner Homepage www.verapodlinski.de und ich würde mich wie gesagt sehr freuen, von dir zu hören!

ABSCHLUSSWORT

Die Gestaltung der Unternehmenskultur ausgerichtet an den Bedürfnissen der Menschen, welche eine Organisation mit Leben füllen, ist ein zentrales Thema der Arbeitswelt und wird auch in Zukunft einen hohen Stellenwert einnehmen. Aufgrund der zunehmenden Komplexität und Geschwindigkeit des Arbeitslebens – befeuert durch Megatrends wie die Digitalisierung, der demografische Wandel und der allgemeine Wertewandel in der Gesellschaft – nimmt die Bedeutsamkeit der Kultur eines Unternehmens immer weiter zu. Das Anpassen und Neujustieren der Unternehmenskultur ausgerichtet an der Zufriedenheit und Wertschätzung der Mitarbeitenden wird immer notwendiger, um als Arbeitgeber am Markt attraktiv und damit wettbewerbsfähig bleiben zu können.

Feelgood Management kann in diesem Zusammenhang als hilfreiches Instrument zur Gestaltung der Unternehmenskultur in eine positive Richtung für Menschlichkeit und Wirtschaftlichkeit gesehen werden.

Dieses Buch möchte seinen Teil dazu beitragen, die Relevanz des Themas Menschlichkeit in der Arbeit zu betonen, und als Hilfsmittel dienen, Unternehmenskulturen zu kreieren, in denen sich die Mitarbeitenden wohlfühlen und ihr Potenzial entfalten können – zum Beispiel durch Feelgood Management, ob man es nun so nennen möchte oder nicht.

Es gibt viele Ansätze, das Miteinander im Arbeiten zu verbessern, und das ist auch gut so. In meiner Recherche über Feelgood Management, so wie es in der Wirtschaft verstanden wird, habe ich einige Ähnlichkeiten zu meinem Praktikumsmonat als Feelgood Managerin erkannt, aber auch erfahren, dass Feelgood Management etwas sehr viel umfassenderes beschreibt, als eine projektbasierte Umarmungskünstlerin mit Organisationstalent (auch, wenn das ohne Zweifel eine schöne und enorm produktive Zeit war)! Aber Feelgood Management ist mehr als das. Feelgood Management will Langfristigkeit erreichen. Feelgood Management will eigene Verantwortung der Mitarbeitenden über ihren Wohlfühlfaktor im Unternehmen erwecken. Und Feelgood Management will feinfühlig auf die grundsätzlichen Bedürfnisse, Sorgen und Wünsche von Mitgliedern einer Organisation hören und eingehen.

Wenn ich eines im Schreibprozess dieses Buches über Kulturentwicklung in Unternehmen im Allgemeinen und Feelgood Management im Speziellen gelernt habe, dann, dass dies ein sehr breites und buntes Feld ist, bei dem viele verschiedene Ansichten und Perspektiven aufeinandertreffen. In diesem Buch habe ich versucht, die jahrelange Arbeit vieler Menschen auf dem Gebiet der Kulturgestaltung zusammenzutragen und zu honorieren sowie viele verschiedene Meinungen zu dem Thema zu Wort kommen zu lassen. Ich hoffe, damit birgt dieses Buch einen interessanten Schatz an Ansätzen, Ideen und Vorgehensweisen, um das Arbeitsglück vieler Menschen zu stärken!

Zum Abschluss bleibt nur zu sagen: Ihr Lieben, vielen vielen Dank, dass ihr dieses Buch gelesen habt und mit eurem Feelgood-Mindset die Arbeitswelt von morgen mitgestaltet. Einen Arbeitskontext für den Menschen statt gegen ihn zu entwickeln, ist meine große Vision. Mit jedem Buch, dass eine:r von euch gerade in Händen hält, spüre ich, dass wir wieder einen Schritt auf diesem Prozess voran gegangen sind und dafür möchte ich euch von Herzen danken. Ich hoffe sehr, dass ihr dieses Gefühl nachvollziehen oder sogar teilen könnt – denn damit ist das hier viel mehr als einfach nur ein Buch. Es ist ein gemeinsamer Weg, auf dem wir uns begegnen, uns austauschen und uns unterstützen können. Mir ist es ein Anliegen, mit euch in Kontakt zu treten, und deshalb freue ich mich sehr, wenn ihr euch mit mir über einen der Social Media Kanäle (siehe Vorwort) vernetzt.

Wenn ihr mich und meine Arbeit unterstützen wollt, ist der einfachste Weg, mir eine herzliche Rezension für dieses Buch auf der jeweiligen Kaufplattform zu hinterlassen. Das würde mich sehr supporten und hilft dabei, dass auch andere Menschen auf dieses Buch aufmerksam werden. Vielen Dank dafür!

Jetzt nehmt euch zum Abschluss noch einmal einen Moment, die ganzen Inhalte hier Revue passieren zu lassen und überlegt, was davon ihr gut in eure Arbeit integrieren könnt.

Und vor allem:
Feel good!
Eure Vera

Überblick: Prozessmodell & Maßnahmenkatalog

PROZESSMODELL FÜR FEELGOOD MANAGEMENT

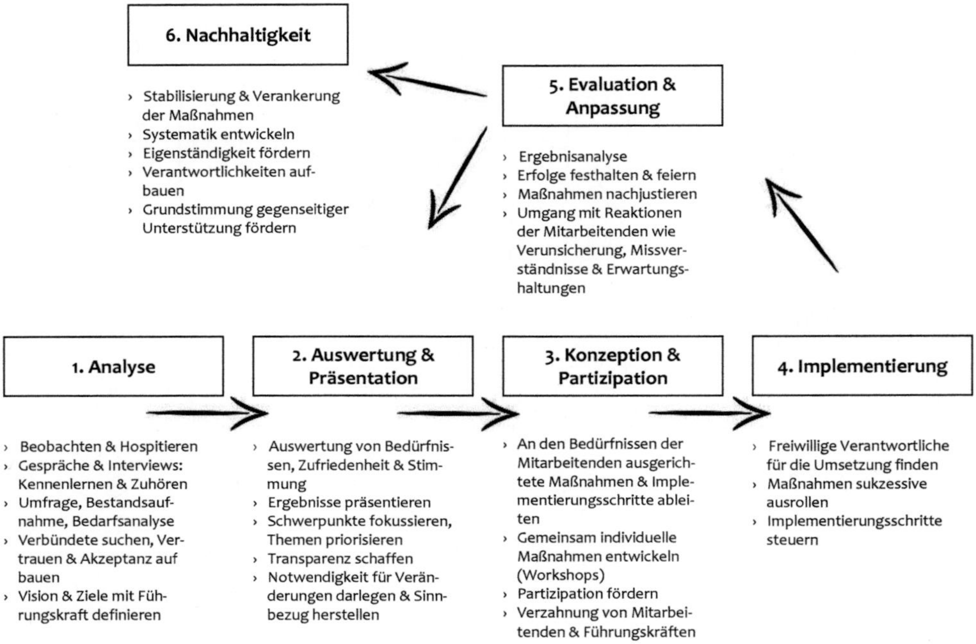

Fundament:

› Es besteht Wandlungsbedarf
› Initialisierung durch die Führungskraft
› Günstige Voraussetzungen (Rahmenbedingungen, Mittel, Motivation, Rückhalt)

MAẞNAHMENKATALOG FÜR FEELGOOD MANAGEMENT

Prozessschritt 1: Die Analyse

› Befragungen & Ist-Analyse: Bedürfnisse, Veränderungsbedarfe und reales Stimmungsbild feststellen (durch Interviews, Zufriedenheitsumfragen oder persönliche Gespräche)
› Beobachten & Kennenlernen: Hospitation und Zuhören, um die Arbeitsrealität in Bezug auf Kommunikationswege, Umgang miteinander, allgemeine Arbeitsprozesse und internes Wissen kennenzulernen
› Vertrauensperson: Vertrauen durch bewertungsfreien Raum und persönliche Beziehung aufbauen
› Unterstützung der Führungskräfte: Strategischen Wandelbedarf feststellen, Schnittstelle zwischen Führung und Mitarbeitenden einnehmen und Verbesserungen anregen
› Entwicklung der Unternehmensvision: Werte- und Sinnarbeit unter Partizipation der Mitarbeitenden (z.B. durch Visionboards oder Wertetools)

Prozessschritt 2: Auswertung & Präsentation

› Impulsgeber:in & Impulsvorträge: Zu wertschätzendem Verhalten inspirieren, Positivität vorleben und Neues anstoßen
› Präsentation von Ergebnissen: Offene Darlegung der Analyseergebnisse für Transparenz und als gemeinsame Gesprächsgrundlage

Prozessschritt 3: Konzeption & Partizipation

› Konzepterarbeitung: Recherche und Vorbereitung konkreter Maßnahmen, Ausarbeitung und Dokumentation von Workshops sowie kontinuierliche Prozessausgestaltung
› Partizipation der Mitarbeitenden: Aktive Teilhabe und Mitgestaltung der Mitarbeitenden fördern
› Ansprechpartner:in: Anlaufstelle sein für Belange und sensible Themen der Mitarbeitenden aus neutraler Position heraus

Prozessschritt 4: Implementierung

- Allgemeine Aufgaben (Grundsätzliches und Situatives): Flexibel und spontan auf Unvorhergesehenes eingehen und dabei das große Ganze im Blick behalten
- Organisation & Administration: Die Dinge im Hintergrund ins Rollen bringen durch Planung, Bestellungen und Buchhaltung
- Wohlfühlatmosphäre schaffen: Die Arbeitsatmosphäre jeden Tag schöner und motivierender gestalten
- Kommunikation, Teambuilding & Events: Kommunikationsflüsse, Gemeinschaft und Miteinander im Unternehmen verbessern durch Events aller Art
- Workshops: Spezifische Themen vertiefen und Kompetenzen des Miteinanders verbessern
- Räumliche Maßnahmen: Die räumliche Arbeitsumgebung verbessern
- Leibliches Wohl: Von Snacks bis Catering für die Mitarbeitenden sorgen
- Arbeitsprozessoptimierung & Dokumentation: Arbeitseffizienz steigern

Prozessschritt 5: Evaluation & Anpassung

- Evaluation & Auswertung: Feedback einholen, um Maßnahmen auszuwerten und nachzujustieren, sowie Ergebnisse festhalten
- Balance zwischen Arbeit & Spaß: Gute Dynamik zwischen wirtschaftlicher Effizienz und menschlichen Bedürfnissen erzeugen

Prozessschritt 6: Nachhaltigkeit

- Nachhaltigkeit & Verantwortlichkeit: Systematische Umsetzung von Maßnahmen sicherstellen, Verantwortliche benennen, Kulturinitiativen gründen
- Networking & Themenplatzierung: Unternehmen und Öffentlichkeit für das Thema Feelgood Management sensibilisieren
- Psychohygiene: Für das eigene Feelgood sorgen
- Personal- & Führungskräfteentwicklung: Empowerment und Persönlichkeitsentwicklung von Mitarbeitenden und Führungskräften anregen

DANKSAGUNG

Mein besonderer Dank geht an die sieben Feelgood Manager:innen, ohne die als Interviewpartner:innen dieses Buch so gar nicht möglich gewesen wäre:

Benjamin Keller
Conny Harlinghausen
Kai Mané
Maggie Josephin Rogge
Maike Wildeboer
Rafaela Schmitt
Theresa Kultschytzky

Danke für euren wertvollen Beitrag, den ihr jeden Tag für so viele Menschen leistet, und eure Bereitschaft, euer Wissen und eure Passion in Form dieses Buches anderen zur Verfügung zu stellen!

Weiterhin bedanke ich mich für die Exkurs- und Expertenbeiträge bei:

Johannes Schley - Marie Bahnsen - Pia Zumbruch - Xenia Below

Vielen Dank für die interessanten Einblicke in euer Arbeiten und Wirken, die nochmal ein tieferes Verständnis und neue Perspektiven abgebildet haben!

Außerdem möchte ich meinen Dank aussprechen an Benjamin Koch und Prof. Dr. Peter Noack für die gute wissenschaftliche Betreuung bei meiner Masterarbeit, welche Grundlage dieses Buches ist.

Vielen Dank für eure und Ihre liebenswürdige Unterstützung!